国家级实验教学示范中心·师范生教学能力实训系列教材

生物教师教学技能实训教程

张小勇　王重力　李　维　主编
徐作英　王一丁　雍　彬　副主编

科学出版社
北　京

内 容 简 介

在形成综合教学能力之前，教师必须在掌握教学规律、方法、手段的同时，培养、形成基本的教学技能。本教程正是紧密结合教学技能实训的实际，将教师必须具备的教学组织技能、导入技能、教学语言技能、讲解技能、课堂提问技能、变化技能、教学演示技能、结束技能、板书板画技能、教学反馈技能、强化技能、说课技能、评课技能，从含义、功能、结构、类型、评价等方面进行了分析和研究，强调理论与实际紧密结合，突出了各项技能的实训，对每项技能给出了实训的要求和设计，为部分技能实训提供了教案示例。

本书既可作为高等师范院校生物学教育专业学生实训和中学生物学教师进修的教材，也可供生物学教学专业的研究生、生物学教育硕士研究生、中学生物学教师参考使用。

图书在版编目(CIP)数据

生物教师教学技能实训教程 / 张小勇,王重力，李维主编. —北京：科学出版社，2012.4（2023.6 重印）

国家级实验教学示范中心 · 师范生教学能力实训系列教材

ISBN 978-7-03-033915-7

Ⅰ.生… Ⅱ.①张… ②王… ③李… Ⅲ.①生物学-高等师范教育-教学参考资料 Ⅳ. ①Q

中国版本图书馆 CIP 数据核字（2012）第 052805 号

责任编辑：张 展 / 责任校对：彭 映

责任印制：罗 科 / 封面设计：墨创文化

科学出版社出版

北京东黄城根北街16 号

邮政编码：100717

http://www.sciencep.com

四川煤田地质制图印务有限责任公司印刷

科学出版社发行 各地新华书店经销

*

2012 年 4 月第 一 版 开本：787*1092 1/16

2023 年 6 月第十次印刷 印张：12

字数：300 000

定价：39.00 元

（如有印装质量问题，我社负责调换）

国家级实验教学示范中心·师范生教学能力实训系列教材

编　委　会

前　言

对师范生进行科学的教学技能训练，是高师院校教学工作的重点。高师院校学生对教学技能掌握的程度决定了能否更好地胜任将来的教学工作。在多年教学技能实训中，我们一直在探索能切实提高师范生教育教学能力的途径，寻找训练师范生教学技能的方法。在学校的高度重视和大力支持下，我们将中学生物学新课程改革与教师技能实训紧密结合，对各项技能的实训进行设计和尝试，注重收集学生意见并及时调整教学，这样在本科生的技能实训中收到了较好的效果。在这些实践的基础上，我们以现代教育教学相关理论和理念为指导，将微格教学的相关理论与我们的教学实际结合，完成了本教程。

本教程将教师必须具备的教学组织技能、导入技能、教学语言技能、讲解技能、课堂提问技能、变化技能、教学演示技能、结束技能、板书板画技能、教学反馈技能、强化技能、说课技能、评课技能，从含义、功能、结构、类型、评价等方面进行分析和研究，特别注重将微格教学等相关教育教学理论与生物教师教学技能实训紧密结合，给出了各项技能实训的要点、要求以及实训过程的设计。作为示例，本教程为部分技能提供了教案，仅供参考。

本书是众多师生智慧的结晶。除了主编、副主编外，多年从事教学技能实训的教师参与了编写工作，他们是：马沁沁、李佳、任刚、陈顺德、何斌、苗玉志、袁向华、曾礼华、张宏。云南师范大学生命科学学院的王重力教授，在工作极其繁忙的情况下，一直参与书稿的撰写、修改、整理，提供了关于技能实训的最新研究成果，并对整个书稿的写作悉心指导。在此致以衷心的感谢！

本书的编写得到了四川师范大学教务处处长杜伟教授、四川师范大学国家实验教学示范中心陈智勇主任的大力支持，四川师范大学生命科学学院2009级本科生参与了书稿的校对、整理工作，在此一并表示诚挚的谢意！

本书在编写过程中，参阅了许多专家、同行的研究成果。凡未一一标明的，敬请谅解！对所有被引用的文字、图片、表格的作者，我们非常感激！

由于时间紧迫，编者的水平有限，书中尚有不足之处，敬请同行提出宝贵意见。

前言

目　　录

第一章　教学技能实训的理论基础

第一节　教学技能概述

一、教学技能的含义

教学技能是指教师运用已有的教学理论知识，通过练习而形成的稳固、复杂的教学行为系统。在课堂中，教师围绕教学目标，不断调整教学行为，使教学计划能够进展下去并取得好的效果，必然需要具备多种技能。既包括在教学理论基础上，按照一定方式进行反复练习或由于模仿而形成的初级教学技能，也包括在教学理论基础上因多次练习而形成的，达到自动化水平的高级教学技能，即教学技巧。教学技能是教师必备的教育教学技巧，它对取得良好的教学效果，实现教学的创新，具有积极的作用。

教学技能对外表现为成功地、创造性地完成既定的教学任务，卓有成效地达到教学目的和获得有效的教学方法；对内表现为保证完成教学任务的知识、技巧、心理特征和个性特征的功能体系，是教师的个性、创造性与教学要求的内在统一。

表面上看，教学技能是教师在教学活动中有效促进学生学习的活动方式。从深层剖析，它是教师职业个性品格和专业修养外化的表征，是教学能力的重要标志。每一位教师要想形成自己的教学风格，达到艺术化教学的水平，就必须遵循教学技能发展的规律，在熟练掌握教学技能的基础上，不断探索、不断创新。

二、教学技能的分类

教学技能种类繁多，为了便于认识、学习和自我训练，必须依据一定的标准对其进行归类，科学地确定教学技能的结构体系。教学技能分类的方法很多。例如，按照目的分为例证技能、演示技能、确认技能等；按照教学行为分为板书技能、提问技能等；按照集中归纳方法分为导入技能、展开技能、转换技能、总结技能等。根据现代教育教学理念，结合我国当前基础教育新课程改革的实际情况及其对教师进行课前准备、课堂教学、教师的教育科研方面的要求，拟从以下四个层面来考虑这个问题。

（1）教学准备技能。教师的教学工作在走进教室之前就已经开始了。为了上好每一节课，教师的教学准备工作是必须要做的。这要求教师有较高的教学设计技能。教学设计是教师对即将进行的教学活动进行周密的思考和精心的安排。教学设计技能包括：制订课程授课计划的技能、目标编订技能、教学素材处理技能、教学媒体选择技能、教学策略制订技能、了解学生的技能以及教案编制技能。

(2) 教学基本技能。课堂教学是一个有序的过程，其任何一个环节都有具体的技能。课堂教学是学校教学工作的主要阵地，是学生获取知识与技能的重要来源，因此教师需要掌握课堂教学中的各种技能，以保证教学高效地进行。结合已有的课堂教学技能研究成果，本书将教学基本技能分为：导入技能、讲授技能、提问技能、运用教学语言的技能、课堂观察技能、课堂倾听技能、板书技能、演示技能、讨论技能、结束技能等。这些技能反映了课堂教学各种技能之间的纵向关系。

(3) 教学综合技能。在课堂教学中，很多教学技能是以综合的形式出现在教学各个环节的。这些综合技能贯穿于教学过程的始终，并同课堂教学基本技能有机融合在一起。教师教学综合技能包括：课堂活动组织教学技能、情境创设技能、课堂管理技能、教学评价技能、合作技能。这些技能是对课堂教学进行宏观调控的重要技能，构成了体现教师课堂教学行为的单项教学技能的横向关系。具有纵向关系的课堂教学基本技能和具有横向关系的教学综合技能构成了立体化的教学技能体系，它们之间的优化组合才能展示教师教学技能的风采。

(4) 教师教学研究技能。贯彻新理念、实施新课程，不仅迫切需要教师教学观念的更新和教学方法的改变，更需要学校教研活动方式的改革和教学研究制度的创新。另外，随着教师专业化的发展，教师职业强调教师同医生、律师一样，必须经过严格的、持续不断的专业训练。教师的反思技能、说课技能、听课技能、评课技能、教育叙事技能、行动研究技能、信息检索技能等在新形势下呈现出新的面貌和发展态势。

教学技能的分类不是一成不变的，它会随着社会的进步、教育教学理论的发展、试讲者水平的提高而不断地发展、演化。总之，对教学技能进行分类的原则是：简明、实用、操作性强，尽可能包括所有主要教学活动方式，充分考虑到我国的实际情况和特有的文化背景。这也是我们对教学技能分类的总的指导原则。

三、教学技能的特点

(1) 可操作性。教师掌握了教学技能，就可以直接运用于教学实践，解决教学中的实际问题，增强教学的有效性，提高教学效率。

(2) 综合性。在教学过程中，教师要将各种教学技能有效地组合运用，有效地调动学生学习的主动性、积极性和创造性。单纯而孤立地使用某一教学技能，难以取得好的教学效果。

(3) 灵活性。尽管各项技能的运用都有规范的操作程序和方法，但在教学中，由于教学对象不同、教学内容不同、教学条件不同、教师的个性差异等，每一种技能的运用都不可能是模式化的，而要根据实际做出变化和调整。

(4) 技能的形成离不开实训。教学技能是在学习相关知识的基础上，主要通过多种条件、不同方式的练习逐步形成和熟练掌握。

第二节　教学技能实训的含义、发展与特点

教学技能实训的方法，国内外普遍采用的主要有三种，即：微格教学法、教学实习法、教学实践法。三种方法的区别在于：微格教学实训没有真正的学生，授课者和听课者都是参加实训的学员；教学实习法主要是为了提高在校师范生的教学能力；教学实践法主要是结合日常的教学实践而进行的教学技能训练，主要针对在职教师的教学技能训练和提高。培训教学技能的方法很多，微格教学方法就是一种理论与实践相结合的技能的系统模拟训练过程。

一、微格教学的含义

微格教学译自英文 microteaching，在我国还被译为“微型教学”“小型教学”“录像反馈教学”等，是一种利用现代教学技术手段来培训师范生和在职教师教学技能的系统方法。一般做法是，将参与培训的学生分为若干组，每组 10 人左右，每个学生进行 10 分钟左右的教学实训，将教学过程录像，然后对照录像，学生在导师的引导下进行自评和小组互评，最后由导师小结。师生一起分析试讲内容，纠正执教者的错误和不良习惯，以提高其授课水平和心理素质。经过多次实训，培训、提高、强化学生的教学技能。

微格教学创始人之一，美国斯坦福大学的艾伦（W. Allen）教授认为“微格教学是一个缩小了的、可控制的教学环境，它使准备成为或已经是教师的人有可能集中掌握某一特定的教学技能和教学内容。”微格教学实际上是提供一个练习环境，使日常复杂的课堂教学得以精简，并能使练习者获得大量的反馈意见。

结合我国微格教学实践及研究，可以给微格教学一个定义：“微格教学是一个有目的、有控制的实践系统，它使师范生或在职教师有可能集中解决某一特定的教学行为，或在有控制的条件下进行学习。它是建筑在教学理论、视听理论和技术基础上，系统培训教师教学技能的方法。”

二、微格教学的发展

1958 年，美国开始了全国大规模的教育改革运动，改革涉及课程设置、教育结构、教师培训、教学方法、教学管理和评价等各个领域，其中，现代科学技术的应用促进教育的发展是这场教育改革运动的重要特色之一。

作为教育改革的一部分，师范教育和教学方法的改革十分活跃。美国的教育学院旨在改革课堂教学中“教师讲、学生听”的教学方法，对师范生或教师进行科学化的培训。福特财团设立了师范教育基金，奖励为开发师范教育课程和培训教师有贡献的教育工作者。在这一改革运动的背景下，1963 年斯坦福大学的艾伦教授和他的同事在对“角色扮演”（相当于我国师范生教育实习前的试讲）进行改革时，首先运用摄像机进行教学反馈，创立了微格教学。

美国及一些欧洲国家的师范教育首先接受了这一新的培训方法。在英国，微格教学被安排在四年制的教育学士课程内，接受微格教学实训后，这些师范生再到各中学进行教育实习。香港中文大学教育学院为了加强真实性，1975～1978年间实行以真实学生当作角色扮演中的听讲对象，用录像的方法记录实训的过程。1983年在进修的在职教师中进行了实验，证明了微格教学对在职教师培训也有很大帮助。微格教学在日本和澳大利亚也得到了认真的研究和发展。

微格教学在20世纪80年代中期引入我国，1988年10月至1989年3月，北京教育学院在联合国教科文组织的支持下开展了微格教学效果的对比实验研究。实验分为微格教学实验组和教学实习对照组，以分析微格教学效果与实习效果的差异。在实验前，对两组学生都进行了听课、录像、评价，以保证初始的基本水平相同。在实验阶段，实验组用微格教学的培训方法，对照组用传统的教学实习方法。最后的实验结果表明，用微格教学对在职教师进行培训的效果明显优于传统方法的效果。类似的实验在国外和国内的一些学校都进行过，多数的结果都表明微格教学的培训方法效果显著。1993年全国各省级教育学院在世界银行贷款的资助下，分别建立了具有先进设备的微格教学实验室，许多学校和厂矿地区的教育机构也自筹资金，因陋就简，纷纷建立了微格教学实验室，为这些院校和地区开展微格教学做了必要的物质保证。

四川师范大学是较早进行微格教学实践探索的高校。2006年4月18日，艾伦教授应邀来到四川师范大学，并作了“微格教学及评价”的学术报告（图1-1）。

图1-1 艾伦教授在四川师范大学作“微格教学及评价”学术报告

艾伦教授认为，微格教学是一种有效培养教师教学技能的手段，它以现代教育理论为指导，把复杂的教学过程细分为若干个可观察、可操作、可描述的单一技能，并利用现代教学设备为手段进行真实反馈，实施有效调控，对试讲者进行教学技能培训，从而以最有效的方法和手段提高教师的教学技能和水平，革新传统的教学模式。他指出，中国还有相当多的高校当时主要使用的还是他20世纪60年代创立时的旧模式。针对中国的教育改革历程，艾伦教授说他15年前第一次认识的中国大学教授用的是单一传统的授课方法，但今天更多的是学生主动和教师交流与互动、先进的教学设备与不断引进和学习的教学理念。

三、微格教学的特点

微格教学将复杂的教学过程作了科学细分，并应用现代化的视听技术，对细分了的教学技能逐项进行实训，帮助师范生和在职教师掌握有关的教学技能，提高他们的教育、教学能力。在微格教学过程中，强调技能的分析示范、实践反馈、客观评价等环节。归纳微格教学的实训过程，有如下特点。

（1）实训课题微型化。“微”是微型、片断；“格”是推究、探讨。微格教学就是把复杂的教学过程分解为许多容易掌握的单一教学技能，如导入、提问、讲解、变化、演示、评价等。对每项教学技能进行逐一研讨并借助先进音像设备、信息技术，对师范生或在职教师进行教学技能系统培训。

（2）技能动作规范化。微格教学与传统的教学方法有明显不同就在于对教学过程进行分解，从简单的单项教学技能入手，制定科学的实训计划，使每一项技能都可描述、可观察、可培训，并能逐项进行分析研究。每一项技能的达成目标要求翔实、具体，常用行为目标表述，具有可操作性。

（3）记录过程声像化。微格教学的形成与声像技术的教学应用是分不开的。利用声像设备把每一位受培训者的讲课过程如实客观地记录下来，为小组讨论及自评提供了直观的现场资料。

（4）观摩修正及时化。微格教学利用了现代视听设备作为记录手段，真实而准确地记录了教学的全过程。这样，受培训者能及时看到自己的教学行为，获得自我反馈信息。有些不太注意的教学细节，如多余的习惯性动作、口头禅，经细节放大以后一目了然、印象深刻，利于及时修正。也可利用录音带、录像带的存储功能，经过一定阶段后再次视听音像带，实现延时反馈，对受训人员进行教学技能的再强化，可达到提高教学效果的作用。利用积累的大量教学声像素材，可编辑制作典型的微格教学片，构成微格教学系列教材，用于微格教学实录前的观摩及第二课堂学习。

（5）角色转换多元化。在理论研究和技能分析示范阶段，指导教师展示的不仅仅是微格教学的教学理论，而且有示范录像。这时被培训者要听、要看、还要与自己原有的教学实践进行比较分析。在角色扮演过程中，学习者的角色又转化成执教者，将前面所研究的教学技能理论融合到自己设计的教学实践中去。到了观摩评议阶段，学习者的角色又转化为评议者，必须要用学到的理论去分析、评议教学实践，及时获得信息的反馈。

（6）技能评价科学化。微格教学对教学技能进行系统分类，对教学技能要达到的目标尽量做到细化，制定科学具体的评价指标体系，运用一定的评价方法，提高可操作性，对每项技能进行公正评价。指导教师、试讲者、其他受训教师都参与评价，使信息反馈多元化、教学评议民主化。定量评价与定性评价相结合，自我评价与集体评价相结合，评价与讨论相结合，构成综合评价系统。对照声像记录结果，评价更有针对性、更直观、具体，评价结果更符合实际。

第三节 教学技能实训的设计

一、实训环节的设计

如图 1-2 所示，教学技能实训主要包括 6 个密切相关的环节。

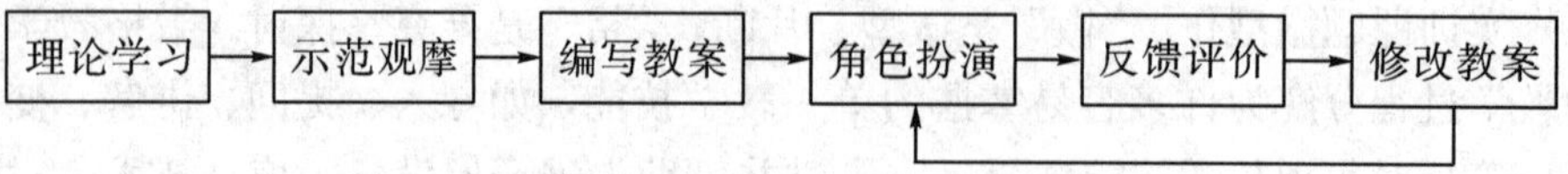

图 1-2 教学技能实训的主要环节

（1）理论学习。在进行训练之前，学生对教学相关理论进行学习和回顾，特别是对微格教学法有一个全面的认识是非常必要的，必须首先了解微格教学的含义、产生和发展、基本特点、过程、评价以及相关设备的使用。

（2）示范观摩。在实训之前，结合理论学习，指导教师提供教学的音像示范，便于师范生对教学的感知和理解。观看前，先提出具体要求，明确目标，突出重点。观看中，适当做出提示，提示要画龙点睛，简明扼要。观看后，组织学生谈谈学习体会，探讨哪些地方值得自己学习和借鉴，哪些地方还有待改进，对有的问题可以组织集体讨论。同时，还可以对某些示范行为进行重点模仿，指导教师也可以亲自示范或者提供反面示范，帮助学生深入理解相关的教学技能。

（3）编写教案。透彻、深入地理解教材是备好课的前提。学生必须明确教学目标，理解教材各部分内容之间的关系，把握教材的重点、难点以及突出重点、突破难点的方法。在熟悉教材的基础上，重点考虑教学技能的运用，结合教材实际，将理论运用于实践。在教案中要明确教学目标、技能目标、教学时间、教师行为、学生行为、教学技能、教具仪器和媒体等。

（4）角色扮演。十几名师范生轮流扮演教师角色、学生角色和评议员角色，并由一名指导教师负责组织指导。教师角色扮演一次约为 5～15 分钟。教师角色要把自己置于课堂教学的真实情景之中，按照备课计划有控制地进行教学。学生角色也要表现学生特点，自觉进入特定情景。学生角色还要多样化，有爱提问的学生，有答错问题的学生，还有不守纪律的学生，这样可以更好地培养执教者随机应变的能力。

（5）反馈评价。在“角色扮演”之后，通过自评和他评，执教者发现自己在教学上的优点和不足，不断改进教学方法和提高教学能力。自评是由执教者本人进行评价。在微格教学结束之后，执教者将自己的教学设计意图、培养的主要技能向小组成员进行介绍，分析事先设计的目标是否达成，达成情况如何，通过训练所取得的进步和还存在的不足。他评主要是小组成员和指导教师的评价。小组成员以技能理论作指导，客观地对执教者的优点和不足进行分析。指导教师既要引导学生进行评议，营造一种学术讨论的氛围，又要客观、公正、全面、准确地对学生进行评价，还要注意保护执教者的自尊心和积极性。

（6）修改教案。指导教师和听课学员根据观察听课的情况作出客观公正的评价。评价既要肯定授课者的优点，树立授课者的信心；又要指出不足，便于授课者改进。授课者通过观摩自己的录像，参考技能实训的理论，对反馈中发现的问题按指导教师及其他学员的建设性意见修改教案。

（7）重新进行角色扮演。若第一次角色扮演比较成功，则可不进行重教，直接进行其他教学的实训。未达到要求的学员，经准备后进行重教，并再次进行评价。

二、实训教案的设计

教案是在深入钻研教材、全面了解学生的基础上，将相关教学理论与学生实际结合而设计的课堂教学的具体实施方案，它是实施教学过程的依据，也是上好教学技能实训课的重要保证。

设计实训教案，需要考虑技能实训教学的内容和目标。从内容来看，教学技能实训的内容只是一节课的一部分，可以是一个概念、原理、方法或事实的教学，每次训练侧重于一、两项技能。从目标来看，教学技能实训的目标应该有两个：①通过训练，使被培训者掌握教学技能，提高教学能力；②通过技能的运用，实现中学生物课堂教学的目标。

1. 实训教案的内容

（1）确定教学目标。教学目标的制定是备课的前提，是课堂设计的出发点。教学目标的确定要准确、合乎实际，要求具体、明确，便于实现和检查。制定教学目标要紧紧围绕教学技能实训的教材内容进行。指导教师必须对教学目标的制定予以指导，帮助被培训者分析课程标准，引导他们钻研教材：①避免不顾课堂实际情况，照抄参考书；②避免制定的教学目标含糊、笼统。

（2）确定教学重难点。教学重点是该部分内容中的核心知识，是学习其他知识的基础。教学难点是针对学生而言的。在学生现有的知识、能力的基础上，多数学生难以接受的知识点和相关的内容就是教学的难点。教师应有针对性地反复地多方位地训练重点内容。分析形成难点的原因后，设计适当的方法，让抽象的内容形象化、复杂的内容条理化。在编写微格教学教案时，重点、难点应有非常具体的描述。

（3）确定技能目标。确定好技能训练的具体目标。对于教师课堂教学的训练目标，不同的学员可能存在一定的差异。

（4）教师的教学行为。教师在授课过程中的行为包括讲解的内容、提出的具体问题、列举的实例、准备做的演示或实验、课堂练习题、板书、师生的活动等，都要在教案中写清楚。教师的教学行为要预先经过周密设定，与教学时间一栏相对应，使自己的教案更具有可行性。要注意避免扩大或者缩小预定教学行为范围。

（5）标明教学技能。在教学实训中，各处应当运用何种教学技能，需要在教案中标明。涉及多种技能时，选择针对性最强的主要技能进行标明，这正是以教学技能培训为中心的微格教学课堂设计的最大特点。它要求被培训者感知教学技能、应用教学技能，也就是作为一种让被培训者表演一下他们学到的东西，不要简单地认为把教学技能经过组合就是课堂设计。而是要自己动手、动脑去总结研究课堂中，怎样为实现目标、策略而有机地结合和恰当地使用各个场合的各种技能。积极采用技能，不仅能实现目标顺利进展，还能设计出富于变化的、有趣的、充实的课堂教学。对于新教师，这一点是课堂教学设计的指针。

(6) 预测学生的行为。它是教师备课中预想的学生行为。学生的课堂行为主要有观察、回忆、回答、操作、活动等。在备课中预想学生行为是非常重要的，年轻教师备课往往一厢情愿，只顾自己怎样讲课，不注重对学生的组织与反应，结果在实际课堂教学中常出现冷场，偏离教学目标等现象，使得课堂教学失去控制。例如，教师在讲解《DNA是主要的遗传物质》时，随便叫一个学生回答减数分裂中染色体、DNA的数量变化规律，教师本来希望在学生回答后立即转入下面的教学行动，可是这个学生支吾了半天也没回答准确，拖延了教学时间。表面上看是课堂中出现的问题，实际上是教师备课中对学生的预想回答未予足够的重视，事先无准备造成的。

在上课过程中学生怎样活动，参与活动的各种行为的每一个细微之处教师都应考虑到。教学技能实训中的教学课，时间紧凑，环节衔接紧密，稍有不当之处就容易拖堂，影响授课任务的完成。

(7) 需要准备的教学媒体。在教案中把自己将使用的教具、实物、标本、图片、视频文件、音频文件等加以注明，以便课前准备。板书也应在这栏中注明。

(8) 时间分配。每个知识点需要分配的时间预先在教案中清楚注明，以便在训练中有效地控制教学进程。

2. 实训教案的格式

教学技能实训教案是对教学技能实训的设计的蓝图，其格式有多种，具体内容可见表1-1。

表1-1 教学技能实训教案

课题______________________________

执教者__________时间__________指导教师______________

教学目标				
技能目标				
时间（分钟）	教师的教学行为	技能要素	学生行为（预期）	媒体准备

三、实训评价的设计

微格教学中的反馈是指教学实训过程中，听课者对授课者的教学所作的反应。反馈应同时具有两个条件，一是准确性，二是及时性，二者缺一不可。准确性是指反馈信息必须真实可靠，错误的反馈信息会导致作出错误的判断，而使教学误入歧途。及时性是指反馈要在下一次教学之前完成，只有这样才能达到指导教学的目的。

人的学习是以反馈为基础的，学习的过程是一个不断反馈强化的过程。例如，在体操馆的墙壁上都装有一块特别大的镜子，使体操运动员在练习时能看到自己的动作是否达到了技术要求；教师为了观察自己的教学行为，备课时对着镜子试讲，看自己的行为是否达到教学的要求等。这些事例都说明，人在进行有目的的活动时，都有一种要获得及时反馈的迫切需求。教学技能实训中利用各种现代技术条件为被培训者提供实训的反馈信息，正是满足人类学习的这种要求，以保证被培训者教学技能的迅速形成。心理学研究已经证明，人类在观察了自身行为后所得到的反馈刺激要比他人提供的反馈强烈得多。如果一个教师在教学中有不雅观的行为习惯，当别人提出时改正可能较慢，而当他自己观察到的时候，就会立刻注意，急于改正。

反馈对于达到一定的目的具有重要的作用。有人做了有关反馈重要性的三个实验，即没有反馈、反馈间隔较长和及时反馈。在这三个实验中，第三个效果最好，它基本上是沿着目标前进的。这就证明了人类有目的的活动必须有反馈，并且只有及时准确的反馈才能较好地达到目标。

教学技能实训中的评价就是要为师范生在教学实训时提供及时、准确、自我反馈的刺激，帮助他们较好地形成教学的基本能力。评价有两个作用：①使试教者能正确估量自己的教学效果——这是由自己通过实践获得的感觉判断及指导教师和同学们的点评获得的；②使参与的全体学生通过评价别人以及自己被其它同学、教师点评，学会课堂教学的评价方法。

教学评价是中学生物教师的一项重要能力，在教研活动中应用非常广泛。因此在每一项技能的训练中都要有相应的评价活动。传统意义上“完美”的课是不存在的，所以，授课者要在评价中找出自己的不足，抓住进步的机会，以开放的姿态接受，并主动渴望得到建议，教学效果才可能越来越好，自己进步和提高才更快。

1. 评价的特征

(1) 人少。教学技能实训中的教学评价法要求教师分期分批参加。每批人数不宜过多，控制在 10 人左右，其中包括评价者（专家）1 人、评价对象（教师）7 或 8 人、摄像人员 1 人。这样，可以使教师评价更加深入、细致和具体。

(2) 省时。评价对象轮流上课拍摄录像，每位上课拍摄录像的时间约 10 分钟。

(3) 集中。教学技能实训中的教学评价法的评价范围比较集中，通常包括：①针对某一项指定的教学进行评价，譬如，针对每位教师必须掌握的导入、讲解、提问或结尾进行评价；②针对某一项自选的教学进行评价，譬如，针对评价对象自选的、最得意的教学进行评价；③针对指定的教学内容进行评价，譬如，针对所有教师共认的、讲解难度较大的教学内容进行评价；④针对自选的教学内容进行评价，譬如，针对评价对象自选的、最感兴趣的教学内容进行评价。

（4）直观。在评价过程中，利用摄像机、录像机、录放机等的回放、放大、慢放、定格等功能，可以形象生动地反复观察或仔细观察某一教学片断或某一教学内容。

（5）放松。由于教学技能实训中的教学评价法人少、省时、集中、直观等特点，缓和了评价对象参加教师评价的紧张情绪和心理负担，和谐的气氛贯穿评价过程的始终。

2. 评价的标准和要求

微格教学的各项技能都有明确的标准可以参考。评价标准既是教学评价的依据，也是试教者要达到的目标。在应用这个标准时，指导教师要根据实际情况进行一些改变。例如，微格训练初期，学生能够大胆地表达出自己的思想即可，指导教师就要大力地给予鼓励、表扬。如果机械地按照“评价内容”的要求，过多地挑剔学生还存在的不足，可能导致学生缺乏自信，怯场，以致教学无法开展。在每项技能的实训中，第一轮实训之后，试讲者达到基本要求；接着指导教师给试讲者提出更高的目标，可以是“四川师范大学微格教学评价内容”的要求。这样，学生既看到自己的进步，充满信心，又明确努力的方向、奋斗的目标。

3. 评价的方式

（1）组内评价。这是微格教学评价中的最常见形式，包括组内自评、组内互评、教师评价。在微型班（一个学生组）内通过直接参与实训和重放试教录像片进行评议。在教师指导下，组内同学一边观看录像，一边逐个进行自评、互评，并请指导教师小结评价。教师的适当指导点评是保证评价质量的重要条件。只有经过教师指导的学生评议才可避免学生间可能产生的漫无目标、过于肤浅、抓不住问题关键和实质的毛病。这种方式对试讲者帮助极大，缺点是指导教师工作量巨大。

（2）组间评价。在组内评价之后，可将各组的录像带交换观看，这时即进入组间评价。对其它组一致认为优点或缺点的教学突出点，进行争论评议，达到统一认识、借鉴提高的效果。这种方式可使学生利用较少的时间，了解尽可能多的教学成功点或缺点，为以后正式的教育实习提供借鉴、启示和帮助。

（3）班级评价。一种方式，在一组学生试教时，教师与班级其它学生一起在另一间安装有大屏幕电视的教室里，通过闭路系统传出的现场教学技能实训中的教学实况，一边观看，一边随时评点其长短。这种方式的优点是两组人互不影响，且评价真实、客观。另一种方式，教师选择教学技能实训中的实验后获得的正反两方面的典型录像片在全班内播放讲评，这种形式省时省力，有针对性，且使全班学生均可得到指导。

4. 评价的方法

微格教学中的评价方法既有定性的评价（表 1-2），也有定量的评价。将定性评价与定量评价结合起来，可以使评价更全面、科学、客观、准确，更好地发挥评价的作用。

表 1-2　技能实训定性评价反馈表

<table>
<tr><td>自评</td><td colspan="2"></td></tr>
<tr><td rowspan="3">小组
互评</td><td>优点</td><td></td></tr>
<tr><td>不足</td><td></td></tr>
<tr><td>建议</td><td></td></tr>
<tr><td>指导
教师
评价</td><td colspan="2"></td></tr>
<tr><td>课后
反思</td><td colspan="2"></td></tr>
</table>

定性评价能使评价的内容充实具体。在评议或交谈中，态度要诚恳，要以正面评价为主，充分肯定优点，恰当指出缺点。艾伦教授提出的“2+2 教学评价法”就是一种定性的评价方法。“2+2 教学评价法”是：评价者给出 2 个表扬与 2 个建议，即对授课者在教育教学过程中找出两处优点和两处需要进一步改进的地方。“2+2 教学评价法”的实质就是要求执教者集思广益，坚持好的并改正错的，从而改善工作和提高自己。“2+2 教学评价法”的核心要素是“师”“生”之间双向交流和互相鼓励。

为了更加准确地判断试教者各项教学技能的情况，还可以采用量化评价的方法。定量评价能判定学生的学习水平，指导教师要注意引导，转移被评价者过分关心分数的注意力。要根据不同的对象和情况，采用灵活多样的评价方式，力求得到好的评价效果，为学生提供一个改进教学的良好环境。本书中的每项技能评价都有评价量表，指导教师和学员都可以参考量表来进行教学技能的量化评定。

第四节　教学技能实训系统

整个教学技能实训系统主要由五大部分组成（图 1-3）。这五部分是：教学观摩与微格教学中心、专用微格室、观摩微格室、专用观摩室和示范学校。教学观摩与微格教学中心是整个系统的控制中心。通过四川师范大学校园网和因特网将示范学校与专用观摩室连接在一起，学生可以在专用观摩室中实时观看示范学校教室中的授课。专用微格室是对学生进行技能训练的主要场所，观摩微格室可以供学员观摩其他专用微格室正在进行的实训，方便指导教师指导和学员交流。下面对微格教学中心、专用微格室、观摩微格室作一简要介绍。

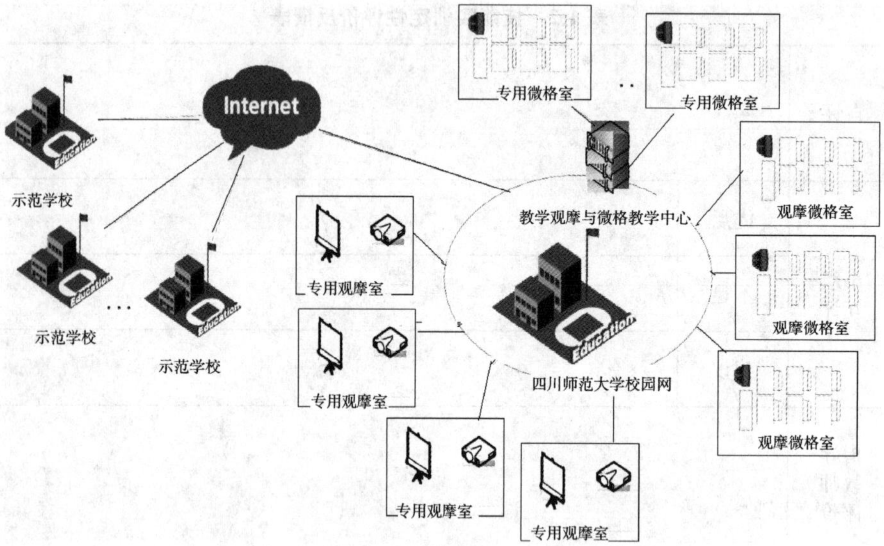

图 1-3　四川师范大学教学技能实训系统

一、微格教学中心

微格教学中心装有电视特技机（信号混合处理器）、调音台（混音器）、录像机、视频分配器、监视器等设备。中心监控室可以控制每一间微格教室的摄像云台和镜头，监视和监听微格教室的图像和声音；录制微格教室的教学实况；给微格教室播放教学录像；将某个微格教室的实况转播给其他教室等；对多个多媒体微格室观察监控；通过网络可以将任意某室的上课情况调到观摩微格室和广播到其它室，同时指导教师根据需要可以将某室讲课实况实时发布网上进行远程观察、学习；可以任意控制微格室任意摄像机的推拉、变焦和云台运动；可对前端视音频进行设置、控制。

二、专用微格室

专用微格室（图 1-4）是教师教学技能实训的主要场所。室内装有以彩色摄像机为基础，装配多倍三可变（电动调整光圈、距离、倍率）镜头、高灵敏度拾音器的操作方便、实用性很强的摄录系统，WINDOWS 操作平台（图 1-5），显示屏等设备。WINDOWS 操作平台可通过汉字对话菜单选择参数，控制任意云台、可变镜头的操作，并且有硬盘录像等功能。显示屏与电脑连接，用来播放课件、重放教学过程录像。摄像系统包括两台摄像机，一台摄取授课者的教学活动过程，另一台摄取听课者的学习和讨论交流过程。功能强大的音/视频数字处理器可对任一台摄像机信号进行控制和处理。

图 1-4　学生正在专用微格室进行教学技能实训

图 1-5　WINDOWS 操作平台

专用微格室具有下列功能。①基于网络资源的信息浏览、上传、下载。②课程教学实况记录。③室与室之间通过网络进行视频交互交流、观摩。④教授过程自动生成网络课件。常见格式是 avi 和 asf 格式。考虑课件要求用于后期点播，因此应选择直接生成 asf 格式。⑤现代各种媒体演示操作。利用现代媒体的培训讲解技能、电子板书技能、多媒体教学技能、网络资源利用技能、信息技术技能、多媒体组合教学技能。

三、观摩微格室

学生在观摩微格室（图 1-6）可以观看微格教学的录像或者实时观看各个微格教室中的实训，并参与讨论和评价。观摩微格室既避免了专用微格室人数的限制，又可以对专用微格室中试讲学员的表现进行及时评价而不影响试讲的正常进行，还可以随时切换到任意一个专用微格室，可以观摩更大范围中学员的试讲情况。

图 1-6　观摩微格室

第二章 导入技能

第一节 导入技能概述

教学活动中的导入技能是指教师有效地应用各种教学手段，引起学生注意、激发学习兴趣、明确学习目标、形成学习动机、建立知识间的联系的教学活动方式。

一、导入的功能

导入是课堂教学的必不可少的环节，是教师必须具备的一项基本技能。有效的导入，可以激发学生学习兴趣，形成愉悦的学习氛围，帮助学生明了学习的主要内容，建立起前后知识的衔接。

(1) 稳定情绪，形成学习氛围。上课开始，教师用语言消除上一节课或课间 10 分钟的影响，如上一节体育课的兴奋、和其他班级比赛失利的懊恼、其他课程测验的体验与顿悟，甚至天气的变化，气温气压的波动等都会引起学生情绪浮躁。需要教师及时发现、了解并加以适当的安抚与引导。

(2) 明确目标，了解学习内容。学生平静以后，教师应该及时交代学习任务，告诉学生本节课要学习什么、为什么学习和达到怎样的要求，以便引起学生的注意，帮助学生集中思维搜索相关信息。

(3) 激发兴趣，产生学习动机。兴趣是最好的老师。学生对所学内容产生了浓厚的兴趣，必然会自觉、主动、愉快地学习。在导入中，通过创设情境，引导学生产生强烈的求知欲望，产生努力探求新知的学习动机，为教学活动的进一步开展奠定基础。

(4) 介绍联系，形成认知结构。生物学知识具有严密的逻辑性。前后内容、新旧知识都有一定的联系。导入中，引导学生通过“温故”而达到“知新”的目的，明了知识之间的内在联系，找到最近的知识增长点，形成知识的网络结构。

(5) 指出重点，瞄准核心概念。课堂教学的时间有限，学生“有效”注意的时间也有限。要提高课堂教学效率，就要紧紧把握住教学重点和核心概念。导入时，让学生明了重点和核心概念，有助于师生一道调整好教学的时间与节奏，把好钢用于刀刃上。

二、导入的基本结构

(1) 集中学生注意。导入伊始，教师以简明的语言或适当的行为，实施组织教学，让学生明确：上课了。教师最好了解学生本节课之前在干什么，如果大多数学生还处于上节体育课的兴奋状态，教师可以在导入时适当安排与本节教学有关的学生活动，比如演示实验、智力游戏、实践活动等。导入时，刻板平淡、千篇一律的内容和方式，是很难集中学生的注意的。

(2) 激发学习兴趣。通过激发学生兴趣来转移学生的注意是很好的方法。在生物教学的导入过程中，结合新知识的内容和特点，提供一个生动有趣的演示，或介绍一段有趣的轶闻趣事，或观察生活中的某一现象，以引起学生的学习兴趣。例如，学习“生命的基本特征”时，教师给学生展示含羞草，让学生观察含羞草随外界的刺激而发生的变化，很快地引起学生的兴趣，使他们的兴奋点集中于新课题的学习。

(3) 激活学生思维。学生对将要学习的内容产生兴趣之后，教师就要适时通过创设情境、提出问题，引发学生思维上的矛盾冲突，使学生处于“愤悱”状态。这样，学生的思维就处于充分的活跃状态，急于解答心中的疑惑，为新课的学习做好了心理上的准备。

(4) 阐明学习目标。在导入初期，大多数学生还处于无意注意阶段，要使学生较长时间集中精力，还需要在导入中引起并能较长时间保持有意注意。清楚、深刻地理解学习目标，可以促使学生积极、主动、有效地学习，也是保持有意注意的重要方法。

(5) 引导进入新课。在一个完整的导入过程的结尾阶段，教师可以通过语言或者其他行为方式，使学生明确导入的结束和新课学习的开始。例如，教师可以在略加停顿后，用“下面我们共同研究××这个新问题”之类的语言，或者在黑板上显著位置写出要学习的新知识的题目等形式，向学生发出结束导入、进入新课学习的信息。

第二节　导入的方式

一、导入方式的分类

依据教学方式的不同，可以分为：直接导入、设疑导入、演示导入、悬念导入、推理导入等；依据教学内容的不同，可以分为：原有知识导入、联系实际导入、故事导入、实验导入、诗词导入、谜语导入、游戏导入等。下面分别加以阐述。

1. 按照教学方式分类

(1) 直接导入。教师以简洁、明确的语言开门见山直接点题，阐明学习目标，提出具体要求，以引起学生的有意注意，把学生的注意力和思维迅速导向并集中于教学内容上来。使用直接导入，一看教学内容，二看学生情况。如果所要学习的内容是一类新知识或一个新领域，从学生原有的认知结构中不易找到知识的“生长点”，新知识的学习方法和学习程序没有适当的范例借鉴运用，或者由于重难点所需时间较多，出于简化导入过程以优化课堂教学整体过程的考虑，可以选择直接导入。直接导入不宜过多使用，对于学习能力、自我意识和意志力水平较差的低年级学生，这样导入难以收到较好效果。

在高年级的课堂教学中使用稍多一些。

《生命的起源与进化》导入：地球上的生命是怎样起源的？现在地球上的各种生物是怎样从原始的生物演变发展而来的？这些人们历来所关心的问题，尚存有某些不同的观点，也有许多传说和故事。今天我们要用科学的观点和辩证唯物主义的思想做指导，进行学习和研究。下面，我们先来研究第一个问题——生命的起源。

（2）设疑导入。美国心理学家杰罗姆·布鲁纳指出："教学过程是一种提出问题和解决问题的持续不断的活动。"课堂教学正是通过问题诱发学生思考并不断解决问题的过程。上课伊始，通过学生提问或教师归纳、设置一些符合学生认知特点、促人深思的疑问，让学生产生急于探求答案的愿望。引导学生回忆、联想，并渗透本课的研究主题。设疑的方式很多，但是不论是设问、追问或者是反问，都必须找准知识的关键点，从不同角度巧妙提问。通过设疑，学生的注意力高度集中，形成对新知识的强烈渴求，为教学活动的展开创造了前提条件。

《消化和吸收》导入：教师先提出如下疑问：在我们周围的人中，有的人饭量很大却很消瘦，有的人吃饭并不多，身体却很胖。这是为什么呢？学完本节内容之后，这类问题都会迎刃而解。

（3）演示导入。教师通过模型、实物、标本、挂图、投影、录像、电影、多媒体、实验等演示，为学习新课题提供生动形象的感性材料，引起学生注意，激发学生探求新知识的欲望，引导学生通过观察与思维，揭示并进入新课题学习。

演示导入具有直观性、生动形象、具体感性的特点，易于调动学生的多种感官，引起学生的兴趣，集中学生的注意力，有助于学生理解抽象知识。

当教学内容中新知识所需要的感性材料是学生未曾接触过、未曾注意过的，或者新知识比较抽象，是语言不易表达清楚的，则可考虑运用演示导入。演示材料的选择要注意准确、生动、大小适宜、色彩鲜明，既能引起观察兴趣，又能经得起科学分析。

《人的性别决定》导入：①出示一张婴幼儿的天真可爱的照片，同时提出一个问题："当你看到这张照片时你首先想到的是什么？"面对这样一张可爱的面孔，大多数学生都说："这个孩子是男孩还是女孩？"②演示一段新生儿出生的录像，注意不要出现显示性别的部分，然后问一个问题："当一个新生儿唱着嘹亮的歌来到这个世界时，你首先想知道的是什么呢？"学生会自然地回答："是男孩还是女孩"……

（4）悬念导入。提出带有悬念性的问题来导入新课，能够激起学生的兴趣和求知欲，启迪思维，使学生集中精力听课。在悬念中既巧妙地提出了学习任务，又创造出探求知识的良好情境。创设悬念要紧密结合教学内容和学生的心理承受能力，不悬则无念可想，太悬则望而不思。

《激素调节》导入：课前收集班级内部分学生的照片（或者用学生非常熟悉的明星的幼年时期的照片与现在的照片对比），上课时展示，让同学们来猜一猜是谁的照片。特别是对一些小时候长得像男孩，而进入青春期之后明显出现女孩特征的同学，让同学们亲眼看到她的变化，从而很自然地引出"导致出现这些变化的原因是什么呢?"，学生会很明确地回答是性激素的作用，进而引出本节的主题：激素调节。

《生物的进化》导入："假如你能按动魔钮，使这个世界的时钟倒转 6 亿年，那么，展现在你面前的将是一个什么样的世界呢？你将看不到一个有生命的东西。没有树，没有花草，没有昆虫，没有人类，没有飞鸟，没有生命的声音，也没有任何生命的踪迹。你能够想象得出那里只有你一个人活着的情景吗？一切都是死的，甚至这死亡很快降临到你的头上——那里没有食物来维持你的生命；即使食物问题能够解决，你想，你又怎么能够在这荒凉死寂的所在中保持自己的心智健全呢？”（李充壁，2003）。那么，后来怎么会有了生命呢？这就是我们今天要学习的生命的起源。

（5）推理导入。生物学各部分知识之间存在着一定的联系，教师引导学生在已有知识基础上通过逻辑推理来导入新的课题，不断将学生的思维引向深入。通过师生的推理，学生进一步明确了知识之间的内在联系，培养了学生逻辑思维的能力。

《遗传的物质基础》导入：人类对遗传规律的探究一直没有停止。当初摩尔根虽然证明了染色体是基因的载体，但染色体究竟是由什么物质组成的？基因的化学构成是什么？基因为何能传递遗传信息？……这些问题仍然有待进一步解决。虽然当时已经发现核酸是组成细胞核的主要成分，而且也已经发现核酸中有四种不同的碱基，但是人们却误认为核酸是由四种核苷酸组成的单调均匀的大分子，因此，许多生物学家不相信核酸会是千变万化的基因的载体，他们认为蛋白质才可能是遗传物质。

为什么蛋白质会被认为是遗传物质呢？这是因为20世纪以来，人们发现的蛋白质的种类越来越多，功能也越来越广泛，一切生命活动，包括遗传特性的表现都离不开蛋白质，如我们在前面学习过的起催化作用的酶、起免疫作用的球蛋白，以及一些对生命活动起调节作用的激素。据估计，人体中的蛋白质不少于十万种。因此，许多生物学家都认为，只有蛋白质才有可能是复杂基因的载体。

在核酸和蛋白质中究竟谁是基因的载体呢？我们首先要从理论上推断一下作为遗传物质必须具备哪些特点，如果我们能够用实验来证明某种物质具备这些特点，我们就能确定到底哪种物质是遗传物质。那么，遗传物质必须具备哪些基本特点才能使生物的遗传成为可能呢？

2. 按照教学内容分类

（1）原有知识导入。新知识总是在原有知识的基础上发展而来的。因此，新的教学常以复习、提问、做习题等教学活动开始，向学生提供原有知识与新知识联系的支点，使学生感觉到新知识并不陌生，从而降低学习新知识的难度，为新的概念与学生认知结构中已有的适当概念建立起实质性的联系，做好必要的准备。

使用这种导入方法，教师在教学时必须注意学生原有知识水平，依据知识之间内在的逻辑联系，发掘学生原有认知结构中新知识的“生长点”，精选复习提问时原有知识与新知识之间联系的支点，适时地提出要学习的新课题，激发学生探求新知的欲望，自然地进入新知识的学习。

这种导入方法不仅有利于进入新课题的学习，而且便于将新知识归纳到学生原有认知结构中去，建立合理的知识框架，实现知识的迁移，降低学习新知识的难度。因此，利用原有知识导入是一类经常采用的、有效的导入方法。

《泌尿系统的结构和功能》导入：“通过前一章‘新陈代谢’的学习，我们知道了什么是新陈代谢，知道了新陈代谢是人体生存的基本条件。让我们回忆一下，代谢有哪些终产物？它们是以什么物质形式存在的呢？”（学生回答：略）

“我们再考虑，代谢终产物是由哪些途径排到体外的呢？”（学生回答：略）

“代谢终产物有气态和液态两种。气态的产物通过呼吸系统排出，而液态的产物主要通过泌尿系统排出。今天我们就来研究泌尿系统。”（板书：泌尿系统）

“泌尿系统为什么能把人体内代谢终产物排出体外，又是怎样从体内排出的？要解决这些问题，我们必须首先了解泌尿系统的结构，以及各部分结构有什么作用。”（板书：泌尿系统的结构和功能）

（2）联系实际导入。这是以学生已有的生活、学习经验或教师提供的结合实际的事例为切入点，将要学习的内容与学生的亲身经历、具体事例联系起来，引导学生学习新知识的一种导入方法。

联系实际，包括联系生活实际、生产实际、科研实际、史实和新闻等。由于现代科学、技术与社会存在着千丝万缕的联系，学生通过课内外众多的信息来源，不断积累着多方面的知识和经验，对认识实际中的问题存在着比较广泛的兴趣，在教学中运用联系实际导入新课，存在着客观的需要和现实的可能性。因此，联系实际导入，是生物教学中常用的、重要的导入类型之一。

《肌肉的结构》导入：1996 年 9 月，济南市一些消费者联名上书济南市消费者协会，说山东省临沂市某肉类食品加工厂生产的火腿肠中有虫子。于是，消费者协会便着手调查此案，将火腿肠样品送到山东师范大学生物学系请专家鉴定。鉴定结果表明：火腿肠中的“虫子”并非是虫，而是粉碎不彻底的肌肉纤维。那么，何谓肌肉纤维？在生物学上它属于何种结构？今天，就让我们来学习有关的知识——肌肉的结构。

（3）故事导入。借助恰当的寓言、典故、传说，以讲故事的形式导入新课，激发学生好奇心，启迪学生思维。由于故事具有比较生动的情节，容易吸引学生，引发学生积极思考。故事的选择，应该考虑与教学内容密切相关，或为教学内容的有机组成部分。充分考虑故事的科学性、趣味性、艺术性、思想性。

《基因的显性和隐性》导入：“我曾经教过的一个学生，他的爸爸妈妈都是双眼皮、大眼睛，而他却是单眼皮、小眼睛，为了这事他很郁闷，甚至有时偷偷掉眼泪，怀疑自己是不是爸爸妈妈捡来的孩子。学习了今天的知识，你就可以帮助他解开心中的疙瘩”（孙凤琴，2009）。

评析：“基因”的相关内容是整个初中生物教学中最微观、最抽象的内容，是整个初中生物教学中的难点。怎么让学生把如此抽象的内容变得简单、具体呢？“故事”把极为抽象的微观基因与现实生活中的可见现象结合起来，并且用“我的学生”的故事，大大增加了真实性，学生中本身就存在着这种现象，所以很有意思。这个导入的最大特点就是紧扣生活，抽象问题生活化、具体化。

《绿色植物通过光合作用制造有机物》导入：海尔蒙特曾做过一个实验，将一棵 2.5 公斤的柳树苗种在一个大木桶内，每天给柳树浇适量的雨水，并用桶盖防止灰尘进入桶内。五年后取出柳树，并将柳树和土壤分别称重。最终发现，柳树干重增加 80 公斤，而土壤只减少了 100 克。大家想一想：柳树干重增加的 80 公斤来源于什么呢？

(4) 实验导入。通过精心设计的演示实验、学生实验或课外活动实验来导入新课，可以引导学生先对所学内容有感性认识，在学习之始便在感官上受到大量的刺激，获得大量的感性信息，同时提出一些思考题，启发学生有条理地思考问题。设计演示实验时要考虑启发性、趣味性，可以从已知的实验入手，逐步向本章中涉及的未知实验过渡。

《绿色植物的生活需要水》导入："教师在上课的前一天，要求学生自带能说明植物体中含有水的东西到教室。上课时教师请学生演示说明，有的同学将树叶揉搓，挤出了一些水，有的同学将果实咬开，挤出一些水。教师将晒干的小麦种子装进干燥的试管里，放在火上烘烤试管的底部，不一会儿，试管的内壁上出现了一些小水珠。从而自然得出水是植物体的重要组成成分，植物的生活需要水这个结论。随着实验现象的出现，学生的学习兴趣也被激发出来，产生认知冲动，形成良好的心理状态，再经教师的讲解和自身的积极思考，能较快进入新课内容的学习"（孙凤琴，2009）。

(5) 诗词、谜语导入。诗的语言优美、简练，用诗文导入新课可以将学生带入出神入化的优美意境。诗词、谜语导入都能够增强学生的学习兴趣，加深其对知识的理解和记忆。

《群落的结构》导入："用这样一首词引入：'明月别枝惊鹊，清风半夜鸣蝉。稻花香里说丰年，听取蛙声一片。'请同学们说出诗句中描述的环境中至少有哪些种群，它们彼此之间是紧密联系的吗？从而引出本节课研究的主题：群落"（曹广忠，2011）。诗词的运用，调动了学生的想象，让学生在课堂上仿佛置身于清新的夏夜中，细心体会大自然带给人的美感，从而引导学生体验一种人与自然融为一体的回归，在充满轻松愉悦的心情中开始一节课的学习。

《眼和视觉》导入：给学生出示一则谜语："有座房子两头尖，它能装入万万千。若问房子有多大，一粒沙子容不下。"学生根据谜面提示的形状、结构、功能等内容进行推测，揭示谜底。

(6) 游戏导入。教师组织学生做与教学内容密切相关的活动或游戏，激发学生的学习兴趣，活跃课堂气氛，引导学生不知不觉地进入到愉快的学习氛围。游戏导入的最大好处是让学生感受到学习的乐趣，促进学生在玩中学，在游戏中思考，将抽象的知识形象化，有利于课堂教学效率的提高。运用游戏导入，要注意根据班级的实际，教师要能够有效地做好组织工作，抓好游戏过程中的有效调控，防止游戏流于形式。

《神经系统的组成》导入：利用"反话游戏"导入。即老师说举右手，学生必须举左手；老师说坐下，学生必须站起来；老师说向左转，学生必须向右转……开始可能有些学生做不好，但是经过几次训练之后，绝大多数学生都可以做好。然后老师提出问题："同学们为什么可以对这样一些混乱的指令做出如此正确的反应呢?"，从而启发学生思考得出：人体做出这些正确的反应是在大脑的指挥下，身体的各个器官协调配合的结果。

评析："神经系统的组成"内容比较抽象，学生在生活中都知道大脑在起作用，至于大脑是怎样支配手脚的活动却是知之甚少，往往把神经系统就简单地理解为大脑。并且对于神经元的构成和传递神经冲动没有任何概念。通过一个有点复杂的小游戏，引导学生明白完成这么复杂的活动，不仅需要大脑作为指挥中心、司令官，还需要其他的一些器官和结构一起来协调、配合完成，也就是神经系统不只有脑，还有脊髓、神经等齐心协力，构成一个整体，才能共同完成各种复杂、精细的活动。在这个活动中，还可以进行团结、协作和集体主义的情感、态度、价值观的教育。

二、导入方式的选择

（1）如表 2-1 所示，把握每种导入方式的优点、要求，选择恰当的导入方式。

表 2-1 导入方式的优点和教学要求

导入方式	优　点	教学要求
直接导入	简洁、明确、迅速进入主题	对学生学习能力、意志力品质要求较高；不易引起学生兴趣
设疑导入	带着问题学习，目的明确，促进学生思维、探究	教师必须根据教学实际、学生实际，提出恰当的问题
演示导入	直观形象，激发学生兴趣，有助于学生理解抽象知识	对教学条件要求较高
悬念导入	激发学生学习兴趣、启迪学生思维，创设良好教学情境	悬念的设置要恰当、时间安排要合理，在把握上具有一定难度
推理导入	锻炼学生的逻辑思维能力，掌握知识之间的逻辑关系	教师必须能准确把握知识之间的逻辑关系，注意逻辑的严密性
原有知识导入	温故而知新，建立新知识与原有知识的衔接	找准原有知识结构中新知识的“生长点”
联系实际导入	激发学生学习兴趣，有助于学生理解，学以致用	找准社会、科学、生活与教学内容的联系点
故事导入	激发学生好奇心，启发学生思维	注意故事选择的科学性、趣味性、艺术性、思想性
实验导入	迅速集中学生的注意力，培养学生观察、动手实验的能力	找准实验导入的切入点，注意启发性、趣味性。控制好导入时间
诗词、谜语导入	提高学生学习兴趣，加深对知识的理解和记忆	诗词、谜语与教学内容的关联性要大，衔接恰当、自然
游戏导入	在游戏中学习，激发学习兴趣，活跃课堂气氛	游戏的内容、形式要恰当，课堂调控要有效，避免流于形式

（2）选择哪种方式导入新课，要依据学生的认知水平、生活阅历，教学内容的特点、要求，教学所具备的条件，教学的时间安排，教师自身的文化素质等。

（3）一般而言，对于不同学段的学生，导入方式也有一些差异。对于初中学生，导入时以具体、形象为主，注重导入的直观性，可以适当多一些游戏导入、谜语导入、实验导入、故事导入、原有知识导入、设置悬念导入、演示导入、设疑导入、联系实际导入等。对于高中学生，抽象思维能力逐步加强，可以适当增加一些方式，如直接导入、推理导入等。

（4）导入方式本身无优劣之分，也没有那种导入方式是最好的，适合自己的教学实际的才是最好的。

第三节 导入技能实训

在教学中，为了引起学生对新知识的关心、兴趣和积极思考，教师应该根据课题的内容和教学目标，学生原有的知识和经验，以及学生的学习心理和年龄特征，精心设计导入过程，将学生引入到预定的教学任务和程序之中，以达到优化的教学效果。

一、实训的要求

（1）目标明确，针对性强。导入的设计要根据教学的三维目标，紧紧围绕教学的重点来进行。导入方法具体、简洁，具有很强的针对性。导入要服从并服务于教学内容的整体需要，引导学生对将要学习的内容产生认知上的需要。如果形式与内容脱节，无论导入多么精彩、别致，都不可能产生好的教学效果。

（2）启发思维，点拨得当。导入对学生接受新的内容具有启发性，有利于引起注意、激发动机、启迪智慧、活跃思维，促使学生更好地理解新知识。思维往往从问题开始。在导入时，教师以生动、具体的事例和实验为依托，恰当设疑，“引而不发，导而弗牵，开而弗达”，教师通过恰到好处的点拨，引导学生积极思维。

（3）锤炼语言，讲求艺术。导入要有情趣、有新意，能够引人入胜、产生探究的欲望。导入的魅力在很大程度上依赖于教师的语言和炽热的感情。准确、科学、充满激情的语言，能够迅速扣动学生的心弦，激起学生思维的浪花，牢牢地吸引住学生。

（4）激发兴趣，引导求知。心理学研究表明，如果强迫学生学习，学生对所学的东西记忆非常短暂。如果学生对所学的内容感兴趣，就会主动、积极、自觉地学习，学习效率就很高。因此，教师精心设计导入使学生处于渴望学习的心理状态，激发学习的积极性，使他们以最佳的心理状态投身到学习活动中，为整个课堂打下良好的基础。

（5）注重时效，抓好效益。导入的时间要适宜，一般在 2～5 分钟。时间过短，难以达到创设情境、激发兴趣的目的；过长，容易喧宾夺主、分散学生的注意力。因此，教师必须认真提炼导入语的内容，精心组织导入各环节之间的层次，使学生尽快进入学习佳境。

二、实训的设计

1. 组织理论学习

组织受训人员学习导入技能相关理论，理解导入技能的含义与功能、导入方式的类型、导入方式的选择、导入教案的设计与编写。

2. 观摩示范录像

组织受训人员认真观摩优秀教室教学导入的示范录像，指导教师结合已经学习的导入技能的相关理论知识进行有针对性的分析，受训人员进一步明确培训的目标和导入方式的要求和选择，并交流自己的体会。

3. 设计导入教案

学生选择导入的课题，按照表 2-1 的要求，针对本节教学内容，填写好教学目标、重点、难点，在把握好整节教学内容的基础上，选择合适的导入方式，设计教学过程。在分析课标要求和课本内容的基础上，设计 3～5 个导入。写出对课标的认识，教学内容的分析，教学目标的认定，重点、难点的认定以及学生情况的分析，加上可利用的教学资源情况。以每分钟 200 字计算，设计好 3～5 分钟的导入文字稿。

1）进行设计时思考下列问题

（1）你的导入方法与进行内容和进行目标是什么关系？
（2）你的导入方法是否符合导入程序？
（3）你的选材是否恰当？
（4）教案的结构是否紧凑，逻辑是否严密？
（5）你导入的是一节课、一个概念、一个原理，还是一个活动？准备达到什么目的？

2）可供参考的课题①

学生可以选择其他教材版本，也可选择人教版教材中的其他内容。

【初中生物参考篇目】
（1）七年级（上）：致同学们
（2）七年级（上）第一单元第一章第一节：生物的特征（P2）
（3）七年级（下）第四单元第三章第二节：发生在肺内的气体交换（P47）
（4）七年级（下）第四单元第六章第三节：神经调节的基本方式（P101）
（5）八年级（上）第五单元第一章：探究“鸟适于飞行的特点”（P21）
（6）八年级（上）第五单元第二章第二节：先天性行为和学习行为（P32）
（7）八年级（下）第七单元第二章第一节：基因控制生物的性状（P24）
（8）八年级（下）第八单元第一章第二节：免疫和计划免疫（P75）
【高中生物参考篇目】
（1）《分子与细胞》第一章第一节：从生物圈到细胞（P2）
（2）《分子与细胞》第二章第二节：生命活动的主要承担者——蛋白质（P20）
（3）《分子与细胞》第五章第三节：ATP 的主要来源——细胞呼吸（P91）
（4）《分子与细胞》第六章第一节：有丝分裂（P112～113）
（5）《遗传与进化》第一章第一节：孟德尔的豌豆杂交实验（①P2～3；②P4；③P5）
（6）《遗传与进化》第二章第一节：减数分裂和受精作用（P16）

---

① 本书所参考的生物学教材，除非特别说明，均选用的是人教版“义务教育课程标准实验教科书”（2001 年版）和人教版“普通高中课程标准实验教科书”（2004 年版）。

(7)《遗传与进化》第二章第三节：伴性遗传（P33～35）

(8)《遗传与进化》第四章第一节：基因指导蛋白质的合成（①遗传信息的转录P62～63；②遗传信息的翻译 P64）

(9)《遗传与进化》第七章第二节：现代生物进化理论的主要内容（①种群是生物进化的基本单位 P114～115；②物种的概念 P119）

(10)《稳态与环境》第一章第一节：细胞生活的环境（P2～3）

(11)《稳态与环境》第三章第一节：植物生长素的发现（P46）；生长素的发现过程（P46～47）

(12)《稳态与环境》第四章第二节：种群数量的变化（①种群增长的J曲线 P66；②种群增长的S曲线 P67）

4. 编写导入教案

在实训小组内陈述，组内成员相互交流、讨论并认真修改教案。

5. 用修改后的教案试教

教师扮演者用修改之后的导入教案进行试教（时间：3～5 分钟），其他学员（学生扮演者）认真听讲，并随时认真记录试讲学员教学中的优点和不足之处。指导教师一边听课，一边对教学全过程进行录像，特别对学生表现出色和较差的地方拍一些特写。

6. 反馈评价

通过重放录像、自评、他评、讨论，试讲学员对自己的导入技能将有更加明确的认识，进一步修改教案，整理并填写好评价反馈表（表 2-2）。

表 2-2 导入技能量化评价表

课题： 试讲者：

评价指标	评价等级				权重	分值
	优	良	中	差		
1. 目的明确，能将学生导入课题情境					0.20	
2. 导入能引起学生兴趣					0.10	
3. 导入吸引了全体学生的注意力					0.10	
4. 能自然导入课题，衔接恰当					0.10	
5. 导入内容与新知识联系密切					0.10	
6. 导入方法具有启发性					0.10	
7. 教师语言清晰，教态自然					0.10	
8. 导入时间掌握得当，紧凑					0.10	

续表

评价指标	评价等级				权重	分值
	优	良	中	差		
9. 导入能面向全体学生					0.10	
总体评价：						

说明：按照百分制给分，评价者在适当评价等级处划“√”。

（1）重放录像。初次进行导入技能的实训时，重放导入过程的全程录像，试讲学员对照自己在导入技能实训中的表现，自觉修正不足，其他学员可以学习和借鉴。再次进行导入实训时，根据试讲学员的情况不同，指导老师可以选择其中部分片段来播放，主要播放试讲过程中表现好的片段和表现不足的片段。好的地方有利于大家共同学习，不足的地方要共同避免和改正。

（2）自评。看完录像后，教师角色可以对照表 2-1 进行自我分析，检查自己在教学实践中达成目标的程度，是否已经掌握了导入技能，是否还有其他方面教学行为的问题，计划如何改进。

（3）他评与讨论。先由学生角色的扮演者结合导入技能的评价表（表 2-2）对授课者进行“2+2”评价（2 项优点、2 项不足），接着教师进行总体点评，既指出优点、长处和进步，也指出不足和下次努力的方向。在这个过程中，试讲学员、听课学员、指导教师还可以就某些问题进行讨论、辩论，以纠正某些认识上存在的问题。

三、实训教案示例

课题：开花和结果　　　　章节：七年级（上）第三单元第二章第三节（人教版）

执教者：　　　　时间：

技能目标	1. 尝试在生物教学中联系实际，运用设疑、演示导入 2. 对学生的回答尝试给予恰当的评价			
教学目标	引起学生兴趣，激发学习动机，说出“开花”的概念			
导入方式	联系实际、设疑、演示			
时间 （分钟）	教师的教学行为 （讲解、提问等）	技能 要素	学习行为 （预期回答等）	设计意图
0.5	多媒体展示形态各异、丰富多彩的花的图片	媒体运用	欣赏漂亮的花的图片	集中注意
1	同学们还见过哪些美丽的花儿呢	一般设问	梅花、菊花、桃花……	引导思考和参与
2	同学们知道得真多！我们已经学习了花的结构，谁能告诉我们花包含哪几个部分呢	复习提问	回顾花的结构并口头叙述	复习旧知，为学习本节内容奠定基础

续表

时间（分钟）	教师的教学行为（讲解、提问等）	技能要素	学习行为（预期回答等）	设计意图
3	大家掌握得很准确！花是植物的重要器官，植物生长到一定阶段都要开花，我们于是可以看到五颜六色的花朵。什么叫“开花”呢	导入提问	自学“开花”的概念并进行理解	引导学生质疑、思考并寻找答案
3.5	植物在开花之后，还要进行哪些生理活动呢	设置悬念引入课题	充满好奇和对学习新知识的期待	进一步激发学生学习的兴趣

第三章 讲解技能

第一节 讲解技能概述

讲解是教师运用语言向学生传授知识和方法，引发学生思考，促进学生智力发展的教学行为。讲解的实质是教师运用语言对知识进行剖析和提示，即剖析其组成要素和过程程序，提示其内在联系，从而使学生把握其内在规律。

讲解的任务是教师通过循序渐进的叙述、描绘、解释、推论来传递信息，传授知识，阐明概念，论证规律、定律、公式，引导学生分析问题和认识问题，并促进学生的智力发展。

讲解技能是教师运用简明、生动的教学语言，向学生传授知识和方法，引导学生了解现象，启发学生思维；学生主要通过聆听、观察与思考进行接受式的学习，理解教学内容，形成概念、原理、规律、法则，从而认识问题、分析问题、解决问题，并受到思想道德教育的一类教学行为方式。

讲解技能是课堂教学中运用广泛的一种基本教学技能。教学中，知识综合、概括和总结阶段，讲解是必要和有效的。应用知识时，通过讲解来引导、分析也是有利的。

一、讲解的特点、优点与不足

1. 讲解的基本特点

讲解的唯一教学媒介是语言。口头语言还是教师传递知识的基本工具。提高正确理解和运用语言的能力也就成为出色讲解的前提。

信息传输（知识传授）由教师传向学生，具有单向性。教师通过信息传输引起学生认识的提高是一种双边活动，因而讲解须与提问、讨论等教学方式配合使用。例如：实验观察前的提示和说明，之后的分析和总结；观看视频、录像、幻灯的解释和提示；组织实践活动的意义分析，问题说明和总结；解题的提示与指导；讨论和自学的分析总结；讲解与板书配合等。配合得当都会取得很好的效果，这样才能避免单纯讲解的不足。

2. 讲解的优点

（1）知识传递高效、系统。美国认知教育心理学家戴维·保罗·奥苏贝尔（David Pawl Ausubel）说得好：学生获取大量整体的学科知识，主要是通过有意义接受学习、设计适当的教材和讲解教学实现的。由于教师精心组织，信息传输的密度较高，减少了学生认知中的盲目性。教师在讲解时传递给学生定论的知识，避免了学生自己去认识、摸索所要走的弯路，节省了宝贵的学习时间。学生要在十多年的时间里掌握数千年的人类文明，离开了讲解是无法想象的。有效的讲解必然融入了教师自身的学识、修养、情感，流露出教师内心的真、善、美，教师通过讲解，不仅将知识传授给了学生，也将自己的内心世界展示给了学生，潜移默化地影响、感染、熏陶着学生的心灵。

（2）通俗化和直接性。教师在教学过程中利用生动形象的语言描述，逻辑性较强的分析、论证，适当的设疑，分析问题，说明结果。教师的讲解能使深奥、抽象的知识变得具体形象、浅显通俗。

（3）便于教师对教学过程进行有效的调控。运用讲解技能，教师可以比较自主地进行知识讲析、启迪学生思维、帮助学生理解、对学生进行思想教育。在教师讲解时，可以根据学生的实际反应来做出及时的处理和调整。

（4）讲解对教学条件没有特殊要求，不受限于外界环境，教学成本较低。我国现在还有很多学校由于受到教学资源的限制，班级人数众多，要取得良好的教学效果，离开了讲解是不可能办到的。

3. 讲解的不足

（1）师生的信息交流和沟通不足。由于讲解中信息是由教师单向地传递给学生，因此学生处于被动接受的地位，学生活动不足，课堂交流沟通单调，气氛沉闷。如果讲解抽象、空洞，势必大大降低学生学习的积极性。

（2）难以落实学生的主体地位。极易形成学生学习被动的习惯，不容易发挥学生的主动性、创造性。不同学生的知识基础、学习能力、学习态度、接受水平、个性倾向等都有差异，单一的讲解因为不容易发现学生学习中的困难，无法很好照顾学生的个体差异，导致学生问题的积累，不利于学生个性的发展。

（3）教学效率较低。学生只依靠听讲获取信息的渠道太单一，学生获取信息的效率很低。实践证明，教师讲 15 分钟学生可以记住 41%，讲 30 分钟只记住前 15 分钟的 23%，讲 40 分钟只记住前 15 分钟的 20%。

二、讲解的功能

（1）讲解是课堂教学中必不可少的教学方法。从教学实际看，很多新颖的方法是从讲解引申出来的，关键是教师如何更好地发动学生的主动性。课堂教学离不开教师的指导，教师教学水平的主要体现就是讲解能力。

（2）讲解具有传播知识的作用。讲解是在学生原有认知结构的基础上将新知识和新方法传授给学生，引导学生感知、理解和运用新知识，形成新的认知结构的过程。合理运用讲解技能，能帮助学生明确学习活动的操作程序，包括外部行为的操作和内部智力的思维活动，使学生学得更主动、更规范、更灵活。

（3）讲解具有隐性教育的作用。讲解过程中，所分析的教学内容隐含着自己或文本作者的思想意境、审美意识和价值观，能潜移默化并长期影响着学生的言行举止，讲解应注意教师个人职业修养的塑造。

第二节 讲解的类型

讲解的类型可依据不同的标准、层次进行划分。结合中学生物教学的内容和特点，这里提出说明式、描述式、原理中心式、问题中心式四种类型，它们既有各自的特性又有共性。

一、说明式讲解

说明式讲解又称解释式或翻译式，是为扫清学生学习道路上的障碍，对学生不理解的名词术语、原理用通俗的话简要地说明，或是为了扩大学生的知识面，对一些已知的名词术语做补充说明。

在教学中第一次出现，以后还会经常遇到的重要名词应加以说明。例如，学习“孟德尔的豌豆杂交实验（一）”时，教材中第一次提到了“自花传粉”“异花传粉”“去雄”“套袋”等名词，还有父本、母本的符号♂、♀。学习“植物生长素的发现”时，教材中第一次提到“金丝雀虉草”“胚芽鞘”“锡箔罩子”“琼脂”等物质。对这些学生不熟悉的事物，教师需要配合图片、多媒体等来加以说明。

有些词虽然常用，但是学生比较生疏，也需要加以说明。学习“植物生长素的发现”时，教材中提到达尔文使用“金丝雀虉草”作为实验材料，这是学生几乎都没有见过的一种禾本科植物，教师如果将其图片展示给学生并作一些简单介绍，再提问“是否可以用其他材料来代替?”促进学生思考，效果较佳。

说明式是一种最简单，却又是不可缺少的讲解方式。一般来说，要求教师在语言上通俗、简洁、一言中的。点拨几句，讲清楚，让学生理解就行了。这是一种辅助的教学方式，是为学习更复杂和难于掌握的知识或技能做准备和铺垫的，很多时候是穿插在其他讲解方式或者演示、练习之中。

说明式是讲解的初级类型。使用说明式讲解决不能喧宾夺主，占用过多时间，否则离题万里，冲淡学习的主题。

二、描述式讲解

描述式，又称叙述式、记述式。描述的对象是人、事、物。描述的内容是人、事、物的发生、发展、变化过程和形象、结构、要素。描述的任务在于对描述的物的结构、外观、属性、变化等有比较形象的或有一定深度的认识。描述的方式除了叙述外，也用比喻等方式，增加一些修饰成分，语言丰富并带有一定的感情色彩，语调、语速随内容的变化而变化，唤起学生的情感和想象，使他们更好地感知教学内容。

对于生物学的感性知识，如生物的形态、结构、功能、生理等，可以用描述的方式讲解，使学生获得感性认识，形成科学的表象，为揭示生物学原理、发现生物学规律提供一定的事实材料。

(1) 形态、结构、功能描述。例如，学习“线粒体”时，教师就可以结合图形，分别从线粒体的形态、结构、成分、功能、分布等方面来进行描述：“我们先观察线粒体的外形，可以看到，线粒体大多数呈椭球形。接着，我们将线粒体剖开观察，可以看到线粒体外面是双层膜结构，里面充满了液态的物质，叫基质。双层膜结构的外层叫外膜，内层叫内膜。外膜是平整光滑的，内膜则是不平的。内膜的某些部位向内腔折叠形成了嵴，这样就使得内膜的表面积大大增加。线粒体内部含有许多与有氧呼吸有关的酶，因此线粒体是细胞中有氧呼吸释放能量的主要场所，是细胞这个‘工厂’的‘动力车间’。因为动植物细胞都需要能量，所以，线粒体非常广泛地分布在动植物细胞中。下面，我们再来看看线粒体分布在细胞中什么位置，它是静止不动的还是运动着的……”

(2) 生理过程描述。例如，结合“细胞周期概念图”，对有丝分裂前期做描述式讲解：“我们知道，间期进行了DNA分子的复制和有关蛋白质的合成，为细胞分裂做好了物质上的准备。分裂间期结束之后，就进入了分裂期。分裂期是一个连续的过程，为了研究方便，我们把分裂期划分为四个时期：前期、中期、后期、末期。接下来，我们主要研究细胞核及核中染色体的形态、数量的变化特点及规律。在细胞分裂间期，染色质呈细长的丝状，散乱分布在细胞核中。进入前期，染色质高度螺旋化，缩短变粗，成为染色体。从模式图可以看出，每条染色体包含两条并列的姐妹染色单体，这两条姐妹染色单体连接在一个着丝点上。核仁逐渐解体，核膜逐渐消失了。从细胞的两极发出的纺锤丝形成一个纺锤状的结构，我们把它叫做纺锤体。可以看出，染色体就散乱地分布在纺锤体的中央。我们用一句话来概括前期的变化特点，就是：膜仁消失现两体。”

三、原理中心式讲解

原理中心式讲解是生物教学中最重要、最基本的教学形式。这是因为概念、规律、原理的教学是生物基础知识教学的核心部分。原理中心式讲解的一般模式为：从一般性的概括引入开始，进行论述或推理，最后得出结论（见下图）。

概念、规律、原理 } 引入 ——→ 分析综合、比较分类；归纳演绎、抽象概括；例证依据、数据处理 } 论述 ——→ 总结结论

例如，对“鱼”的概念进行讲解：

大家见过鱼，吃过鱼，也可能养过鱼，那么什么是鱼呢？

要认识什么是鱼，首先需要分析一下鱼的特点。鱼有什么特点呢？鱼是动物，在水中生活，有鳞、尾和鳍，用鳃呼吸……例如，海中的黄花鱼，河、湖、水池中的草鱼，供人玩赏的金鱼等都有上述特点。

鲸是鱼吗？——鲸在水中生活，有鳍、尾，但用肺呼吸，不是鱼。

鳄鱼是鱼吗？——鳄鱼水陆两栖，有鳞无鳍，用肺呼吸，也不是鱼。

泥鳅是鱼吗？——泥鳅在水中生活，有鳍、尾、无鳞，用腮呼吸，它是鱼。

通过分析、比较，可以看出，用腮呼吸是鱼的特有属性，在水中生活、有鳞、鳍、尾是鱼的一般属性。所以可得出如下结论：鱼是有尾、鳞、鳍，并用腮呼吸的水生动物。

四、问题中心式讲解

问题中心式讲解是以解答问题为中心的讲解。“问题”即未知，它从实际中来，以事实材料为背景。解答即由未知到已知的认知过程，认知的关键是方法。选择方法和具体解决问题都离不开知识，也离不开思维能力。因为，其问题可能是一个思考题、练习题、智力测验题、资料分析题，以及遗传推导题，也可能是一个带有实际意义的课题。总之，问题中心讲解，具有一定的探究性。处理得当对启发学生思维，培养能力大有好处。当然，要取得好的效果还需要多种方法的科学配合，比如：演示、提问、板书，可以更好的提高教学效果。

问题中心式讲解能够激发学生的学习兴趣，启发学生思维。通过讨论，培养了学生合作交流的能力。通过与实际生活的联系，培养了学生解决实际问题的能力。

例如，在“DNA是主要的遗传物质”的讲解中，可以尝试用以下问题组成讲解的框架结构。

(1) 回忆初中所学的知识，举例说明什么是遗传和变异？两者关系如何（旧知识）？

(2) 回忆高二上期所学到有关生殖过程中的有丝分裂、减数分裂和受精作用的内容，说明染色体与生物遗传的关系（旧知识）。

(3) 我们知道，在有丝分裂、减数分裂和受精作用的过程中，染色体出现有规律的变化，染色体的主要成分是什么？在遗传上真正起作用的是哪部分？用什么样的实验思路才能找到真正的遗传物质呢（设疑，学生观察格里菲斯的实验，思考）？

(4) 在实验的第三步被加热杀死的S型细菌为什么不能使小鼠致死？在第四步中是哪一类细菌导致了小鼠死亡？推测为什么R型活细菌和加热杀死的S型细菌混合后，会重新出现S型活细菌（启发、用旧知识分析）？

(5) 加热杀死S型肺炎双球菌后，其细胞中的DNA是否会变性（进一步启发，知识迁移，建立新旧知识间的联系）？

(6) 格里菲斯所做的细菌转化实验中，单独将加热杀死的S型细菌注入小鼠体内，不能产生新的S型细菌。而将无毒的R型活细菌与加热杀死的S型细菌混合注入小鼠体内，出现了S型活细菌，这是为什么？在S型死细菌的DNA保持活性的情况下是什么促使这一变化的发生（引导学生进行探究）？

(7) 假如你是一名科学家，你如何设计一种有效的方法，来证明这种起转化作用的因子是DNA而不是细菌的其他成分（知识迁移）？

(8) 艾弗里的实验最终可以得出什么结论？

用以上系列化问题展开教学内容，为讨论肺炎双球菌转化的原因、实质和结果建立了清晰的框架。既揭示了矛盾，又引导学生步步深入地进行思考，帮助学生学会全面、辩证地分析问题。

第三节 讲解内容的教学设计

一、生物学事实的教学设计

生物学是研究生物的形态、结构、功能、发生和发展规律的科学。与生物体的形态、结构、生活习性、外部特征等作为客观存在的事实相关的知识称为生物学事实（biological facts）。这类课的内容是进一步学习生物学概念、原理和规律的基础，具有基础性，而且这些课大多以观察为主要学习方式，形象教学是生物学事实教学的主要方法。

生物学事实的学习过程就是一个信息加工过程。可以将这个过程分为四个步骤：①信息获取（观察、实验、听讲等）；②信息加工（比较、分析、综合等）；③信息储存（内化、编码、记忆）；④信息提取（推理、判断、分类等）。根据教学内容、教学对象、教学条件的不同，生物学事实教学有多种设计模式。

1）“观察—归纳”模式

通过指导学生观察，归纳出生物体的形态结构特征，从而理解和掌握事实。主要包括以下几个环节（以“心脏的结构和功能”教学为例）。

（1）创设情境，激发学习兴趣（提供猪心脏的模型、挂图）。

（2）指导学生进行观察或实验（观察心脏的外形和内部结构）。

（3）实验评价，引导分析，归纳总结，建构知识（总结归纳心脏的结构和功能）。

（4）反馈运用，巩固知识，形成能力（运用知识，解决问题）。

2）“观察—比较”模式

针对具有相关性（相近、相反、相关）的生物学事实的教学。主要包括以下几个环节（以“线粒体和叶绿体”的教学为例）。

（1）创设情境（提供线粒体和叶绿体模型）。

（2）观察比较（结合教材中的示意图、模式图，从膜的层数、内膜的状态、基粒、基质、功能等方面进行观察、比较）。

（3）得出结论（认识二者在成分、结构、功能方面的差异，澄清不同，确认事实）。

（4）反馈运用（思考和练习，巩固事实、深化理解）。

3）“观察—探究”模式

用于科学探究方法的训练。主要包括以下几个环节（以“叶片的结构”的教学为例）。

（1）现象引入（展示被塑料袋包住叶片的盆花，学生观察塑料袋内壁上的水珠）。

（2）提出问题（学生思考提问，植物的水分是如何散失出来的？叶片的结构如何？等等）。

（3）做出假设（引导学生提出假设：通过叶片散失，叶片具有水分散失的通道）。

(4) 探究验证（制作、观察叶片的横切、纵切片，思考保卫细胞和周围的表皮细胞的结构特点及其区别，对蒸腾作用的意义）。

(5) 获得结论（师生完成事实的归纳：表皮、叶肉、叶脉的结构，气孔与蒸腾失水的关系）。

(6) 实际运用（蒸腾作用的意义？如何改变草原的干旱环境?）。

二、生物学概念的教学设计

概念（concepts）是事物本质属性在人脑中的反映。生物学中的许多规律、原理和方法都得借助于有关生物学概念，才能得以正确表述。所以，在生物学教学中，使学生准确、深刻地理解概念，掌握概念，不仅是学好生物学的前提，也是发展学生智力，特别是逻辑思维能力的必要条件。

生物学概念教学的一般步骤：联系实际，引入概念→分析归纳，形成概念→学以致用，掌握概念→构建体系，发展概念。

1. 联系实际，引入概念

概念是具体事物的抽象化。因此在概念教学中，尽可能结合实际引入概念，使抽象的概念具体化，这样就符合学生的认知规律，有利于激发学生的学习兴趣。

(1) 联系生活经验引入概念。在学习质壁分离概念时，可从生活经验入手：在凉拌萝卜丝时，在萝卜丝里加少量食盐，会使脆硬的萝卜丝变软，同时会有许多液体渗出；如果将已变软的萝卜丝放入清水中浸泡，一会儿后，萝卜丝又变得脆硬。为什么会发生这样的现象呢？这就是我们今天要研究的问题：质壁分离及复原。

(2) 通过演示、实验、教具（模型、标本等）、图像等引入概念。在“渗透作用”的教学中，展示渗透装置，演示“渗透现象”，学生观察，引入“渗透作用”的概念、分析渗透作用发生的条件。在“细胞的基本结构”教学中，展示细胞的亚显微结构模型，引入各种细胞器的概念。“食物链”的概念教学，可以通过一条简单的“草→兔→鹰”图解来引入。“质壁分离和复原”“有丝分裂”等概念教学，可通过自制抽动式投影片及活动模型，演示变化过程，并可通过实验让学生亲自观察加以验证。

(3) 根据学生原有知识引入概念。根据心理学知识正迁移的原理，已有的知识技能对新知识技能的学习发生积极的影响，起促进作用。在概念教学中，可引导学生利用已知概念，学习新概念。“等位基因”是在学生学习了“基因”、“性状”、“相对性状”的基础上出现的。学生已经知道生物的性状是由基因所决定的，那么“相对性状”是由什么决定的呢？就此引入“等位基因”的概念。

2. 分析归纳，理解概念

对概念的分析包括引导学生充分理解概念的内涵，把握概念的外延。概念的内涵和外延是概念的基本特征。生物学概念的内涵是指反映生命现象和生命活动规律的本质特征；外延是指内涵所适应的范围和条件，是生物学概念反映的总和。

例如，“等位基因”这一概念的关键是“控制相对性状”，只有控制相对性状的基因，才叫等位基因，如D和d。而D和D、d和d，它们虽然位于同源染色体的同一位置上，是“等位”的，但它们没有控制相对性状，因而不是等位基因。也就是说等位基因一定在同源染色体同一位置上，而同源染色体同一位置上的基因不一定是等位基因。至于同源染色体不同位置上及非同源染色体上的基因都与此概念不符，就更不能算等位基因了。

再如，“警戒色”这一概念，内涵是“具有鲜艳的体表斑纹或色彩”，外延是“有毒刺或有恶臭味的动物”。不具有毒刺或恶臭味的动物，其体表的色彩或斑纹无论多么鲜艳，也不属于“警戒色”。有毒蛇体表具有鲜艳花纹属于警戒色，而有的无毒蛇体表具有和有毒蛇一样的鲜艳花纹就不属于警戒色。通过全面的剖析，学生对概念的理解也就深刻了。

3. 学以致用，掌握概念

生物学概念主要是在运用中得到巩固，概念的运用是把已经概括化的一般属性应用到特定场合。学生将概念应用于实践中，学会用概念解释事物的现象。运用的过程也是概念的具体化过程。一般而言，概念的应用有两种途径：一是引证具体实例来说明概念的内涵和外延；二是运用概念来解决实际问题。例如，运用细胞周期的概念，在图3-1所示的两个图中表示出细胞周期。

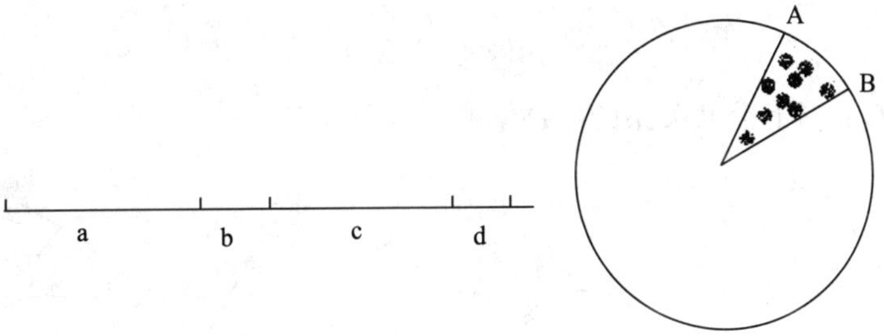

图3-1　细胞周期示意图

4. 构建体系，发展概念

在学习了一个单元或一章内容的基础上，可以利用主要概念之间的联系，列出一定形式的表解或图解，使大部分概念一目了然，达到对概念掌握的全面性、系统性。概念图的构建是一种行之有效的方法。概念图是由点和连线组成的一系列概念的结构化表征，概念图中的每一个点表示某一领域内的各个概念，连线则表示概念间的内在逻辑联系。概念图可以促进知识的整合，改变学生的认知方式，有助于学生在学习新的概念时学会分析概念之间的关系，从本质上理解概念。概念图的形式常见的有五种。

(1) 独立型：具有独立关系的生物学概念（图3-2）。

(a) 完全独立型　　(b) 相对独立

图3-2　独立型

(2) 重合型：具有等同关系的生物学概念（图 3-3）。

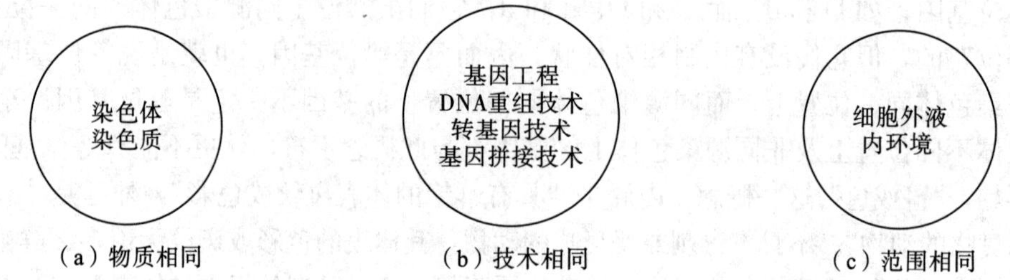

图 3-3 重合型

(3) 包含型：具有从属关系的生物学概念（图 3-4）。

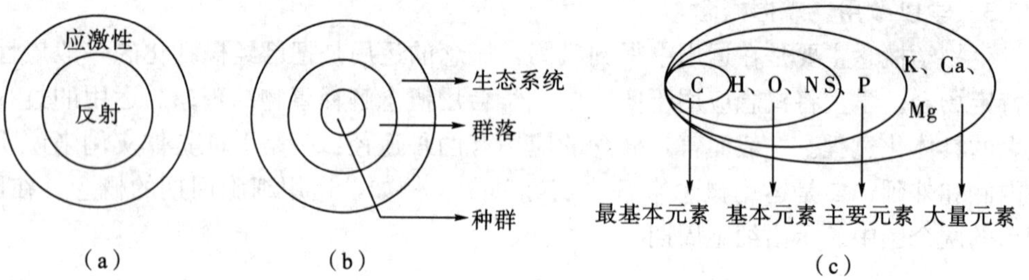

图 3-4 包含型

(4) 重叠型：具有公共关系的生物学概念（图 3-5）。

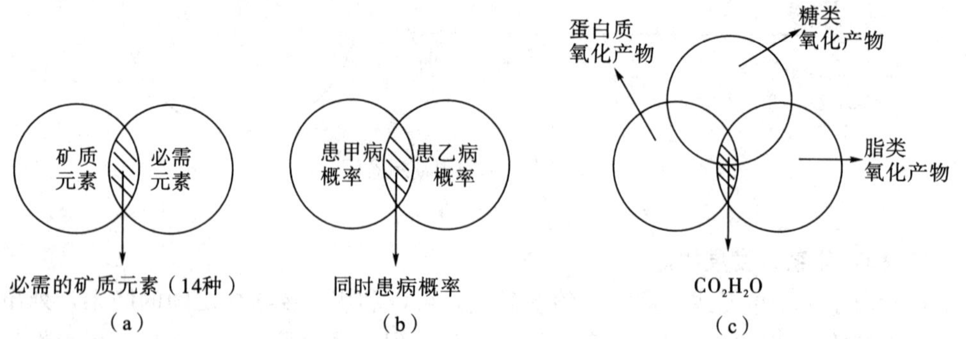

图 3-5 重叠型

(5) 混合型：将分散的生物学概念知识理顺为系统化（图 3-6）。

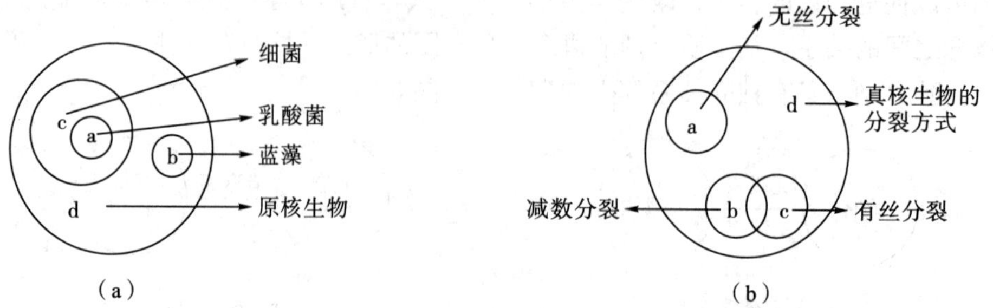

图 3-6 混合型

三、生物学原理、规律的教学设计

生物学原理、规律（biological principles，laws）比生物学概念更加复杂，比生物学事实更加抽象，生物学原理、规律的学习对于生物学科知识体系的构建、思维方法的形成、能力的培养都具有重要作用。生物学原理、规律在学习上具有一定的难度，在知识结构上又处于重要地位，所以，以生物学原理、规律为中心的教学内容在教材中大多数属于教学的重点和难点。

初中生物学的教学内容主要是以概念、事实和简单的技能学习为主，以生物学原理、规律为主题的教学内容较少。高中生物中的原理、规律的学习较多一些，例如，高中必修《分子与细胞》中的“光合作用”“细胞呼吸”，《遗传与进化》中的“分离定律”和“自由组合定律”，《稳态与环境》中的“生态系统的能量流动和物质循环”等。

生物学原理、规律的教学设计有多种模式。

1）“探究—创新”模式

将学生的学习过程和探究过程统一起来，让学生在探究问题的过程中获得知识、形成能力。师生对问题的探究是课堂的主体，对探究过程和结果的评价是教学的关键。主要包括以下几个环节（以“植物的矿质营养”为例）。

（1）创设情境（实验小组介绍无土栽培，落叶与正常叶不同元素含量比较；绘制水稻根对钾离子的吸收曲线）。

（2）指导探究（探究落叶与正常叶中同一元素含量不同的原因；分析“水稻根对钾离子的吸收曲线”，寻找规律）。

（3）探究评价（通过分析、讨论，得出元素利用的规律）。

（4）发散创新（运用规律判断、分析和解决问题）。

2）“互动—合作”模式

课堂以师生、生生、学生与环境的交互作用为主线。主要包括以下几个环节（以“基因的分离规律”的教学为例）。

（1）创设情境（学生书写中心法则图解，陈述基因与性状之间的关系。提问：在遗传过程中，亲本的性状是怎样传递给后代的？有怎样的传递规律?）。

（2）互动学习（学生学习“一对相对性状遗传实验”，引导学生从基因与性状关系着手，对实验结果进行假设探求深入分析，探求基因的遗传路线，并写出可能的遗传图解。完成“性状分离比的模拟实验”并讨论、分析分离比形成的原因，尝试做出解释，引导学生采用一定的方法进行验证）。

（3）形成知识（师生共同总结，解释引导学生分析、理解遗传规律的本质，总结孟德尔实验取得成功的原因）。

（4）反馈运用（利用所学规律对遗传的相关问题进行判断、推理、求解）。

第四节　讲解技能实训

一、实训的要求

1. 明确讲解目标，建立框架体系

教师首先必须明确教学目标和新旧知识之间的内在联系，分析所讲知识的结构，并根据学生思维的发展顺序，确立讲解的框架体系。这种框架体系，也可以在教学时教师一边讲解一边板书出来。

例如，“植物的矿质营养”一节，教师就可以将知识的结构整理如下：

- 植物的矿质营养
  - 植物必须的矿质元素：概念、种类
    - 大量元素
    - 微量元素
  - 根对矿质元素的吸收
    - 部位
    - 方式
  - 矿质元素的运输和利用

在探究性教学中，教师也可以以系列化的关键性问题呈现教学内容，形成讲解的框架体系，不仅条理清楚，而且可以引发学生的思考。

2. 语言简练流畅，表达准确明白

语言对讲解的效果起着非常重要的作用。对讲解的要求包括：①简练流畅，表达准确、明白。没有多余的“嗯、啊、这个、那个”等词语，没有不必要的重复，没有句子间的不连贯。②善于正确运用生物学的专业术语，不使用学生未学过的、难懂的概念和术语。③根据内容、情感的需要以及课堂中的实际，变化音量、音调、语速，使语言更加生动，富有条理性、启发性。通过教学语言表达出来的情感与教学情境相适合，富有感染力。

3. 选择典型实例，注意正反结合

在生物学教学中，很多抽象的概念、原理成了学生学习的“拦路虎”，教师根据讲解内容的需要，选择适当的事例，将学生熟悉的知识、经验、事实与新知识、新概念连接起来，再做透彻的讲解、分析。在使用事例时，最常使用的是正面事例，学生从正面事例中加深了对概念、原理的理解和掌握。但要进一步透彻分析概念的外延，澄清在运用概念、原理中的错误，还需要恰当使用反面事例。

例如，对“怎样判断两种性状是否为相对性状”的分析：

“相对性状”包含三个要点：①同种生物——豌豆；②同一性状——茎的高度；③不同表现类型——高茎 1.5～2 m，矮茎 0.3 m 左右。除了豌豆的高茎与矮茎是一对相对性状外，花的红色与白色、种子的圆粒与皱粒，人的双眼皮与单眼皮、色觉正常与色盲等都是相对性状。

以“兔的长毛与白毛”为例，紧紧围绕“相对性状”的三个要点来进行分析：①同种生物——兔是同种生物；②同一性状——兔的长毛与白毛不是同一性状，长毛是对毛的长短而言，白毛是对毛的颜色而言；不是同一性状就不必考虑第三点了。对兔而言，毛的长与短、白与黑、卷与直等属于同一性状，所以兔的长毛与白毛不是相对性状。

4. 过渡自然巧妙，前后连贯呼应

学生没有建立起知识的框架体系，他的知识必然是散乱的。而要学生构建起整个知识的框架结构，教师在讲解中就必须明确讲解的目标，建立起框架体系，而且整个讲解过程要结构清晰、逻辑严密。

清楚连贯的讲解过程是由新旧知识之间、概念原理与例证之间、问题与问题之间的恰当连接构成的。在讲解中要分析它们之间的关系，仔细安排好各步骤的先后顺序，并通过恰当的词语连接，使整个讲解成为意义连贯的完整的系统。

在生物学的讲解中，比较常见的连接有：实验现象和规律（或原理）之间的连接，宏观规律（或现象）与微观分析之间的连接，问题之间逻辑关系的表述、推理，前后内容之间的连接。

例如，在讲“DNA是主要的遗传物质”时，有三处连接关系：①肺炎双球菌转化实验结果和“DNA是遗传物质”的连接；②噬菌体侵染细菌实验结果和“DNA是遗传物质，蛋白质不是遗传物质”的连接；③烟草花叶病毒侵染实验结果与“DNA是主要的遗传物质”的连接。

5. 强调重点内容，强化教学效果

要在讲解中突出重点内容，一是时间上的保障，二是讲解中对重点内容的强调。中学生学习的课程很多，教师不能期望学生将大量的课后时间用在本学科的复习之中。在讲解中，通过对重点内容进行强调，有助于建立新旧知识的联系和对新知识的结构进行透彻的分析，不仅可以引起学生的高度重视，而且在不断的重复和升华中，学生对知识的理解更准确，对知识的掌握更牢固。通过强调，帮助学生强化短时记忆，并使学生明确获得新知识的思维过程和探讨问题的方法。缺乏经验的老师，在讲解中由于缺乏准确有效的强调，教学就显得非常平淡、重点不突出，教学效果较差。

进行强调的方式很多，主要有直接用语言提示进行强调、用讲话声音或身体动作的变化进行强调、用标记强调、运用概括和重复强调、通过解答学生的疑问进行强调、通过板书强调、通过接受和利用学生回答问题中有贡献的部分进行强调等。

例如，学习“酶”的概念时，强调三个要点：活细胞、催化作用、有机物。

又如，学习“有氧呼吸”时，通过列表归纳、比较有氧呼吸过程中每一阶段的场所、反应物、产物、释放的能量，加深学生对有氧呼吸过程的理解和掌握（表3-1）。

表 3-1 有氧呼吸各阶段比较

阶段	场所	反应物	产物	释能
第一阶段	细胞质基质	主要是葡萄糖	丙酮酸、[H]、ATP	少量
第二阶段	线粒体	丙酮酸、水	二氧化碳、[H]、ATP	少量
第三阶段	线粒体	[H]、氧气	水、ATP	大量

6. 加强交流互动，信息及时反馈

要避免讲解中“师生交流不足”的弊端，教师就必须具有以学生为主体的意识，了解学生的兴趣、态度、困难、理解程度，随时关注学生对讲解效果的反馈，注重启发和引导，并及时对讲解的内容、方法、速度等进行调整。

获得反馈信息的途径包括：

（1）观察学生的表情。如果学生一脸茫然，老师要放慢讲解的速度，询问学生的问题；如果学生很兴奋，积极性很高，老师应该抓住时机，高效教学。

（2）留意学生的非正式发言。学生发出“啊”“为什么”“太快了”等声音，表示问题已经出现，必须马上处理。

（3）注意学生的行为和操作，发现问题，及时引导学生主动积极地探究。

（4）给学生质疑的机会，以便他们提出问题，表达看法或说出感到困惑的地方。在实际练习中了解学生对讲解内容理解的情况，是检验讲解好坏的极好方式。所谓教学不应仅仅是教师的“讲”“教”，更重要的是学生学会学习、主动学习。

二、实训的设计

1. 组织理论学习

组织学生集中学习讲解技能及有关辅助技能的理论，弄清讲解的类型、明确讲解的含义、功能、掌握讲解教案的设计与编写。

2. 观摩示范录像

指导教师组织学生认真观摩示范录像（可观摩成功的讲解示范、较好的讲解教案示范），结合学习的理论知识，师生边观摩边分析，进一步明确培训的目标和讲解方式。

3. 确定授课内容

学生可以选择第二章所提供的初、高中生物参考篇目进行讲解技能的试讲实训，也可以参考下面的篇目①。

---

① 本书所参考的生物学教材，除非特别说明，均选用的是人教版“义务教育课程标准实验教科书”（2001 年版）和人教版“普通高中课程标准实验教科书”（2004 年版）。

【初中生物参考篇目】

（1）七年级（上）第二单元第一章第一节：练习使用显微镜（P36）

（2）七年级（上）第三单元第四章第一节：绿色植物通过光合作用制造有机物（P119）

（3）七年级（下）第四单元第二章第二节：消化和吸收（P29）

（4）七年级（下）第四单元第五章第一节：尿的形成和排出（P80）

（5）八年级（上）第五单元第二章第一节：动物的运动（P28）

（6）八年级（上）第六单元第三章：保护生物的多样性（P93）

（7）八年级（下）第七单元第一章第一节：植物的生殖（P2）

（8）八年级（下）第八单元第三章第二节：选择健康的生活方式（P94）

【高中生物参考篇目】

（1）《分子与细胞》第二章第三节：遗传信息的携带者——核酸（P26）

（2）《分子与细胞》第三章第二节：细胞器——系统内的分工合作（P1）

（3）《分子与细胞》第四章第二节：生物膜的流动镶嵌模型（P65）

（4）《分子与细胞》第五章第四节：光合作用的过程（P103）

（5）《遗传与进化》第三章第一节：DNA 是主要的遗传物质（P42）

（6）《遗传与进化》第三章第二节：DNA 分子的结构（P47）

（7）《遗传与进化》第三章第三节：DNA 的复制（P52）

（8）《遗传与进化》第三章第四节：基因是有遗传效应的 DNA 片段（P55）

（9）《遗传与进化》第五章第一节：基因突变和基因重组（P80）

（10）《遗传与进化》第六章第一节：杂交育种与诱变育种（P98）

（11）《稳态与环境》第二章第一节：通过神经系统的调节（P16）

（12）《稳态与环境》第二章第四节：免疫调节（P35）

（13）《稳态与环境》第五章第二节：生态系统的能量流动（P93）

（14）《稳态与环境》第五章第五节：生态系统的稳定性（P109）

4. 设计讲解教案、交流备课情况

试讲者根据所设定的教学目标，选择恰当的讲解方式，设计一个 10 分钟左右的微型课教案。主要内容包括：教学目标（具体表明学生的学习目标）、技能目标、教师的教学行为、学生的行为、应用的教学技能、需要准备的教学媒体、时间分配。注意不同知识类型讲解的程序步骤。指导教师指导学员交流备课情况，取人之长，补己之短。

5. 试讲者的教学实践

试讲者用修改之后的讲解教案进行试教，其他学员（学生扮演者）认真听讲，并随时认真记录试讲者教学中的优点和不足之处。指导教师一边听课，一边对教学全过程进行录像，特别对学生表现出色和较差的地方拍一些特写。

6. 反馈评价

(1) 重放录像。为了使试讲者及时获得反馈信息，要重放录像。教师角色、学生角色、评价人员和指导教师一起观看，以便进一步观察试讲者达成培训目标的程度。

(2) 自我分析。看完录像后，教师角色可以对照表 3-2 进行自我分析，检查实践过程是否达到自己所设定的目标，是否掌握所培训的教学技能，是否还有其他方面教学行为的问题，明确改进的方向。

(3) 讨论评价。学生角色和指导教师也可以对照表 3-2 来评价讲解过程，讨论所存在的问题，指出努力的方向。

7. 修改教案

试讲者要根据讨论评价中提出的问题，对照表 3-2 中的要求，积极、主动、认真修改教案。

8. 再循环训练

个别问题多的试讲者可以进行再一次接受训练。

表 3-2 讲解技能评价表

评价指标	评价等级				权重	分值
	优	良	中	差		
1. 讲解包含着重要的内容，有价值					0.1	
2. 讲解时提供丰富而清晰的感性材料					0.1	
3. 有逻辑或使用类比，使讲解清楚					0.1	
4. 讲解内容、方法与学生认知阶段相当					0.1	
5. 讲解用词确切，重点关键点加以强调的好					0.1	
6. 讲解运用了相关说明的例子，使同学感兴趣					0.1	
7. 运用了提问、谈话与学生呼应，相互作用好					0.1	
8. 讲解声音洪亮，有感染力，速度恰当					0.1	
9. 能在讲解过程中不断激励并面向全体					0.1	
10. 注意学生反映，帮助其深化、巩固所讲内容					0.1	
总体评价：						

说明：按照百分制给分，评价者在适当评价等级处划“√”。

三、实训教案示例

课题：食物链和食物网　　　　章节：（人教版）必修3第五章第一节“生态系统的结构”

执教者：　　　　　　　　　　时间：

技能目标	尝试在教学中运用讲解技能、板书技能			
教学目标	举例说明食物链、食物网的概念			
时间（分钟）	教师的教学行为（讲解、提问等）	技能要素	学习行为（预期回答等）	视听教具、板书
0.5	通过学习生态系统的组成，我们知道在生态系统中不同生物之间的关系十分复杂。但是它们都有一个共同点，这就是都离不开食物。食物是生物生存的基本条件，这样，许多生物就围绕着食物发生联系。下面，我们就研究第三个问题：食物链和食物网	导入：承前启后	预备状态，集中精力	板书：三、食物链和食物网
时间（分钟）	教师的教学行为（讲解、提问等）	技能要素	学习行为（预期回答等）	视听教具、板书
2.0	有这样一个简单的生态系统：草——生产者，绿色植物；兔——消费者，植食动物；鹰——消费者，肉食动物；还有阳光、土壤等非生物环境及分解者	提供学习素材，创设情境	引起兴趣、预想，思考	板书或板画：草、兔、鹰等
	这些生物，特别是动物，它们围绕着食物会发生什么联系呢	提问技能	兔吃草、鹰吃兔	
	对！兔吃草，鹰又吃兔，这里兔是初级消费者，鹰是次级消费者。它们围绕着食物发生了吃与被吃的联系	框图式板书		将草、兔、鹰间用横线联系
5.0	池塘系统中有大鱼、小鱼、河虾、硅藻（我们通常所说的河泥）哪位同学说说，它们围绕食物又会发生什么联系	提问技能	大鱼吃小鱼，小鱼吃河虾，河虾吃硅藻	板书：大鱼、小鱼、河虾、硅藻
	对，就是俗话说的大鱼吃小鱼，小鱼吃虾米，虾米吃河泥，也发生了吃与被吃的联系	框图式板书		将大鱼、小鱼、河虾、硅藻间用横线联系
	大家看，生态系统中的生物通过吃与被吃就将绿色植物所生产的能量通过一系列的生物依次传递 草将能量传递给兔，兔将能量传递给鹰，硅藻将能量传递给河虾，河虾又传递给小鱼，小鱼又传递给大鱼 能量传递的途径就好像是一个食物的链条，这就是食物链	提纲式板书		将横线添上箭头版书：1. 食物链、能量、传递、途径
6.0	但是情况就这么简单吗？黑板上表示的这个生态系统中，假如闯进了一条蛇。请问：这些动物围绕着食物又会发生什么情况呢	引发学生思考	蛇吃兔、鹰吃蛇	

续表

8.0	大家看，鹰不仅吃兔，同时也吃蛇，蛇成为次级消费者，鹰又可成为三级消费者。兔不仅成为鹰的爪下之物，同时也可被蛇所捕获 这就告诉我们：在一个生态系统中，消费者不只吃一种食物，而同一种食物又被不同的消费者所食取 通过这个例子表明：在一个生态系统中，可以有许多条食物链，这些食物链彼此联系，交错成网，形成复杂的食物网	提纲式板书	联想	板书： 2. 食物网
9.0	下面，让我们一起看看温带森林中的食物网：果实、鼠、狐、狼组成一条食物链；果实、鼠、鹰组成一条食物链；树皮、兔、狐、狼又组成一条食物链。其他如鹿、貂、熊等动物又分别组成不同的食物链。这多条食物链相互交织成网，形成温带森林中的食物网	讲解技能		投影片：温带森林中的食物网
10.0	食物链和食物网揭示了生态系统中能量的传递途径。那么，在能量传递的过程中，能量本身又会发生什么样的变化呢？这就是我们将要研究的下一个问题	总结、提示		

第四章　提 问 技 能

第一节　提问技能概述

提问是指在教学过程中，根据一定的教学需要，针对具体的教学内容，以问题形式，设置特定的教学情境，启发学生思考、回答。通过师生之间的交流，起到检查学习、促进思考、巩固知识、修正错误、运用知识的作用。

提问技能是教师在课堂教学中进行师生互动的重要教学技能，是教育家们在实践中总结出来的基本的教学方法之一。古希腊哲学家苏格拉底（Socrates）主张通过对话使学生发现真理，并以此作为研究教学方法的基础。这里所说的“对话”就包含着教师提出问题并与学生交流、研讨。

一、提问的功能

美国教学方法专家斯特林·G. 卡尔汉（Sterling G. Callahan）指出：“提问是教师促进学生思维，评价教学效果以及推动学生实现预期目标的基本控制手段。”德国教育家第斯多惠（F. A. W. Diesterweg）说：“运用基本方法的教师，即使在进行所谓科学的教学时，也反其道而行。他从学生现有的发展水平出发，通过一些影响学生的认识的问题来引起他们的主动性，而且不断地激发他们，引导他们获得新的认识和产生新的思想。”在课堂教学中，提问在教学的各个环节以及各种不同类型的课中普遍运用，是课堂教学中师生间语言交流的主要手段之一，具有以下教学功能。

（1）激发兴趣，集中注意。兴趣和注意是心理活动对一定对象的有选择的指向和集中，是知觉、记忆、思维、想象等心理过程的共同持性。教师有针对性、启发性的提问，诱发学生对课题学习的兴趣，集中学生的注意，使学生的心理活动指向和集中在要探讨的教学内容上，使有意注意得到强化与稳定，形成探求的欲望，自然地进入学习的情境。在课堂教学的开始，教师提问可以使学生注意力迅速转移到新知识的学习上来。新课的教学过程中，教师的提问能保持注意的稳定性、持久性，沿着符合学生思维规律的逻辑顺序展开师生的双边活动，以保证学生进行有效的学习。课堂教学结束时，教师的提问能增强学生课后继续探求知识的兴趣和欲望，把注意力集中于复习巩固和运用所学的知识。

（2）启发思维，提高能力。能力的培养和认识的深化离不开提出问题和解决问题。学生听取教师提出的问题，接受与领会提出问题的内容和意图，有助于学生发展获取有效信息的能力。学生对教师问题的思考解答，则是信息加工的过程，包括把问题内部的信息加以组织，或者联系原有的有关知识信息，往往还需要对各种信息在解决问题中的作用、相互关系作出评价等，能够帮助学生发展组织和评价信息的能力。同时，教师积极引导学生发现、提出问题，引导学生思考、讨论、分析、解决问题，能培养学生独立思考、合作学习的能力。

问题有多种类型，有不同的学习水平要求。教师有目的、有计划地提出不同学习水平的问题让学生思考、解答并加以指导，可以培养学生解决不同认知水平问题的能力。为了解决较复杂或较难理解的新知识、新课题而提出的系列问题，不仅体现了知识间的相互联系，而且蕴含着内在的逻辑关系，学生探询并回答这类问题，特别有利于提高学生的逻辑思维能力和表达能力。

（3）获取反馈，调控教学。生物课堂的教学活动是师生之间的双向交流和互动。通过提问可以促进师生之间、学生之间的互动。在这个互动的过程中，教师及时检查教学成效、了解学生学习的效果，获得积极的教学反馈。当学生思维出现偏差，课堂气氛沉闷的时候，教师需要提出调控性的问题。当学生对问题一筹莫展的时候，教师需要适当地将问题细化，降低问题的难度，实现对教学过程的有效调控。

（4）复习巩固，深化认识。根据艾宾浩斯的遗忘曲线，遗忘的规律是先快后慢。在教学活动中，及时复习有利于增强记忆。及时、适当的提问，可以形成较强的刺激，促使学生及时回顾、记忆所学知识，并应用知识解决实际问题。

二、提问的基本结构

课堂提问的基本结构包括：发问、候答、叫答、理答、评价五个部分。

1. 发问

教师在教学中的发问包括问题的引入和表达。引入问题的最高境界是自然合理、水到渠成，因此在提出问题之前需要有一定的铺垫，也就是我们所说的创设问题情境。创设问题情境是引起认知矛盾的常用方法。教师设置的问题情境必须符合学生的认知水平和认知基础，在学生心理上造成悬念，从而使学生的智力活动达到最佳状态。问题情境的设置要讲究艺术性，以灵活多变、循循善诱的提问激发学生主观能动性。

教师提出的问题主要由两个部分组成：问题的主体部分和问题的辅助部分。主体部分的表述要清晰、准确、简练，适合学生的理解水平，句子不宜过长，切忌背景的陈述或问题的指向含糊不清或故弄玄虚。重点内容或关键字词应通过改变语速、音量或重复等方式加以强调。问题的辅助部分，就是对问题的主体进一步修饰说明的部分。教师在学生回答问题前，可以根据需要提示运用什么知识去解决问题，引导学生承上启下地把新旧知识联系起来，找出解答问题的依据。教师可以预先提醒学生有关答案的组织结构，包括提示依据什么样的顺序回答（时间、空间或过程等），以及回答的详略或表述形式等。

例如，下面是“细胞呼吸”一课的导入：

师：前几天我校刚开了运动会，请问，运动会中最艰苦的项目是什么？

生：长跑。（几乎全班学生回答）

师：长跑中有些什么现象？

生：心跳、呼吸加快、出汗。（教师一边听一边板书）

生：肌肉酸痛。（教师板书）

师：是跑的时候痛吗？

生：第二天痛。（很多学生回答）

师：为什么在长跑中会出现心跳、呼吸加快、出汗，为什么第二天肌肉会酸痛，这就是我们今天要解决的问题。（板书：细胞呼吸）

【评价】教师从学生刚刚经历、非常熟悉的运动会着手，通过简洁的对话交流，引导学生说出现象，进而分析现象背后的本质。这样，创设出一种能激发学生求知欲望的情境，从而使学生的创造性思维火花得到迸发，学生的好奇心和积极性得以调动。

例如，山东的孙明霞老师在“苔藓植物”的教学中，在提问“为什么苔藓植物生活在阴湿的环境里，为什么植株很矮小”后，同时补充：“先看书，然后同桌同学交流一下，用比较准确的语言表达出来，并且尽可能全面。”并提示学生：“任何一种生物，它的形态结构必然与他的生活环境相适应，形态结构也必然与生理功能相适应，在找到问题答案的时候要思考这种适应关系。”

【评价】这里的“补充”很重要，我们从效果可以看出来：学生就不再急躁喊着要回答问题，而是用心地看、分析、讨论。而且学生的回答也就不仅仅只满足于找到答案，而是要更深入地分析“形态结构与生理功能的适应关系”。

2. 候答

教师发问之后要给学生留出充分的时间，以便于学生思考和探索。一般候答时间包括两个部分：一是教师发问后学生回答前的时间；二是学生回答后教师作出反应之前的时间。国外的研究认为，候答时间在1～2秒，称为质疑式；3秒以上，称为对话式。

在候答的过程中，教师要注意巡视并细心观察学生的反应：哪些学生积极投入并且解决问题的进展较顺利；哪些学生对问题困惑不解，无法回答；哪些学生对问题的研讨不感兴趣，没有动脑筋，只准备听取结论等，为叫答做好充分的准备。

3. 叫答

叫答要把握好三个方面。第一，叫答的范围要广，面向中等，顾及全体，让每个学生都有回答问题的机会。这样有助于调动每个学生学习的积极性，让他们主动参与教学过程。第二，要充分了解学生。在一个班集体中，学生的基础不同，对问题的理解程度不同，性格特点不同，表达能力不同，对回答问题会有不同的态度：善于发表自己的见解，积极回答问题的；能够理解问题，但不愿当众发表意见的；学习较困难，又不善于表达，不想回答问题的，等等。教师对学生的了解越充分，提问的效果越显著。第三，问题的难度与被叫答学生的水平相适应。通常，先请学习水平不高、信心不足、不愿回答问题的学生解答难度较小的问题，只要认真回答就给予适当鼓励、赞许，逐步培养他们参与回答的意识与信心。对于感到困惑的学生，教师则应该再提出一些指导性的问题，或个别给予一些提示，引导他们继续参加问题的探讨。在解决综合性较强的问题时，教师要注意发挥基础知识扎实、思维活跃的学生的才能，表扬每位学生思维的创造性，使更多的人善于和乐于思考、解答问题。

4. 理答

学生如果回答正确，教师根据实际情况，考虑是否还需要继续提问，就正确答案进行追问。如果回答不准确或错误，教师要分析原因，并立即做出适当调整。学生回答时的困难情况大致有两种：回答不准确、不完整；思维受阻，无法作答。前一种情况，教师往往要针对学生的回答，通过直接表述或者提出问题给予提示，帮助学生发现回答中的不足及其产生的原因，从而改进回答。另一种情况往往是问题跨度较大，学生在最初提问中未能建立起已有知识或方法与问题间的联系，教师往往要对原问题重新措辞后提出一个与原问题相关的问题；或者将原问题分解，简化为几个小问题逐一发问；或者提供回答线索；或者问一个与原问题相关的新问题。具体行为主要包括：

澄清——要求学生对初次的回答进行准确的概括，或使答案更简明的提问；

支持——要求学生对初步回答的观点提供证据的提问；

准确——要求学生注意初次回答中的错误，重新判断和组织一个答案。通常在教师指出回答的合理部分和错误并提供一些暗示后，要求学生再次回答；

表态——在集体讨论中或针对已有的回答，给学生个人提供机会来表达他是否同意已发表的观点；

关联——要求学生再次确定他的回答与问题之间的关系；

举例——要求学生对他的含糊不清的表达举出具体的例子来说明；

辅助提问——从较低认知水平的问题入手，逐步加深，通过问题系列以探查出学生在哪些层次的问题上思维受阻，针对问题加以指引和解决；

提示关键——不同认知水平的问题有着不同的思考方法。应该针对该水平问题的思考方法和解决问题的关键进行探查。

教师在理答的最后阶段，必须对学生的回答重新组织概括，给学生一个明确、清晰、完整的答案。

例如，在学习“细胞的增殖”时，教师出示教材P110图，讨论：①推测象与鼠相应器官和组织的细胞大小差异如何？②生物体的长大，是靠细胞数量的增多还是靠细胞体积的增大？（在学生思考讨论，甚至为问题的答案争论不休时，教师进一步引导）③有哪些同学吃过猪肝、兔肝，请问猪肝和兔肝是一样大吗？④我们用显微镜观察过很多种生物的细胞，一般来讲，你是否注意到同种细胞相差很大？

【评价】前两个问题是教材中的“问题探讨”，是问题的主体，当学生对问题的主体部分感到困难时，教师通过辅助提问的方式，将抽象问题具体化，将学生的已有知识联系起来，问题就迎刃而解。

5. 评价

教师对学生回答的反应和评价，将对学生进一步参与起到重要的作用。当学生对问题作出回答后，教师要对学生的回答作出反应评价，主要包括：

重复——肯定学生的回答并重复学生的答案，或以不同的词句重述学生的答案；
更正——指出学生回答的错误，给出正确的答案；
评论——对学生的回答进行评价；
核查——通过征询或谈话检查其他学生是否理解该学生的答案；
延伸——依据学生的答案，引导学生思考另一个新问题或更深入的问题；
扩展——就学生的答案加入新的材料或新见解，扩大学习成果或展开新的内容。

例如，下面是山东的孙明霞老师上"苔藓和蕨类植物"时，对问题的设置和评价[①]：

……无论学生回答出什么问题，我都尽可能的给与鼓励、启发和诱导。当学生说想起了生物的基本特征的时候，我会告诉大家："这是你们刚上初一就学过的内容竟然记忆这么深刻，说明过去学过的知识很扎实"；当学生说出了动植物细胞的结构特点时，我会夸奖学生"你能记住这么重要的知识太好了，后面的学习中还会不断地用到有关细胞的结构知识，你肯定不用担心了"；当学生说回忆起了生物圈的概念和范围的时候，我会说"太好了，生物圈的知识是我们在整个初中阶段学习生物的主旋律，生物圈为所有的生物提供了一个生存的环境"……

【评价】孙老师对学生的评价是根据具体的问题来进行，有的放矢！既给予学生充分的肯定与鼓励，又与生物学的知识紧密联系。

第二节 提问技能的类型

提问贯穿在生物学课堂教学的全过程，分类方法很多，大致如图 4-1 所示。

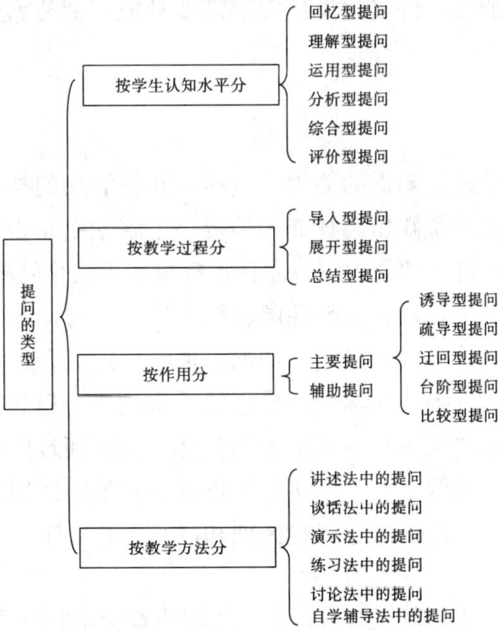

图 4-1 提问的种类

① 引自：生命的色彩——我的课堂（01）. http://bbs.pep.com.cn/thread-78874-1-1.html。

一、按学生认知水平的不同分类

1. 回忆提问

回忆提问是学生对已学知识的再认识或确认，是属于低层次的、记忆水平的提问。回忆提问对减少遗忘是非常必要的，在复习中可以适当安排。在新知识的学习中也可以通过回忆提问帮助学生从已有的认知结构中提取记忆的相关知识，作为探讨新内容的依据或出发点。

回忆提问又分两种。一种是要求回答“是”与“否”的提问。这类问题比较简单，要求学生对教师的提问进行迅速的反应。另一种是要求用单词、词组或系列句子作答的提问。这类问题要求学生回忆已学过的事实、概念等，所回答的句子一般要求和教材上的表述相一致。例如：遗传物质有哪两种？DNA 和 RNA 有何区别？DNA 和 RNA 有何关系？是怎样控制生物性状的？

简单的回忆提问限制学生的独立思考，他们没有表达自己思想的机会。教师在课堂上不应过多地把提问局限在这一等级上。如果使用过多，课堂教学看上去很活跃，实际上思维实训层次不高，学生思维的积极性受到抑制。作为改进，教师可以在问题的形式上作些改变，使学生乐于回忆和回答。例如，学习“细胞的能量‘通货’——ATP”时，可以先通过下列问题引导学生复习：“生物体所需能量的最终来源是什么？”“细胞中的主要能源物质是什么？”学生回答之后，进一步过渡到：“葡萄糖是细胞中的主要能源物质，细胞的生命活动离不开能量，许多化学反应都需要耗能，葡萄糖作为主要能源物质是如何被细胞利用的呢？”

2. 理解提问

理解通常是指掌握学过的知识的能力，包括对知识涵义的领会、解释或延伸。一般来说，理解提问多用于对新学知识与技能的检查，了解学生是否理解了教学内容。学生回答理解提问时，需要对已学的知识进行回忆、重组，不只是简单的复述。

理解提问一般分为三个层次：一般理解、深入理解、对比理解。一般理解是要求学生用自己的话对事实、事件等进行描述。例如，你能叙述光合作用的过程吗？你能说说根毛吸水的过程吗？深入理解是让学生用自己的话讲述中心思想，以便了解是否抓住了问题的实质。例如，你对“人体是一个统一的整体”是如何理解的？你对“生物的适应性”是如何理解的？对比理解是指对事实、事件进行对比，区别其本质的不同，达到更深入的理解。例如，三大遗传规律有那些区别和联系？存在于三者中的最本质的东西是什么？

理解提问的应用较广泛，可在新内容学习之前检查学生对以前所学知识的理解情况，也可用于某个新知识的讲解过程及以后的巩固或在教学结束时使用。指导学生回答理解提问，关键要抓对知识涵义的领会。为此，教师要引导学生用自己的语言阐述所学的知识，能比较所学同类知识的异同，能实现知识的转换。例如，在学习“基因突变和基因重组”时，就基因突变的特点，教材中提到“基因突变在生物界中是普遍存在的”，“自然状态下，基因突变的频率是很低的”。这两个特点看似矛盾，学生是否真正理解，教师可以设置问题来检查：“既然基因突变的频率很低，为什么却又广泛存在?”学习“种群”的概念：“在一定自然区域内，同种生物的全部个体构成种群。”学了这个概念时，有同学提出：我们教室里的全部同学构成一个种群。教师适时引导学生思考、讨论，“教室”是这里所说的“自然区域”？那么种群又具有怎样的特征呢？学习了“水中生活的动物”之后，提问：鲫鱼适于水生生活方面的特点有哪些?

3. 运用提问

运用提问是考查学生将学过的生物学知识运用于新的情境的能力。不仅要求学生将已知信息进行分析，还要进行加工整理、综合考虑，达到透彻理解和系统掌握，然后将其运用于实践之中，逐步提高学生分析问题和解决问题的能力。

指导学生回答运用提问，关键要抓住已有知识与新问题的联系。为此，教师要引导学生研究并筛选出解决新问题涉及的知识，将原有知识具体化为解决实际问题或探讨新知识的方法或步骤，从而达到解决新问题的目的。

例如，学习了“细胞呼吸”之后，教师可以提出运用的问题：水果长期存放会腐烂，你能根据细胞呼吸的知识，提出一些有利于长期存放的措施吗？盐碱地为什么不适合植物生长？中耕松土会促进植物根部呼吸作用加强，加速有机物的分解，这样是否导致农作物减产？通过对问题的思考和回答，学生加深了对“细胞呼吸”的理解，提高了分析问题、解决问题的能力。

4. 分析提问

分析是辨认整体中各个局部及其相互关系的思维过程。分析提问的问题常常涉及多种因素，较为复杂，学生仅靠阅读课本或记住教师所提供的材料往往是难以回答的。这就要求学生能够从复杂的事物或问题中识别各个条件与原因，或者找出条件之间、原因与结果之间的关系．为问题的解决寻找根据、进行解释、确定方法。因此，分析提问是一种高级认知提问。例如，在学习《空中飞行的动物》时，提问：家鸽的结构是如何与它的飞翔生活相适应的?

生物教学中的分析提问主要包括：要素分析（分析概念、原理、规律的构成要素）、关系分析（分析物质或事物的特性和同类物质或事物的共性）、原理分析（分析产生复杂生物现象或事实的原因）。教学目标中的分析水平的知识或知识点，在巩固运用阶段一般都要通过分析提问或练习落实知识和培养学生分析问题的能力，以确保教学目标的实现。

指导学生思考、回答分析提问，关键是提示和培养学生分析复杂事物或问题的方法，辨认整体中的各个部分及各部分间的关系。在学生不会回答或回答不完整时，要及时引导，及时总结，学生在解答问题的同时了解解决问题的过程，逐步提高分析能力。

分析提问的表达形式有：分析说明……；……为什么？如何证明……？……是什么原因？例如，学习了“水中生活的动物”之后，提问“为什么鲸不属于鱼类而属于哺乳动物?”引导学生分析鱼和哺乳动物的特征。学习了根与茎的概念之后，提问“请分析说明土豆、红薯是属于根还是茎。”学生在比较分析了根与茎的区别的基础上，找出土豆与地上茎、红薯与根的关系，就能够分析这个问题了。

5. 综合提问

综合是把零散的信息、资料组织成为新的整体以得出新结论的思维过程。综合提问一般又分为分析综合与推理想象。分析综合是要求学生对已有材料进行分析，从分析中得出结论。例如，森林对人类有什么意义？破坏森林会造成什么后果？这就要求分析树木的光合作用能给人类提供氧气，保持大气中二氧化碳的平衡，根有保持水土的作用，森林与人类生活的关系等，从而预见破坏森林可能给人类带来的恶果。推理想象是要求学生根据已有的事实推理，想象可能的结论，也就是由已知推未知。比如，由亲本的基因型来推断后代的基因型及表现型。

解答综合提问，需要充分地占有、筛选和发掘所提供的各个有用信息、资料，在此基础上，把分析得到的信息整理、归类，判断它们在整体中的地位、作用，从已有的认知结构中迅速地检索有关的知识加以补充，经过组织加工，形成从整体上认识事物或解决问题的模式与方法，以得出新的结论。指导学生思考、回答综合提问，关键是在占有和提取有关知识信息的基础上，如何进行组织加工，建构从整体上解决问题的方案，包括确定理论问题的推理、判断过程和设计实践问题的操作程序与方法。

生物教学中的综合提问主要包括：对概念、原理错误运用或表述的判断与纠正；运用已有的若干个概念、原理或规律于新的情境以推导出新的结论；设计生物实验方案；实验装置的组合与剖析；依据几部分生物知识的内在关系，融会贯通，解决多因素的生物问题等。

综合提问的表达形式一般如下：根据……你能想出问题的解决方法吗？为了……我们应该……？如果……会出现什么结果？例如，在“生长素的发现过程”教学时，动画显示达尔文的实验，设置下列问题：为什么要分别遮盖胚芽鞘顶端和它下面一段呢？胚芽鞘弯曲生长的是哪一部分？感受单侧光刺激的又是哪一部分？该实验的结论是什么？学生根据实验观察到的现象，分析前三个问题，再综合得出第四个问题的答案。

6. 评价提问

评价是依据一定的标准或规则判断事物或方案的价值或可行性。评价提问是以问题的形式引导学生对他人的观点或解决问题的方法进行评判或者对有争论的问题给出自己的看法。进行评价提问前，应先引导学生建立起正确的评价标准，或给出判断评价的规则，以作为评价的依据。标准或规则不是从原有认知结构中直接提取出来的，它要求学生能够接受问题中提示、补充或改造知识的信息，结合已有的知识，运用分析、综合等思维方式，对原有的模式进行模仿、改造，或创造出一种新的模式，据此作为评价的标准或规则，从而作出价值判断。

评价提问的表达形式通常有：你同意……？为什么？你认为……？为什么？你相信……？为什么？你喜欢……？为什么？你觉得……？为什么？

例如，在学习了生态系统的“抵抗力稳定性和恢复力稳定性”之后，给出下列资料：

“据《人民日报海外版》2010年6月12日报道，内蒙古自治区草原工作站统计，截至5月25日，全区草原发生鼠害的面积达到9821.68万亩，其中严重危害面积4245.96万亩，接近44%。巴彦淖尔市草原站的副站长樊强告诉记者，在无鼠害示范县乌拉特前旗，今年鼠害面积达到100万亩，严重鼠害面积为75万亩。樊强说，用飞机防治效果最好，一个架次可装药800公斤，防治5万亩。通过对近日飞机防治区域的观察，发现洞外已经看不到老鼠，但在未防治区域内的洞群周围仍有很多老鼠。”你觉得用“农药防治”是最好的方法吗？为什么？你能提供更好的防治建议吗？

二、按教学方法的不同分类

提问几乎在所有生物学课堂教学方法中都广泛采用。下面对几种教学方法中提问的特点作一简述。

（1）讲述法中的提问。这种教学方法以教师讲述为主，常用于较难问题的分析、综合、推理、阐述等。教师的讲述要求有较强的逻辑性、系统性和连贯性，因此提问不宜过于频繁。一般在讲述前可设悬念引发学生的思维，然后由教师系统讲述，在重点、难点处可提出一、两个问题让学生思考回答。讲述后再复习提问以巩固所学的内容，并且在应用中拓宽学生的思路。

（2）谈话法中的提问。这种教学方法是在学生已知的基础上进行的，师生一问一答，在谈话中学习新知识，一般在初中生物课中进行。问题的设计要细致，考虑学生可能的各种回答及引导的方法。问题的难度适当降低，使提出的每一个问题多数学生通过思考都比较容易回答。这种提问不易形成综合性的整体概念，应在每项内容学习之后加强总结。掌握好课堂教学的时间和进度。

（3）演示法中的提问。一般在演示之前提出几个问题，交代要观察什么，介绍观察的步骤和方法。演示过程中，在关键和重要的地方提问，引起学生的注意。

（4）练习法中的提问。练习法包括笔答和口答两种方式，一般将两者结合起来进行。练习法中的口答提问一般具有灵活性或综合性，教师要注意将正确答案明确地告诉给学生。

（5）讨论法中的提问。在讨论法中一定要设计好问题，提出的问题要有一定的综合性，具有一定的难度。教师在讨论中不要急于发表自己的看法，要鼓励学生发表不同的见解。总结时要善于将学生正确的答案归纳、梳理、概括和充实。教师的发言要准确、全面、深刻、有条理，使学生在讨论中都有一定的收获。

（6）自学辅导法中的提问。这种教学方法以学生自学为主，教师的指导特别重要。一般在自学前，由教师提出阅读思考题，以引导学生自学的思路。自学后再按提出的问题展开讨论，最后由学生和教师一起总结。

第三节 提问技能实训

一、实训的要求

1. 发问的要求

(1) 明确提问目的。教师要明确自己提问的目的到底是什么，是引起学生注意，还是调动学生思维；是检查学习效果，还是强调重点；是加强记忆，还是培养能力。教师必须有明确的目的，不得随心所欲，随意发问。

(2) 注重感情色彩。教师通过提问，注重创设能激发学生求知欲望的情境，让学生感受到老师对学生的尊重和关爱，这样，学生回答问题的好奇心和积极性可以被充分调动，学生的创造性思维火花也能够迸发。

例如，下面是孙明霞老师新学期的第一节初中生物课①：

师：同学们，从今天开始，由我来给大家上生物课，和同学们一起探索生物界的奥秘，喜欢吗?

生：喜欢——

师：你们不认识老师，所以老师要自我介绍姓名、办公地点，便于你们想找我的时候能找到我，你们可以叫我孙老师，也可以直接叫我的名字，我听到了肯定不会生气的，说明你们喜欢我。

师：今天上午我刚刚接到通知来给同学们上课，结果怎么样呢?

生：您就来了呀!

师：结果我没有来得及备课，没有做好准备就来上课了。

生：没关系，老师，我们能理解，我们原谅你!

师：既然老师没有备课，就不能给同学们上新课，假如上新课的话，肯定上不好，那是对大家不负责任。但不上新课干什么呢? 我们上一节聊天课怎么样?

生：太好了!

师：但聊天课也不能随便乱聊啊，总要有个主题吧? 我很想知道你们上一学期学了哪些生物知识，你们的大脑就像是一个大仓库，里面一定储存了许多的知识，把属于生物的部分调出来，想到多少说多少，想到哪里说到那里，可以吗?

生：当然可以了!

于是，学生进入了积极的思考状态，很快就有学生陆续的举手了……

评析：从与学生初次相识，到调动学生思考的积极性，孙老师充分注重了师生之间感情的沟通，迅速拉近了师生之间的距离，营造了极佳的教学氛围。

(3) 精选设问角度。在设计提问时，教师应根据教学内容作多角度的设计，并依据教学目标和学生实际选择最佳角度，巧于设疑、善于引导。问在学生应发而未发之前，

① 引自：生命的色彩——我的课堂 (01). http://bbs.pep.com.cn/thread-78874-1-1.html。

问在似懂非懂之处，问在学生无疑有疑之间，问在知识的重点、难点和关键处，问在新旧知识的衔接处、过渡处，问在容易产生矛盾和疑问的地方。

例如，学习“新陈代谢的基本类型”时，单从概念角度出发比较抽象，学生难以理解。将抽象变为具体，提出问题：“请同学们比较水稻、硝化细菌与人的同化作用方式，乳酸菌与酵母菌的异化作用方式。”经过学生自己总结，再由教师点拨、归纳，这就完成了由个别到一般的推导。这种提问的方式易被学生接受。这样的课堂提问，就能很顺利地完成教学目的，最终实现有意义的学习。

学习“植物体内水分的吸收、利用和散失”时，一开始就给学生提一个问题：“人往高处走，水往低处流。可是植物体内的水为什么偏偏从树根向树顶上走呢?”这个问题一下就把学生的思维集中到课堂上来了。这种与实际生活密切相关的问题，不但可以活跃课堂气氛，而且把一些抽象的问题放在现实生活中解决就会使事情变得简单的多，取得较好的效果。

（4）把握问题难度。心理学将人的认知水平分为“已知区”、“未知区”和“最近发展区”。三者之间具有如下关系：

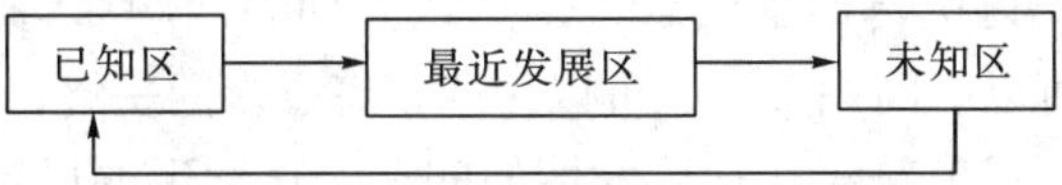

人的认识水平就是在这三个层次之间循环往复，不断转化，螺旋式上升。课堂提问不宜停留在“已知区”与“未知区”，即不能过难或过简。问题太难则会使学生失去信心，不仅无法使学生保持持久不息的探索心理，反而使提问失去价值。问题过简的表现形式有：①填空式的提问，书上将答案写得很清楚，学生答问只需现摘就可以了；②选择式的提问，教师提出的是“对不对”“是不是”之类的问题，学生答问只需择其一即能回答。课堂貌似热闹非凡，气氛活跃，实则提问和思维的质量低下，流于形式。学生也只能简单附和，没机会提出自己的见解。课堂提问仅仅表现教师口头禅似的问题上，失去了根本的意义。过简的问题，起不到激发学生积极思考的作用，教学中尽量少用。

教师的设问，最好能将学生的“已知区”与“最近发展区”联系起来，既可激活学生原有认知，激发学生学习热情，又利于逐步同化新知。

例如，在学了“减数分裂与受精作用”“DNA的结构和复制”“中心法则”后，提问“为什么子代和亲代极为相似？要求联系上述知识回答”。这个问题虽有一定难度，但由于是在新的已知区和最近发展区的交汇点上进行的提问，问题也就容易得到解决。这样的提问深度恰到好处，学生跳一跳能够得着“果子”，这必将激发学生积极主动地探求新知识，使新旧知识发生相互作用，产生有机联系的知识结构。

（5）巧设问题“坡度”。提问的层次性、连续性、逻辑性也是其艺术性的具体表现，对于较难理解的知识，直接抛出一个大问题往往会让许多学生“丈二和尚摸不着头脑”。所以，在设置问题时，要根据学生的思维特点，由易到难、由简到繁、由浅入深、由形象到抽象，层层递进，这样才能使学生的思维由“未知区”向“最近发展区”最后向“已知区”转化，然后达到理想的教学效果。巧设“坡度”也是启发式教学的重要形式。

例如，生物的整体性特征的讲解。

问：口述呼吸作用的反应方程式的内容。

答：1分子葡萄糖分解成6分子二氧化碳和12分子的水。

问：从反应方程式讲，同一般的化学反应有区别吗?

答：没有!

问：那么，为什么这个反应在生物体内进行时表现出了生命现象呢?

答：因为有能量的产生!

问：在体外，葡萄糖的燃烧产生同样数量的能量，为什么没有生命现象发生?

教师总结：我们了解生命是从不同角度来进行的，但这并不意味对生命的了解可以采用简单叠加的方式。对生命的全面把握是要将所学知识回归到生命整体中。

(6) 设问形式新颖。提问有多种，如疑问、设问、反问。每一种提问方式的作用及所能达到的效果是不同的，所以在课堂上，设计的教学提问尽量要多用几种形式，这样才能体现课堂的灵活性，活跃课堂气氛，让课堂妙趣横生，让学生在轻松和欢乐中学到知识。

在提问的方式上，根据进行内容、目标的不同，可以让学生先看书后提问，也可以先提问后看书；可以先讨论再回答问题，也可以先回答问题后讨论；可以有老师提问，也可以请学生发问；可以一问一答，也可以一问多答、多问一答；可以针对学生的答案，随机应变，因势利导，提出新的富有启发性的问题，让学生的思维呈辐射状、从多角度充分展开，以产生新的信息，更完美地解决问题。

在问题的类型上，大致分为五类：判别型——回答“是什么”；描述型——回答“怎么样”；分析型——回答“为什么”；比较型——回答“有何异同”；想象型——回答“怎么想的”、“可能会怎样”。

(7) 问题随机应变。提倡在备课时备好问题，并不意谓着教学中的设问一成不变。课堂教学中的生成是丰富多彩的，不同学生对同样问题的理解能力是不同的。教师必须根据课堂教学的实际，及时对课前设计好的问题进行变换。

(8) 把握提问时机。

①讲授新知识前提问，为新知识的学习奠定基础。温故知新，教师通过设问，引导学生回顾与新知识相关的旧知识，找到新、旧知识之间的联系，启发学生运用已有知识去解决新的问题，实现知识的正向迁移。

例如，“学习‘输送血液的泵——心脏’前，先出示心脏结构图，提出以下问题让学生回顾、思考：与心脏相连的血管有哪几条？为什么心室比心房的壁要厚些？心脏内血液为什么不会倒流呢？学生回答以上问题后，教师归纳血液在心脏的流动方向是：肺静脉→左心房→左心室→主动脉（板书），那么主动脉和肺动脉分别把血液送到哪里去呢？由此引入新课——血液循环”（陈定军，2008）。这种铺垫性的提问，既可复习旧知识，又有利于对“血液循环”新知识的理解和掌握，使前面知识成为后面学习的准备，后面的学习成为前面知识的发展和提高。

在学习“呼吸作用”时，先通过提问，复习光合作用的实质和意义。在提问后，根据学生回答总结出：光合作用的实质是把无机物合成有机物，把光能转化成储存在有机物中的能量，这些能量是生命活动所必需的，那么这些能量是怎样释放出来而用于生命活动呢？于是顺理成章引入“呼吸作用”这一课题。

②学习新知识时提问，抓住知识的重、难点。教师在教学中要善于突出重点，突破难点。在教材的重点处，要设计一定的问题，引导学生思考解惑。

③强化新知识时提问，抓住学生的疑难处。在强化新知识的教学过程中，常会碰到这样或那样的疑难问题，教师应抓住这一有利时机，巧设问题让学生由疑惑不解，进而积极思维，最后豁然开朗。例如，“学习‘绿色植物对有机物的利用’时，针对学生对概念容易混淆的特点，设计如下问题：有人说，植物的呼吸是吸进二氧化碳，呼出氧气；动物的呼吸是吸进氧气，呼出二氧化碳，对吗？有人说植物在白天进行光合作用，吸进二氧化碳，放出氧气，晚上才进行呼吸，吸进氧气，呼出二氧化碳，对吗？植物在白天进行呼吸，那么呼吸作用为什么显示不出来呢?”（吴宗强，2009）。呼吸作用和光合作用的关系怎样呢？这样由远而近地提出思考问题，使模糊的概念得以澄清。

④思维训练时提问，把握知识的联想点。在对学生进行思维训练时，引导学生联系已经学过的知识，并对有关知识进行归纳、比较，找出相同与不同之处。从个别概括出一般性，又从一般性推导出特殊性，使他们找到知识的联系，最后形成概念。通过联想、比较、归纳，使学生不但对知识的学习更具深度，而且从中训练了思维的方法。

（9）合理控制语速。提问的语速决定于问题的类型。低级认知提问的语速适当快些，高级认知提问的语速要缓慢些，而且重点词语还需要重复、强调，使学生对问题有清晰的印象。如果快速提出复杂的问题，学生因为听不清楚而可能导致混乱或者保持沉默。

2. 候答的要求

学生对教师提出的问题需要有接受、思考和准备表达的时间。因此，教师提出问题后，应该安排适当的停顿。停顿对于学生和教师都有一定的意义，他们分别可以从停顿中获得相应的信息。一般说来，问题陈述速度较快，停顿时间较短，表示问题简单，学生应该尽快判断作答。问题陈述慢且停顿时间较长，表明问题较复杂，或涉及的知识多，或一些知识在问题中的关系较微妙，提醒学生应该利用较充裕的时间周密慎重地思考，防止判断错误。教师则利用提出问题后的停顿，环顾全班，仔细观察学生的反应，包括学生非语言的身体动作与情绪反应，课堂气氛以及学生议论的内容等，从而把握学生对问题的思考情况与介入程度，为调节提问的进程提供依据。

不同学生对问题做出反应的速度以及表达能力不尽相同，停顿应该从学生整体水平出发，通常以多数学生抓紧时间能够初步完成思考过程为度。学生回答之后，教师也要耐心等待，将学生停止说话至教师开始说话（理答）之间的间歇保持在 1～3 秒。如果在教师叫答后，学生没有说话，教师判断学生对问题的回答有难度，可以降低问题的难度，或者进行适当的启发。

3. 叫答的要求

（1）问题的思考和回答需要更多的同学参与。对于个别学生的回答，无论正确或错误，教师都要考虑这种回答与全班大多数学生的理解有什么关系。个别学生回答很好，其他同学是否理解？个别学生回答存在问题，其他同学存在的问题在哪里？

（2）要给坐在教室不同位置的学生以大致相等的回答问题的机会。特别要注意提问坐在后排或两边的学生，这些区域常常容易被教师忽视。

4. 理答的要求

（1）不要随便接受喊出来的回答。假如教师经常从若干个学生喊出的答案中寻找正确答案，等于鼓励学生的喊叫，使提问无法控制，并制约大多数学生的进一步思考。

（2）注重启发诱导。在学生回答出现困难时，不能一个劲地追问学生，教师应循循善诱，因势利导，或者降低问题的难度，或者变换问题的角度，化解困难，多用一些疏导性、铺垫性的问题，以适应变化的环境。例如，在通过表格复习尿液和原尿成分时，教师发现提出问题后学生普遍没有反应，及时地改变问题的角度，通过启发，这个问题便解决了。师生的对话如下：

师：为什么尿液中尿素含量比原尿中高许多倍？

生：（没有回答）

师：煲汤的时候，发现汤淡了一些，怎么办？

生：加盐。

师：如果不加盐，还有没有别的方法？

生：可以煲久些。

师：那汤中的水到哪里去了？

生：蒸发了。

师：尿液和原尿相比，尿素含量增加了。主要是向尿液中加了尿素还是尿液中的水分丢失了？

生：水分丢失了。

师：水分到哪里去了？

生：被肾小管重新吸收了。

5. 评价的要求

（1）提问的气氛要融洽。提问的整个过程中，教师的态度要和蔼，要以平等的姿态与学生一起探讨。认真倾听学生的发言，尊重并鼓励学生回答问题，绝对避免对回答不出来或者答错的学生冷面相对甚至斥责嘲讽。

（2）先热情鼓励，后纠正错误。无论学生回答对错，都要考虑给以适当肯定和激励。对于主动回答的同学，老师要充分肯定他积极答问的精神；对于学生迅速而坚定的正确回答，老师要表扬学生思维的敏捷、全面；当学生回答正确，但表现出犹豫不决时，老师要肯定其回答的准确性，热情鼓励以后大胆发言；对于回答不完整或部分正确的学生，要着重表扬其正确的部分，然后再提醒今后要注意的不足之处；对于回答不正确的学生，老师可以降低问题难度或者改变设问的角度；对于经常不回答的学生，要多给以关注，弄清楚他不回答问题的原因在哪里，老师需要及时给学生以帮助。

（3）正确对待学生质疑。课堂教学中，既有教师设置问题，同时也要鼓励学生积极提问，尤其是当学生提出高质量的问题时，更应该鼓励和表扬。学生提出的问题如果有普遍意义，又是教学的重点或者难点，教师需要将问题纳入教学过程，或者引导学生思考、讨论，或者教师讲解。有些学生提出的问题难度很大，教师在备课时没有准备，对回答没有多大把握时，切忌盲目作答，将不成熟的看法轻率地以肯定的口吻说出来，这样可能造成以讹传讹，给以后的纠正带来极大的困难。可以将问题留待学生课后思考。教师在课后查阅相关资料，在下节课再宣布正确答案。对于脱离教材较远的问题，可以在课余时间，单独给提问的学生讲，不必占用课堂教学时间。

下面是孙明霞老师上“苔藓和蕨类植物”时设置的问题和对学生的评价①。孙老师的教学处处体现了娴熟的设问技巧和对学生多种多样的表扬方式。

上课伊始，我问：“同学们是否按要求采集了苔藓植物的标本?”很多学生马上喊道“采集了”并举起来让我看看是不是。我走到学生中间，肯定了学生采集来的标本，表扬了这些按时完成任务的同学。这时我用惊喜的语气问道：“你们是从哪里采集到的苔藓植物?”学生马上就站起来回答“从花盆里”，“从墙角采到的”，“从操场的看台底下”……我肯定了他们：“看来，只要用心去寻找，就一定能找得到；但假如不用心找的话，就是放在你眼皮底下也看不到。可见，这些同学很认真地去完成采集的任务。”这时，我又继续问道：“刚才这些同学说了采集的地点，我忘记问了，是生活在怎样的环境?”学生马上就喊道：“是在阴暗潮湿的地方!”我把“环境：阴湿”写到了黑板上并让学生对比与藻类植物的不同，学生就说“藻类植物大多生活在水里，而苔藓植物是在阴湿的环境里”。我又继续问道：你有没有发现苔藓的植物体长的大小是怎样的?“很矮小!”我又把“矮小”写到了黑板上，反问学生：“为什么它会长得很矮小呢，有没有想过?”学生开始陷入思考当中，有的开始猜测他长得矮小的原因。这时我就对学生说：“关于苔藓植物的学习，两个关键的问题就是，生活在阴湿的环境里，长得很矮小。究竟它为什么生活在阴湿的环境里，为什么植株很矮小，这两个问题我想放手给同学们解决行不行?”“行!”学生马上就开始翻书找答案，有少数动作很快的学生就喊“老师，我找到答案了!”我让学生不要着急，而是先看书，然后同桌同学交流一下，用比较准确的语言表达出来，并且尽可能全面。学生就不再急躁喊着要回答问题，而是用心的看、分析、讨论，我提示学生“任何一种生物，它的形态结构必然与他的生活环境相适应，形态结构也必然与生理功能相适应”，所以要求学生在找到问题答案的时候要思考这种适应关系。

很快，大多数同学都举起了手。“因为它的茎中没有导管，叶中没有叶脉，所以就长得很矮小”；“因为他的根非常简单，是假根，所以长得矮小”。在学生回答之后，我就把“茎——没有导管；叶——没有叶脉；根——假根”写到了黑板上，当其他的同学都同意这一答案的时候，我又发问：“从这几句话中你能获得哪些信息呢?比如，茎中没有导管，导管是什么组织?叶中没有叶脉，叶脉里又是什么组织?”学生在我的启发下马上就归纳出：茎和叶里没有输导组织，这是造成苔藓植株矮小的重要原因。我又继续问道：“它的根是假根，与植物矮小有什么关系?既然是假根，那什么植物的根是真的根?真根与假根的的作用有什么不同?”学生思维非常

① 引自：生命的色彩——我的课堂（12）．把知识变成问题．http://bbs.pep.com.cn/thread-78874-1-1.html。

活跃，虽然不曾专门讲过这个问题，但由于学生在上个学期学过绿色开花植物有六大器官，大体上了解六大器官的功能，所以很快就有不少同学抢着回答了，并且回答的思路也很清晰、准确。比如有的学生就充分列举实例来说明“真的根能固定植物体，还能从土壤中吸收水分、无机盐供植物生长需要，例如外面生长的柳树、月季花等（用手指向窗外举例），它们的根就是真正的根。而假根只有固定作用，没有吸收作用，所以，植株就矮小。”听着学生有理有据的分析，我很高兴，同时又进一步问学生：“既然假根没有吸收作用，同学们是否想过它是利用了什么结构来吸收水和无机盐呢?”学生马上就回答是“茎和叶”，我问“肯定吗?”学生想了想说“肯定”，为什么呢？他们也是蛮有理由的：“因为它整个植物体的构造就是茎、叶和假根，既然假根没有吸收功能，那肯定就是茎和叶了!”我肯定了学生的分析，告诉学生，“我们在无意中又多掌握了一些课本上没有的知识：例如苔藓的茎叶能吸收水和无机盐；假根与真正的根的区别等”。

二、实训的设计

（1）明确提问技能所包含的类型，在教学中的作用，学生认识事物、掌握认识的不同阶段各采用哪种类型的提问。

（2）设计一段以训练提问技能为主的教学片断，小组内几位成员可以选择同一课题分别准备。在导师指导下分别进行角色扮演，小组学员一起观看角色扮演的录像，并比较、讨论、评价（表 4-1）。

表 4-1　提问技能评价表

评价指标	评价等级				权重	分值
	优	良	中	差		
1. 问题内容明确，重点突出					0.15	
2. 联系旧知识					0.1	
3. 问题包括多种水平					0.15	
4. 把握提问动机，促进学生思维					0.1	
5. 表达清晰，引入界限明确					0.08	
6. 提问后恰当停顿，给予思考时间					0.07	
7. 提示恰当，帮助学生思考					0.12	
8. 提问面广，照顾到各类学生					0.08	
9. 对答案能确认分析评价，思维明确					0.08	
10. 对学生鼓励、批评适时恰当					0.07	
总体评价：						

说明：按照百分制给分，评价者在适当评价等级处划“√”。

（3）在中学现场听课和观看优秀教师的课堂教学实录的过程中，记录下授课老师的提问，并分析：授课中的提问是属于哪种提问类型？为什么设置这样的问题？是否可以变换设问方式达到更好的效果？

（4）在平时的实训中，对同一问题用不同的形式、不同的语调表达。借鉴“提问技能的实训要求”，发现自己还存在的问题并在实训中努力纠正。

（5）选一节教材，通过多种方式进行问题设计，在微格教室进行试教，并针对学生出现困难的情况进行恰当的处理。如：①学生沉默，没有回答的表示；②学生茫然，对问题不甚了解；③学生犹豫不决，想回答又没有勇气举手；④学生回答吞吞吐吐，含糊不清；⑤学生回答不出来或者答非所问；⑥学生回答了一部分，但是不完整；⑦学生回答结结巴巴，不能较好表达回答的内容；⑧老师刚说完问题，就有学生将答案说出来了；⑨学生回答正确，表达清晰；⑩学生提问措词不当。

三、实训教案示例

课题：食物的消化和营养物质的吸收　　章节：（北师大版）七（下）第4单元第8章第2节

执教者：　　时间：

技能目标	尝试在教学运用提问技能、板书技能			
教学目标	1. 说出消化道的组成、阑尾炎的病因和消化酶的作用 2. 简述牙齿的结构、功能和保健，胃和肠的结构特点，以及各种消化腺的位置和功能			
教学重点	胃、肠的结构特点；食物的消化、吸收的概念			
教具准备	消化系统挂图，唾液腺挂图，牙齿结构图，胃及胃壁结构图			
材料用具	猪（或羊、鸡）的新鲜小肠（已洗净）一段，镊子，解剖剪，培养皿，放大镜，清水，大、小烧杯，试管，酒精灯，温度计，碘液，干淀粉，三脚架			
教学方法	实验观察与讲述法、谈话法相结合			
时间（分钟）	教师的教学行为（讲解、提问等）	技能要素	学习行为（预期回答等）	视听教具、板书
0.5	消化系统由消化道和消化腺组成。请同学们仔细看图，消化道在结构上包括哪些部分	复习、设疑、启思	识图作答：口腔、咽、食道、胃、小肠、大肠、肛门	消化系统挂图
2.0	同学们看得很全面、准确。现在我们先来看口腔。口腔是消化道的开始部分；口腔里面有牙齿和舌，唾液腺的导管也开口在这里。下面重点看看牙齿。牙齿生长在上、下颌骨的牙槽里，请仔细观察牙齿的外形，然后回答：从外形上看，牙齿分为哪几部分	重点讲解、引导观察	仔细观察牙齿结构，回答：牙根、牙冠、牙颈	牙齿结构挂图（或彩图七）

续表

3.5	对。构成牙齿的主要物质是牙本质。牙冠的表面有一层乳白色的釉质，是人体结构中最坚硬的物质；这层物质损坏后不能再生。在牙根部分，牙本质的外面是牙骨质。牙齿中央的牙髓腔中充满着牙髓，并含有丰富的血管和神经。每个人每天吃饭时都要用到牙齿，那么，牙齿的主要功能是什么呢？如果牙齿损坏，会产生什么样的后果	详细讲解、引导思考	思考并回答：切断、撕裂和磨碎食物 不能充分咀嚼食物，加重胃、肠的负担，影响食物的消化	
	很好。另外，人如果得了龋齿病，并损伤到了牙髓，病菌就容易侵入牙髓而引起发炎，使人感到十分疼痛。由此可见，保护好牙齿对身体健康极为重要。怎样保护你的牙齿呢	设疑、过渡	思考并回答：做到每天刷牙，饭后漱口	
5.0	对。除了坚持每天早上刷牙外，晚上也要刷牙。预防龋齿和坚持刷牙的正确方法，课后请看课本中本节后“课外读”中的“龋齿的发生和预防”一文	讲解	阅读	
时间（分钟）	教师的教学行为（讲解、提问等）	技能要素	学习行为（预期回答等）	视听教具、板书
6.5	通过观察消化系统挂图，大家已经知道，胃位于左上腹，是消化道最膨大的部分，呈囊状。现在请大家看看胃及胃壁结构挂图，然后回答：胃壁的结构分为哪几层	讲解、设疑、过渡	识图回答：由内向外分成四层，依次是黏膜、黏膜下层、肌肉层和浆膜	胃及胃壁结构挂图
7.0	对。胃壁内有由黏膜上皮凹陷而形成的胃腺。胃腺开口于胃壁的内表面，可以分泌胃液。胃的主要功能是什么	总结、设疑	自学、思考、回答：贮存食物	胃及胃壁结构挂图
7.5	胃的主要功能除了暂时贮存食物外，还使食物和消化液充分混合，并进行初步消化。紧接着胃的是小肠。大家观察消化系统挂图，从外形上看，小肠有什么特点	分析、引导观察	识图、思考、作答：小肠是消化道中最长的一段	消化系统挂图
9.0	非常准确！小肠壁的结构与胃壁相似，也分为四层。请看课本中“小肠内表面的皱襞和小肠绒毛示意图”，在小肠粘膜的表面，有很多环形的皱襞。在环形皱壁表面上的结构，我们可以通过下面的实验（实验六）进行研究。大家从实验桌上的培养皿中取一段小肠，然后剪开，再将其内表面向上放在盛水的培养皿里。先用肉眼、再用放大镜观察，有没有看到小肠内表面有一层绒毛状的结构	评价、引导、实验、观察	用放大镜仔细观察，并进行小组讨论、交流。	小肠内表面的皱襞和小肠绒毛示意图
9.5	同学们看到的小肠内表面绒毛状的突起，叫做小肠绒毛。小肠内表面的皱襞和小肠绒毛有何作用呢	设疑、过渡	思考回答：大大地增加了消化食物和吸收营养物质的面积	课本中的彩图八

续表

10.5	对，小肠内表面的皱劈和小肠绒毛展开之后面积可达 200 平方米以上呢。请仔细观察小肠绒毛，小肠绒毛中还有一些什么结构？这些结构有什么功能	设疑、过渡	观察、思考、回答：有毛细血管和毛细淋巴管。有利于营养物质的吸收	小肠内表面的皱劈和小肠绒毛示意图
11	正确！毛细血管、毛细淋巴管的管壁都很薄，都只由一层上皮细胞构成，这种结构特点有利于营养物质的吸收。在小肠壁内，还藏着腺体呢，你知道它是什么？有什么作用吗	讲解、设疑	看图、读书、回答：在小肠壁内，还有由粘膜上皮凹陷而形成的肠腺。它分泌的小肠液进入肠腔	小肠内表面的皱壁和小肠绒毛示意图
11.5	同学们看图很认真、仔细、准确！胃液和小肠液中都含有消化食物的物质，因此我们可以完成对食物的消化，同时小肠还适合食物的吸收，你能总结小肠适合吸收的特点有哪些吗	评价、设疑、过渡	思考、讨论、归纳：小肠很长，小肠绒毛中的毛细血管、毛细淋巴管的管壁都很薄，有利于营养物质的吸收	
12	很好。归纳起来有三点：长、面积大、壁薄。可见，小肠的结构是与其功能相适应的	评价、引导、归纳		

第五章　组织课堂讨论技能

第一节　组织课堂讨论技能概述

课堂讨论是指经过预先的设计与组织，在教师的指导下，在学生独立思考的基础上，让全班或小组成员围绕某一中心问题，各抒己见，并通过师生间、生生间的多边交流，互相探讨，以寻求获取真知和全面提高学生素质的教学方式。课堂讨论是一种互动方式，是班级成员之间通过交流观点以形成对某一问题较一致的理解、评价或判断。

课堂讨论虽发生在课堂情境之中，但同样具有讨论的内涵，即在既严肃又活泼的课堂氛围中，学生在教师的指导下，就教材中的基础理论或主要疑难问题，在独立钻研的基础上，共同进行讨论和辩论。

一、课堂讨论的功能

英国哲学家弗朗西斯·培根（F. Bacon）说“讨论使人明辨是非”。随着基础教育课程改革的不断深入，自主、合作、探究的学习方式逐渐普及，课堂讨论也必然成为学习方式转变的重要内容。在课堂讨论的过程中，学生不仅达到了对所学知识的深入理解，而且发展了合作、交流、互动的能力。课堂讨论具有以下重要的功能。

（1）为学生创造实现自我的机会。自尊与自我实现，无论儿童还是成人都有这种需要。课堂教学可以通过回答问题、小组讨论交流、师生评价等活动，为学生提供实现自我的机会。在小组讨论中，由于人数较少，学生的心理压力较小，这为相互之间的交流创设了一个和谐的环境。

（2）激发学生的学习兴趣。兴趣是最好的老师。在小组讨论中，学生有了表达自己的思想的机会，在合作、交流的过程中，感受到学习的快乐，感受到成功的快乐。这样，可以充分地调动学生学习的主动性、积极性。

（3）提高学生的多方面的能力。心理学研究表明，通过活动来发展学生能力是可行的。在小组讨论活动中，通过学生的主动参与，包括发现问题、积极思考、解决问题，培养学生的思维水平，提高学生的语言表达、人际交往和合作学习的能力。

（4）促使全体学生的发展。学生已有的经验、认知水平不同，对同一问题的分析和理解必然存在着一定差异。小组讨论给学生进行独立思考并表达自己的见解创造了一个民主和谐的氛围，固而每个学生都可能在共同探讨的过程中互相启发、互相促进。这有利于学生个性的发展，有利于学生主动性和创造性的发挥。

二、课堂讨论的基本环节

1. 讨论小组的组建

1）分组的原则

（1）构成合理。教师在分组之前，应对讨论主题的目标和特点进行充分的分析，思考小组成员的构成，依据学生的兴趣、特长等个性倾向，要最大限度地发挥每个人的优势和有利于小组之间的竞争。尽量把相互之间比较喜欢，而经验和观点又不同的同学分在一组。尽量做到“好动”“好静”搭配，“内向”“外向”结合，男女相间，“强”“弱”互补，在小组活动中发挥每个学生独有的作用。

（2）数量适宜。为了充分展示学生的个人才能并有利于学生相互之间的交流和互助，每个小组的人数通常应控制在 2～6 人。

（3）分工明确。分组讨论时，根据小组的人数设置工作职位，每个人都有自己的责任，如主持人、秘书、发言人、鼓动员（负责在冷场时鼓动大家参与讨论）、控噪员（负责控制小组产生的噪声）、材料员（负责学习所需要的各种材料）、信息员。

（4）动态变化。在小组的构成中，可以将邻近的 2～6 个座位作为一个小组，座位上的学生是可以随着位置的调整而不断变化；小组内学生所扮演的角色也要进行互换或者轮换；组内成员交流的方式也要灵活、富有变化，将连锁补充发言、轮流发言与自由发言相结合。

2）分组的方法

分组的方法通常有两种，一是随机分组，二是任务分组。

（1）随机分组。事先根据学生名单上的男生和女生比例，计算平均每个小组中男女生的人数。然后，用扑克牌预先分好。用不同的颜色区别性别，如用红色的“♥◆”代表女生。要分几个组，就准备几组牌，如分 8 个组，就只用 A～8 的牌。要每个组有几个人，就把每组牌中准备几张。分男女生随机抽取，然后同一号的人成为一个组。这样，可以准确地控制小组中男女生的人数。简单一点，可以让学生随机报数。预计分几个组就报数到几，然后重复进行。如分 6 个组，就 1～6 报数。报数同一号的人成为一个组。

（2）任务分组。如果在较长的一段时间内，完成某一任务或者使用某一种技能，如学习上网搜集资料。可以让以前接触过这项任务的人，先报数，然后其他没有经验的人再报数。这样可以保证每个组都有几个有经验的人，以保证任务的顺利完成。

3）小组工作举例

（1）头脑风暴法。头脑风暴法是由美国创造学家 A.F. 奥斯本于 1939 年首次提出，1953 年正式发表的一种激发性思维的方法。将其引入生物学教学可以调动学生积极参与学习，开展深度讨论，并激发学生的思维。

具体做法如下所示。①第一阶段，小组讨论。根据教师或同学提出的问题，全组成员发表自己的意见，可以相同，也可以不同。全部意见都由组长或秘书用白板笔记录在大白纸上，以便张贴后容易观看。②第二阶段，交互评价。两个小组交换审看对方的意见记录，同意的打上“√”，不同意的打上“×”，有疑问或者不明白的打上“?”。③第三阶段，全班展示。将自己小组审看的意见，张贴在墙壁上，由小组发言人或组长宣布小组的审看结论，解释为什么同意或不同意。有疑问的意见请原发布小组发言人解释。其解释后，视情况再做同意或不同意的判定。

教师在全部小组都发表完意见以后，应该加以归纳总结，肯定正确结论，表彰优秀的小组工作，肯定创新的思维等。

(2) 组合阅读。这是一种学习内容多时，采用的头脑风暴形式。其具体做法如下：①第一阶段，小组分工。小组中每一个成员，分配一项研究课题，如分为腔肠动物、环节动物、软体动物和节肢动物等。②第二阶段，专家组工作。由各小组中研究相同课题的人，共同组成专家组，一起搜集资料，阅读教材，做实验等，形成共同的展示提纲。③第三阶段，本组交流。各位“专家”回到本组，介绍在专家组的研究成果。

教师注意巡回观察，检查专家组的展示提纲，保证全班的认识正确。

(3) 三人走，一人留。在各个小组完成的不同的制作或研究任务时，任务结束后，留下一人介绍本组的研究成果。其他三人到邻近的小组去，听取他们汇报与介绍。听取汇报时，要尽力记住全部内容。听完汇报后，留下一名听汇报的人，为后来的参观者介绍。其他两人与这个组的介绍人，组成新的三人小组，再邻近地去参观、听取汇报。尽量每个人都有发言的机会，以避免多数人参与的机会少。

(4) 转圈说。在对于核心概念的认识产生重大分歧时，教师可以将意见相近的小组，联合形成两个大组，围成内外两个大圈。两组成员面面相对，尽量用自己的资料或者观点说服对方；同时，也尽量学会用对方的观点认识这一概念。最后由教师加以概括总结，以保证概念的准确性。

(5) 角色扮演。小组研究的成果以表演的形式展示。需要很多演员时，如表现“减数分裂”的过程，可以多个小组共同完成剧本设计和演出。但最好老师加以指导和分配，保持有一部分学生可以作为观众，进行评价。等演出结束后，评价的观众再作为演员交换表演。

2. 讨论的过程

讨论的过程是一种呈螺旋式上升的教学过程（图 5-1），主要包括学生个人学习、小组正式讨论和班级交流。

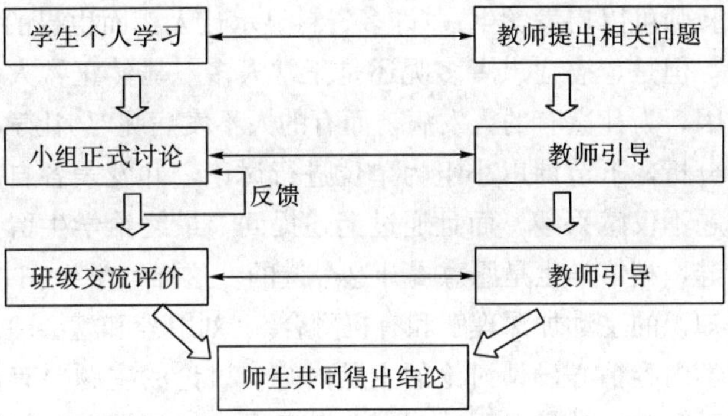

图 5-1 小组讨论的过程

(1) 学生个人学习。教师精确表述有待讨论的主题，说明他们在讨论中应承担的角色，学生自己读书、观察、质疑，收集材料、分析、归纳和确立观点。

(2) 小组正式讨论。分小组进行交流与质疑，重新整合材料和深入论证。教师要以学习者的身份直接参与小组讨论，鼓励和督促学生讨论，指导学生参与小组讨论的技能，调动学生积极参与讨论的热情，并对讨论的进程和方向进行调控。

(3) 班级交流评价。小组代表在全班交流发言，各小组讨论的结果在全班进行交流。

(4) 师生共同得出结论。讨论结束时，教师对讨论结果作总结，归纳学生对讨论主题的新认识或解决办法（不一定有一致的结论），提醒学生面临的新问题，为后面的讨论或其他教学活动作好准备。

(5) 评价和小结。这是小组讨论的反馈环节。在学生对自己在小组讨论中的表现进行自评的基础上，教师对学生进行评价，既要肯定学生做得好的、表现优秀的方面，也要明确指出学生存在的问题以及有待改进之处，引导学生将所学知识进行总结归纳，条理化、系统化。

第二节 组织讨论技能实训

一、实训的要求

1. 讨论的题目具有现实性和探究性

现实问题容易引起学生的注意。在生物课堂教学中，教师要经常地将课本知识与日常生活、经济活动、医疗保健、环境保护等紧密结合，积极引导学生将所学知识与现实生活联系起来，鼓励学生将所学知识应用到实际生活中去，增强理论联系实际的意识。例如，学习“新陈代谢与酶”之后，教师组织学生讨论两个问题：①如何提高加酶洗衣粉的洗涤效果？②人在何种情况下需服用多酶片？讨论的问题具有现实性，既加深了学生对课内知识的理解，又提高了学生解决实际问题的能力。

探究性问题能激发学生的求知欲。如“在学习‘细胞的衰老、癌变’时，教师可以这样设问：‘你们认为现在威胁人类生命最重要的疾病应该是哪种呢?’当发现学生在讨论中提到癌症时，教师可以启发学生：‘许多资料显示让人望而生畏的癌症在每个人的体内里都有癌变基因，但是，癌症患者多呢还是正常人多？显然正常人多。虽然每个人都带有这种可怕的基因，为什么有的人发病，而有的人不发病呢？’让学生带着这个疑问在课后自己收集资料分析，下节课以小组为单位进行讨论，并发表各自见解。学生对这些有关自身的现实问题不仅感兴趣，而且通过上述提问，最终给学生留下了一个有关基因与性状表现方面的谜，相信学生是愿意揭开这个谜的。这样，学生在共同探究的过程中，实现了对上述有关知识的主动加深理解和有机融合”（刘甲爱和魏会玲，2001）。

教师要根据教学内容精心设计讨论的主题内容，讨论的主题要有价值，要有一定的深度。主题内容过于简单，学生一听就明白；过于困难，就学生目前的水平无法得到结果，这样的讨论就没有意义，只会造成课堂混乱。教师要精讲讨论主题的知识情境、讨论的程序、活动的目的和要求、需要解决的重点和难点。这样学生才有章可循，讨论过程才有序，讨论效果才良好。讨论话题尽量不要采用教科书上有现成答案的题目，不要出一些纯知识性的题目；可以选择学生独立学习或听老师讲解无法很快消化的知识点和能力要求；可以选择容易产生不同理解的内容，因为讨论题的答案不是简单现成的，不同观点的碰撞最能锻炼学生的思维；讨论话题有趣味，来源于学生熟悉的生活经验但又不十分明了的问题，会让学生充满探究的乐趣。

2. 给学生足够质疑、思考的时间

有意义的讨论需要时间保证的，所以分组讨论是需要精心设计并慎重使用的。问题讨论最少要经过如下几大步骤：①思考并得出结论；②组织语言表述；③聆听他人观点同时结合自己观点进行判断（这条根据发言人数要反复进行多次）。对有必要讨论又与教学内容密切相关的问题，可以留出足够的时间。

教师在抛出讨论话题后，马上让学生讨论，于是课堂气氛即刻活跃起来，学生看似非常活跃，实质上是处于一种情绪兴奋状态，而非进入思维的兴奋。因此，教师在抛出讨论话题后，需要配以精心设计的有引导性和指向作用的问题，为学生指明讨论的方向，提高课堂讨论的效率。提出问题后马上就开始讨论会造成小组内反应快的学生抢先发言，反应慢的学生没有机会发言，甚至没有机会独立思考，因此，提出问题后，不要急于让学生开始讨论，而应先让学生进行独立思考，形成自己的观点看法，当思而不得其解、处于“愤悱”状态时再与其他同学交流，就能够有效地锻炼学生的思维能力，捕捉思维的闪光点，讨论交流时不再人云亦云，随波逐流。所以这个阶段，教师要正确引导讨论的兴趣和动机。

3. 合理选择讨论的方式

课堂讨论有多种方式可以选择，除小组讨论之外，还可以选择分析式讨论、辩论式讨论等。在具体选择时，主要依据讨论话题而定。无论哪种方式，都离不开精心设计讨论的问题和讨论的每一个细节。对于有不同意见甚至是持相反观点的话题还可以考虑辩论式讨论。

4. 重视教师的指导和调控

教师在课堂讨论中要认真观察、积极引导、主动参与，绝对不能“袖手旁观”。课堂讨论中随时会有新问题生成，教师要及时进行引导，有效进行解决。

要充分启发学生的独立思考，了解是不是全体同学都积极参与，鼓励他们各抒己见，引导他们逐步深入到问题的实质，并就分歧的意见进行辩论。对于静坐无言的学生，通过鼓励激发其表达的欲望，想方设法调动其积极性，力求让全体学生的生物科学素养得到充分的发展。

教师要适时、适量地介入讨论，认真倾听学生的意见和看法，并用语言、眼神、点头、微笑等给予鼓励和认可。在讨论出现问题时应及时、适度地给予针对性的指导和帮助，加强对课堂讨论过程的调控，激励学生思考，做好顾问和参谋。教师还要善于记录学生的一些新观点，及时捕捉他们思想的火花。在讨论过程中的某些中间环节上，教师可适时地做简短的阶段小结，明确当前面临的问题。当出现某些特殊情况时，教师应及时予以处理。

教师要调控讨论的时间和节奏，组织好组际间的交流和互评，还要善于总结，画龙点睛，帮助学生在认知水平上达到升华。教师要关注学生集中讨论的热点和普遍疑惑的问题，关注课堂讨论中生成性的材料，以便在反馈时更有针对性，从而有效提高讨论效果。

5. 利用知识的迁移，打破提问后出现的沉默

教师给出讨论问题以后，由于智力、非智力因素的制约和影响，常出现学生对教师的提问难以回答的情况，讨论中出现“卡壳”现象，教师发现后就要进行合理的启发、引导。产生“卡壳”的根源常常是新、旧知识的衔接处出现了问题。而教师要做的就是在这些关键处，组织小组讨论，充分利用知识的迁移打破沉默。这个时候就需要教师有效地引导学生的谈论方向以及给学生必要的提示，充分体现教师的引导作用。

6. 重视交流，培养一定的表达技巧

在讨论中，不管是罗列内容，据理辩驳，还是论证自己的观点，都需自己陈述。如何用概括的语言准确地表述自己的观点，怎样组织充分而有说服力的材料来证明自己的观点，这种能力的培养，不论是对将来高考生物试题的解答，还是对学生今后的发展都是必不可少的。所以，在课堂中，要将讨论引向深入，教授学生一定的表达技巧，让学生学会倾听，学会思考。

7. 采用合适的结果呈现方式

轻结果重形式是课堂讨论的一个常见误区。教师如果只让少数同学的讨论结果在课堂上汇报展示，会让大多数学生的积极性受挫，并影响教学开放度。讨论结果呈现的方式有很多，如：小组派代表口头陈述观点，手工模型的展示，以某一小组为中心、其他组作补充修改等。结果呈现无需模式化，以充分调动学生积极性，扩大参与度，面向全体学生。在采用小组代表陈述观点的方式时，教师在巡视的过程中注意各小组的不同意

见，并从中选择几个有代表性的组来表述，再进行比较并归纳得出结论。教师也可通过行间巡视、参与讨论、精当点评等形式让学生的讨论结果反馈到自己手中，也让学生从老师那儿得到信息反馈。对于学生的独到见解或创新思维，教师如能及时给予相应的肯定和鼓励，相信定能使学生产生某种心理满足，形成愉悦的心情，从而可以激发其继续进行探讨的兴趣和热情。

例如，学习必修1《生物膜的流动镶嵌模型》时，教师引导学生先自学生物膜的构成成分，接着，学生进行分组讨论，并要求给出模型的示意图。教师将各小组给出的示意图通过幻灯或多媒体展示，并让学生比较分析、修改订正。

为了让更多的学生的讨论能有效进行，可以要求学生把讨论结果以书面形式记录并上交，然后由教师进行评价。当学生的讨论结果不一致时，不能满足于得出唯一答案，即不要把学生的讨论引向教师所期望的统一结论，因为这样的做法往往会打击学生的积极性，扼杀他们活跃的思维。学生讨论的结果可以在老师的预见范围内，也可以是学生的独特思路，从而生成一些不可预知的资源。当然处理好这些资源需要老师的教学机智。

把学生的讨论结果作为教学资源，将随时生成的资源用于课堂教学，这会更有利于学生关心自己的观点怎样被评价。对有偏差的讨论结果，学生会产生强烈的求知欲，希望通过进一步学习来解决。学生讨论“地下溶洞中的盲鱼为什么没眼睛”，发现学生大都认为鱼类在黑暗中长期不用眼而退化了，并将这种性状遗传给下一代。教师说“你们怎么都是拉马克的门徒啊”，这引起了学生对生物进化理论的强烈兴趣，迫切希望了解进化论的发展。在接下去的教学过程中就能顺利利用学生对进化论的理解沿着拉马克进化论→达尔文自然选择学说→现代生物进化理论的线索组织教学。

二、实训的设计

（1）分组的实训。根据教学内容的需要，学员将实训小组的同学安排随机分组和任务分组，并根据教学设计对分组进行调整。

（2）学员自选一节教学内容，设计其中的“讨论”环节。

（3）在微格实训中组织学生进行讨论，并说明讨论的每一个环节安排的情况。

（4）作课堂调查，分析：在小组讨论中常见的问题有哪些？如何改进？

（5）参考表5-1对小组讨论技能进行评价。小组表现性评价是以小组为单位的评价，总共50分，10个要素，每个要素满分为5分，所有10个要素加起来的总分就是该小组的表现得分。

表5-1　组织讨论技能评分细则

要素	评价要点	分数
讨论的问题	讨论的问题明确，且讨论始终围绕问题进行	5
	讨论问题明确，能基本围绕问题讨论	3
	讨论的问题不清楚，不明确任务	1

续表

要素	评价要点	分数
组织分工	组织有序，分工明确（有组长、纪律员、发言者等），且各司其职	5
	有组织、分工，但较混乱，职责不明，相互推诿	3
	无组织、分工，结构散漫，各行其是	1
讨论氛围	组员愉快、民主、和谐交流，有讨论无争执	5
	有交流，也有分歧，小组观点不统一，不融洽	3
	基本无交流，各自为政，各做各事，不融洽	1
讨论投入态度	始终参与整个讨论，专注认真	5
	基本可自始至终参与讨论，但不认真、专注，偶尔会做其它事	3
	由始至终不认真，表现出心不在焉，甚至脱离群体，做其它事	1
讨论任务完成程度	按时完成全部任务	5
	完成了大部分任务	3
	仅完成很少任务，或基本没完成	1
讨论的结论逻辑性	观点明确、正确、有逻辑性	5
	观点基本正确、有逻辑上的混乱，不太清晰	3
	观点不正确，偏颇，没有逻辑性	1
结论的延展性	结论能解释相关现象，具普遍性、一般性（形成新的知识结构）	5
	结论能解释部分现象，具局限性	3
	结论只能解释该现象，或不能正确解释任何现象	1
结论的解决问题新颖性	结论新颖，有闪光点，有开放性	5
	结论普遍，有部分闪光点，有思考空间	3
	结论一般，无任何闪光点，很平淡	1
表达、应变	表达结论准确、简炼、清晰，能及时准确回答其他同学和老师提问	5
	表达基本清楚，能回答部分提问，或基本能回答到点	3
	表达不清楚，不能回答或基本不能回答任何问题	1
其它小组的评价	总体表现优秀	5
	总体表现尚可，一般	3
	总体表现较差	1

个人得分计算方法：在小组得分的基础上上、下浮动 3 分，小组其它成员根据该成员在讨论中的态度、参与问题讨论的质量等为其打分，从−3 到 3 给分，再加上小组基准分。即：个人得分=小组得分±X（$0 \leqslant X \leqslant 3$）。

三、实训教案示例

课题：三大营养物质代谢与人体健康　　章节：高二《生物》第3章第6节

执教者：　　　　　　　　　　　　　　时间：

技能目标	尝试在教学中运用组织讨论技能			
教学目标	1. 举例说明三大营养物质与人体健康的关系 2. 尝试在课堂讨论中阐明自己的观点 3. 养成积极参加讨论、交流的习惯			
教学重点	糖类、脂类和蛋白质的代谢途径，三大营养物质的代谢之间的关系，营养物质代谢与人类健康的关系			
教具准备	挂图			
时间（分钟）	教师的教学行为（讲解、提问等）	技能要素	学习行为（预期回答等）	视听教具、板书
0.5	多媒体课件展示图片——“饥饿的儿童”。提供背景资料：在一些非洲国家，由于战乱或贫困等社会原因，导致人民流离失所，很多儿童缺衣少食 分析：长期的饥饿对儿童的生命和健康将会产生什么影响？为什么	创设情境，引发思考	迅速进入学习准备状态，思考老师提出的问题并进入后面的学习	多媒体课件：图片“饥饿的儿童”
2.0	同学们知道了：长期饥饿对生命和健康危害严重。同样的，不良的饮食习惯也会伤害我们的身体，你知道我们同学中有哪些不良饮食习惯吗 如果早餐只喝牛奶，吃鸡蛋，这种早餐的食谱搭配合理吗？如何改进	联系实际引导分析，启发思考，组织讨论	思考并列举不良饮食习惯，如：不吃早餐；空腹喝牛奶；偏食、挑食 参与讨论和交流	
3.5	随着生活水平和生活质量的提高，人们在讲究饮食的同时，健美成为时尚，减肥成为必需。我们先看一则新闻“节食导致瓷器女孩”，同学们看完之后，请分析盲目节食有哪些弊端	提供生活素材，创设问题情境	认真观看视频，对问题进行思考、分析	多媒体呈现视频资料
7	结合新陈代谢三大类营养物质转化问题补充一些生活中的知识展开讨论 为什么有的人不吃脂肪也会胖 有人说减肥的秘诀是少吃多运动，你认为呢 有时快到吃饭时候感到饥饿，如果不吃，过一会儿，为什么反而感到不饿了呢 “三高”指的是哪三种物质含量过高 “胆固醇大部分来自动物及植物，少量在体内合成”这句话对吗	启发思考，组织学生讨论、交流	认真读书，查阅资料，思考分析、讨论并交流	多媒体展示相关资料

续表

时间（分钟）	教师的教学行为（讲解、提问等）	技能要素	学习行为（预期回答等）	视听教具、板书
12	讨论过程中对以下几个问题进行解答 （1）你知道冠心病、高血压、糖尿病特别青睐怎样的人群吗（肥胖人群） （2）肥胖的本质是什么？人体全身哪部分组织器官最容易堆积脂肪 （3）你是否肥胖？标准体重简便计算公式：标准体重=[身高(cm) －100]×0.9（kg） （4）如何控制体重	引导并启发思考，组织学生讨论、交流	在自己努力解答问题的基础上，进行小组讨论、交流	多媒体出示相关图、表资料
19	材料 ①青少年营养标准：蛋白质80～90 g/d，热量2700～3000 kJ/d；②主要食物营养成分表；③学校食堂公布的几份食谱 指导学生先以学校食堂提供的食谱为例，计算各营养成分的含量，尤其是糖类、脂质和蛋白质的含量，判断其是否符合青少年营养标准，然后以小组为单位，设计一份健康食谱	指导学生分组活动、分析、判断	根据相关资料，分组进行设计	多媒体呈现相关资料
30	提问引导：设计时主要考虑哪些因素？组织学生思考、交流。15分钟后，请4个小组各派一名代表，运用投影仪展示本小组设计的食谱，要求对设计原则作简要说明，最好能说出该食谱的特色。展示完毕后，其他小组成员作出简要评价，教师作出适当点评 学习完毕，教师要求各小组将设计的食谱进行修改，整理清晰后上交，收集同学们提出的改进食堂伙食的合理建议	引导学生展示、交流、评价	学生交流、并提供参考回答，如热量、蛋白质含量、口味、风俗习惯等。积极参与展示、交流、评价、修改等	多媒体进行成果展示

第六章 结束技能

第一节 结束技能概述

结束技能是指教师在结束某项教学任务时，通过重复强调、概括总结、实训操作、实践活动等方式，对所学知识进行系统化，使之稳固纳入学生认知结构的一类教学行为。

结束技能通常用于一节课的结尾，在课堂教学的任何相对独立的教学阶段都可以运用这一技能。小到分析某个概念，大到一个单元、一章的教学结束。

运用这项技能，不仅可以在某一部分教学结束时通过师生间的信息反馈，进一步设置悬念，把学生的思维引向深入，激发其继续探讨的积极性，而且可以通过教师对学生学习的评价，使学生感受到学习的成功，获得掌握新知的愉悦。

一、结束技能的功能

（1）及时复习巩固，构建知识网络。布鲁纳在《教学过程》一书中曾指出："不论我们教什么学科，务必使学生理解该学科的基本结构。"在生物学教学中也应使学生对一节、一章、一个单元的结构有所理解，并掌握该结构中知识之间的关联。学生对知识的学习是在对教学内容的展开、分析过程中进行的。在这一过程中，可能对知识还没有形成系统的认识。当学习过程进行一阶段后，需要通过归纳、总结形成系统的认识。结束技能的运用，通过强调重要的生物学概念、事实和规律，加强学生的理解和记忆，使学得的新知识系统化；通过分析、比较、归纳或综合，使新知识与原有的认知结构形成系统化，形成巩固的知识体系；通过实际训练，实现知识的迁移。

（2）强化巩固知识，理解重点难点。心理学研究表明，记忆是一个不断巩固的过程，通常是由瞬间记忆到短期记忆，再到长期记忆。这种转化过程的实现，基本的手段就是及时小结，周期性复习总结。概括一单元、一节课的知识结构和内容，引导学生对所学重点、关键内容在头脑中重复、理解、记忆，也是对学生学过的知识的强化过程。在课的结束时，通过归纳、类比，一方面使知识系统化，另一方面还可加强对知识的深化理解。

（3）总结归纳方法，促进思维发展。在结束阶段，引导学生总结教学过程中的思维方法、解决问题的思路，总而理解学科思维方式的特点和学习的方法，促进学生思维能力、思维水平的提高。

（4）创设新的情境，埋下教学伏笔。生物学的很多教学内容之间具有密切的联系，因此教师在教学结束时，为下一节或是以后的教学内容作好铺垫。较好的方法是教师通过设置疑问，引起学生对后续学习材料产生兴趣。典型的作法是教师在结束时，安排一些用旧知识解决新问题的练习来激发学生学习兴趣。这种作法不仅帮助学生归纳整理所学的知识，而且培养学生独立思考的能力，培养学生思维的灵活性和创造性。

二、结束的基本环节

（1）给出信号，提示结束。教师通常直接告诉学生进入到总结阶段。例如，“今天我们就学到这里，下面我们总结一下本节课的主要内容。”或者“现在我们回顾一下今天的重点内容。”通过给出信号，唤起学生的有意注意，引导学生主动参与知识的归纳总结，将注意力集中于知识的系统化、条理化。

（2）简单回顾，概括要点。在教学结束阶段，教师引导学生回顾教学过程中的有关内容，有助于对所学知识的理解和巩固。教师用简明扼要的语言，明确告诉学生：我们已经学习了什么，它们的要点是什么，总体结构如何，为其后的总结活动奠定认知基础。引导学生把零星分散的知识归纳成要点分明的知识点，并展示教学全貌。例如，在“基因的表达”学习结束时，教师指出“基因是有遗传效应的DNA片段，基因的复制和表达是基因的两大功能。它的复制是通过DNA的复制而完成的，它的表达要经过转录和翻译两个阶段，最终实现对性状的控制。”

（3）检查测试，巩固提高。在课堂教学结束的时候，还需要对学生学习的情况进行一些检测，检查学生知识技能掌握的程度。检测方式可以是多样的，可以是提问、练习、小测验等。通过检查测试，学生发现自身还存在的问题和不足之处，加深学生的记忆、理解、提高学生分析问题的能力，教师了解学生学习的总体情况，以便于教师考虑是否需要安排课外的训练，同时在安排课外训练时更加有的放矢。

（4）建立联系，深化拓展。生物学的知识之间一般都具有密切的联系。在教学结束时，对本节课的知识进行总结和归纳，引导学生理清易混淆的概念、原理，使知识系统化、条理化，建立起知识的结构体系，既有利于求同，使知识深化，又有利于求异，促进思维向多方向展开。

第二节 结束技能的类型

一、按照师生活动方式划分

（1）教师归纳式。这是以教师活动为主的总结方式，教师以简明扼要的语言概括教学内容，突出重点，揭示各部分知识的联系。这种总结的方式要以教师对教材和学生的深入了解作基础，才能用精练的语言找到知识之间的内在联系概括出要点。例如，学习了“生态系统的能量流动”后，教师作如下总结：“从能量流动过程看，流经生态系统的总能量，就是绿色植物所固定的全部太阳能。可见，生产者是消费者和分解者获得能量的源泉，是生态系统存在和发展的基础。能量沿着食物链和食物网的各个营养级传递，在传递过程中，因生产者和各级消费者呼吸消耗了相当大的一部分能量，并且各营养级总有一部分生物未被下一个营养级所利用，所以，能量在传递过程中必然是逐级递减的。而能量传递过程是不可逆的，因此又是单向流动的。也正因为有此特点，我们才研究生态系统的能量流动，以利人们的需要。

（2）学生自学讨论式。这是以学生活动为主的总结方式。教师根据教学重点拟出综合性思考题，学生自学后展开讨论，教师再发表自己的意见。在教师引导下，经过逐步分析得出结论。利用学生学到的知识解决实际问题的总结利于培养学生的自学能力、表述能力和思维能力。

（3）练习式。如果在学习的结尾完全由教师归纳，则不易引起学生重视，而且教师也不了解学生的学习效果。若在结束教学时教师出题让学生思考，不仅能够重新引起学生的好奇和兴趣，而且能够起到检查学生的学习效果，深化学生认识的作用。结束时的练习要针对学生的实际水平突出综合性，并讲求变比。例如，在“细胞增殖”学习结束后，教师可以设置以下问题：①核中DNA含量加倍期为________。②染色体平均分配期为________。③呈染色质状态期为________。④看得出染色单体期为________。⑤细胞板形成细胞壁时________细胞器起作用。⑥观察染色体形态和数目的最佳期为________。⑦两个姐妹染色单体分开期为________。

（4）游戏式。一节课即将结束时，学生往往会产生疲劳感，运用游戏做结尾，能够再度激发学生的学习兴趣，达到总结目的。游戏的方法很多，如在磁性黑板上做填图游戏、拼图游戏、扮演角色分组计分等等。

二、按表述方式划分

1. 纲目式

用简洁的板书做总结，概括要点，展示知识结构，提纲挈领、一目了然。下面是“生殖的类型”的纲目式板书。

- 无性生殖
  - 类型
    - 分裂生殖
    - 出芽生殖
    - 孢子生殖
    - 营养生殖
  - 概念
  - 组织培养
    - 理论依据
    - 方法
    - 优点
    - 应用
- 有性生殖
  - 生殖的过程
    - 花粉粒的结构
    - 胚珠的结构
    - 实例：被子植物的有性生殖
  - 概念
  - 意义

2. 表格式

表格式包括表格和框图。表格式多用于比较异同，框图式多用于揭示地理联系。比较和系统化是生物学思维的两种基本形式，正确地运用表格、框图的方式做总结，有利于培养学生的思维能力。使用表格和框图做总结时，教师的语言应简练准确，寥寥数语便归纳出要点；文字冗长，反而使学生抓不住要领，事倍功半。

表 6-1 是在“细胞增殖”学习结束后，教师列表让学生归纳染色体、DNA、染色单体在有丝分裂各时期数量的变化。

表 6-1　染色体、DNA、染色单体在有丝分裂各时期的数量变化

前期	中期	后期	末期	
染色体	2n	2n	2×2n	2n
DNA 分子	4a	4a	4a	2a
姐妹染色单体	4a	4a	0	0

注：体细胞中染色体为 2n，DNA 分子数为 2a，n=a。

3. 读图式

读图式通常要借助图形提出问题，通过系统练习，巩固所学的内容。有丝分裂过程中染色体、DNA 分子、姐妹染色单体的数量变化，可以用坐标图来说明。让学生在坐标图上将染色体、DNA 分子的数量在各个时期表示出来，再请学生分析说明（图 6-1）。

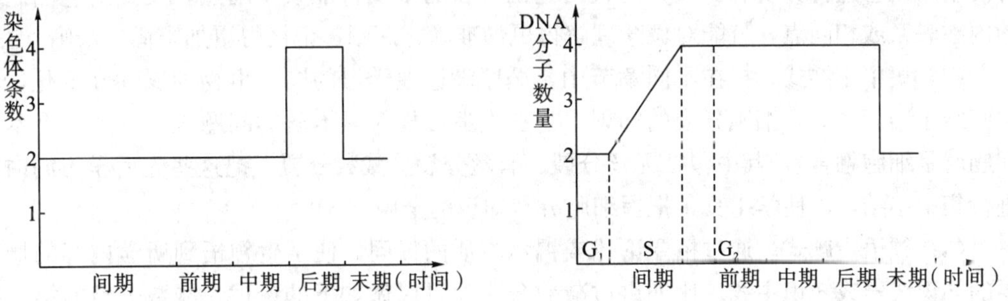

（a）染色体数量变化　　（b）DNA 数量变化

图 6-1 有丝分裂过程中染色体、DNA 分子的数量变化

三、按课堂教学结构划分

1. 首尾呼应式

首尾呼应式这种总结与导入时设置的悬念相呼应。导入时提出的问题，总结时再次提起，再度激起学生探究的欲望。

例如，学习“基因的表达”时，教师先给学生播放《侏罗纪公园》的片段，提出“如果我们现在得到了恐龙的一个细胞，我们是否有可能人工造出恐龙来呢?”课程结束时又提出这个问题让学生思考，学生根据学习过的知识回答："我们可以从恐龙的血细胞中分析它的基因组成，完全可能人工造出一个新的恐龙。"这样更好地提升了学生的兴趣和探究欲望。

2. 拓展开放式

总结不仅是对所学内容系统化，有时还应拓展所得结论，开放式总结大体有两种形式。

（1）设置与本课内容有关的深层问题，引导学生思考。例如，学习了"光合作用"以后，教师提出这样的问题："如果地球上没有了绿色植物，将会发生怎样的变化?"这个问题给学生留下了思考的余地，让学生深入思考，并逐步树立保护生态环境的意识。

（2）简介下节内容，引起学生兴趣。例如，在"细胞的增殖"教学结束时，教师说道："通过细胞的增殖，细胞的数量将不断增加，比如人就有 10^{12} 个细胞之多。所以这些细胞有没有什么不同呢？这就是下节课将要学习的细胞分化。"

四、按结束的内容划分

（1）系统归纳式。在教师指导下，让学生动脑动手，总结知识的结构和主线，及时强化重点、明确关键。具体做法可采用图示、列表等形式。

（2）比较异同式。将新概念与原有概念，或者将并列概念、对立概念，近似的、容易混淆的概念进行分析、比较，既找出它们各自的本质特征或不同点，又找出它们之间的内在联系或相同点，就能对概念理解得更加准确、深刻，记忆得更加牢固、清晰。

（3）集中小结式。把在不同章节中，循序渐进地学习的同一事物的属性和变化，集中归纳小结，例如，细胞分裂的知识，是三大遗传规律最本质的问题之一（另一个本质问题就是细胞融合），其中包括无丝分裂、有丝分裂、减数分裂，把这些先后学习的内容进行集中小结，以使学生真正把握细胞分裂知识的全貌。

（4）领悟主题式。通过精要论述或揭示本质的提问，使学生领悟到所学内容的最主要的知识线索或知识主线。比如讲过减数分裂便可以做如下的论述：减数分裂的第一次分裂实质上是配对的同源染色体的分裂，两条同源染色体分别进入了两个子细胞之中。因为分裂开的不是由着丝点联结着的两个染色单体，而是配对的两条同源染色体，所以说染色体减数就此发生。第二次分裂才是由着丝点联结的两个染色单体的分开，也正是由于这时一条染色体含有两个染色单体，所以分开之后而形成的两个子细胞的染色体数目未变，也就是说，这次分裂实际上是一次普通的有丝分裂。一次特殊的有丝分裂，加上一次普通的有丝分裂，才导致了细胞中染色体数目减半的结果。当然，它还决定于染色体只复制一次，而细胞要分裂两次这一根本原因。如果细胞中染色体不是复制一次，而是复制二次、三次，那么，最终所形成的子细胞中的染色体数目就该另当别论了。

（5）巩固练习式。在课堂结束时，恰当地安排学生进行实际应用，使所学到的知识得以强化，又使课堂教学效果及时得到反馈，获得调整下节教学方案的信息。

第三节　结束技能实训

一、实训的要求

（1）首尾呼应，结构完整。课堂教学结束注意与导入互相呼应，有些是对导入时的设疑进行总结性回答，有些是导入内容的进一步延续和升华。教师注意教学过程的首尾照应，不仅保证了教学结构的完整性，更重要的是引导学生建立了知识的结构体系。

（2）语言简练，突出重点。教学结束，教师要紧扣教学中心，梳理知识，总结要点，深化主题。口头语言要做到语音清晰、语速适中，加重语气应能引起学生的注意和重视；书面语言（板书）应当提纲挈领，重点突出。引导学生的认识由感性向理性飞跃，干净利落地结束课堂教学。

（3）形式多样，灵活新颖。每次教学都以同样的方式结束，势必导致学生学习兴趣的降低。总结时，教师使用的方法要灵活新颖、不拘一格，不要简单重复所学内容，要体现变化，并有一定难度。对概念的教学可以采用画龙点睛、概括要点的结束形式；对原理、规律的教学可以采用讨论、总结、归纳的结束形式；对于巩固训练，可以采用点拨方法、提示要点的结束形式。对于低年级的学生，可以采用启发谈话、回顾复述的方式，对于高年级的学生，可以采用抽象概括、整理归纳的方式。

（4）计划周密，总结及时。课堂教学中任何一个相对独立的阶段结束以及一节课结束时，都应严格控制时间，及时总结。特别是临近下课时，总结如果过晚，会导致下课了教学还没有结束，教学效果大大降低，影响学生正常的学习时间。

（5）构建体系，巩固深化。结课时的总结不是知识的简单重复，教师应当引导学生发现知识联系，通过系统化形成完整的知识结构，深化对重要事实、概念、规律的理解。部分内容还要拓展延伸，进一步启发学生的思维。切忌各部分知识支离破碎、互不相干。

（6）巩固知识，启发思维。巩固学生所学知识是总结的主要目的之一，教师要设法将学生的瞬时记忆和短时记忆转化为长时记忆。教师要创设新情境，提出适合于学生水平并有新意的问题，引导学生探讨，启发学生的思维，培养能力，发展智力。

二、实训的设计

（1）观摩优秀教师课堂教学结束部分的录像片段，特别是“知识小结”“练习设计”等，指出所使用的结束技能的类型，并认真做好记录，供小组讨论时使用。

（2）根据“结束技能运用的原则”和“实训要求”，设计一节课的结束（自选），分析是否到达了下列要求。①所选择的结课方式符合教学内容的性质和要求，符合学生的实际情况，符合现有的教学条件。②有明确的目的，设计的结束方法本身有趣，并强化对学生的兴趣。③在结束时的总结与实践活动，能使学生在知识、能力、情感方面有所提升。④巧布悬念，使学生展开联想的翅膀，课止而思不断，收到引人入胜的效果。⑤归结全课、提炼升华、突出重点。⑥结束时已经达成了教学目标。

（3）在训练中，先进行单一型的结束方式的训练，然后再进行综合型的结束训练。

（4）参考表 6-2 对结束技能进行评价，包括自评、他评。

表 6-2 结束技能评价表

评价指标	评价等级				权重	分值
	优	良	中	差		
1. 结束阶段有明确目的					0.1	
2. 结束时安排活动（练习、提问、小实验等）					0.2	
3. 结束内容概括、表达清楚，与本节密切、恰当					0.2	
4. 布置作业明确，每位同学都记下					0.2	
5. 结束环节有利于巩固所学知识，激发学生兴趣					0.2	
6. 时间紧凑					0.1	
总体评价：						

说明：按照百分制给分，评价者在适当评价等级处划“√”。

三、实训教案示例

课题：生命活动的主要承担者——蛋白质　　章节：高中《生物》必修1第2章第2节

执教者：　　时间：

<table>
<tr><td>技能目标</td><td colspan="4">尝试在教学中运用结束技能</td></tr>
<tr><td>教学目标</td><td colspan="4">通过总结和应用，能够说出构成蛋白质的氨基酸的结构特点，并能够运用相关知识解决实际问题</td></tr>
<tr><td>时间（分钟）</td><td>教师的教学行为（讲解、提问等）</td><td>技能要素</td><td>学习行为</td><td>视听教具</td></tr>
<tr><td>1</td><td>通过刚才的学习，我们已经知道并认识了蛋白质的组成结构和功能。接下来，我们一起回忆本节课的知识要点</td><td>提示结束，引起注意</td><td>回顾所学内容</td><td></td></tr>
<tr><td>4</td><td>1. 氨基酸的组成元素有哪些
2. 写出氨基酸的结构通式
3. 判断下列结构式是否是构成蛋白质的氨基酸
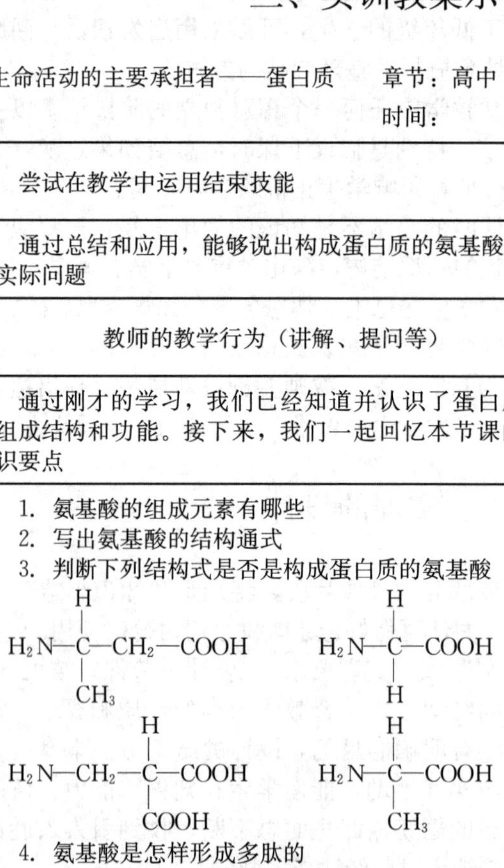
4. 氨基酸是怎样形成多肽的
5. 为什么蛋白质结构具有多样性
6. 蛋白质功能的多样性如何与结构的多样性相适应</td><td>以问题带领学生复习、训练、巩固、提高</td><td>积极思考并回答相关问题，必要时可进行小组讨论、交流</td><td>多媒体课件（展示问题）</td></tr>
</table>

第七章　强化技能

第一节　强化技能概述

强化是一个心理学概念，是对正在建立的条件反射的强调、重复、加强、巩固。强化技能是对一类教学行为的概括。这类教学行为主要是教师依据“操作性条件反射”的心理学原理，对学生的反应采取各种肯定或奖励的方式，使教学材料的刺激与所希望的学生反应之间建立稳固联系，以引导学生形成正确的学习行为，促进学生思维发展。

“操作性条件反射”一词是美国心理学家伯尔赫斯·弗雷德里克·斯金纳（B. F. Skinner）于1953年提出来的。操作性条件反射的主要特征是：机体自发的反应因有强化或无强化的伴随而相应增加或降低重复出现的概率。斯金纳曾经做过一个著名的实验（图7-1）。他设计了一个箱子，箱子里有根杠杆，旁边有一个食盒。每当老鼠用前脚压杆之后，一粒食物就会自动落进食盒。于是老鼠的压杆动作因得到食物而增强。最终老鼠形成了一种习惯，每当想获取食物时便用前脚去压杆。在这一情境中，食物就是一个强化剂，它的出现依随于反应，成为反应的后果，这种后果形成一种反馈作用，引起反应概率的改变。这种能增强反应概率，增强行为重复次数的力量就是强化。

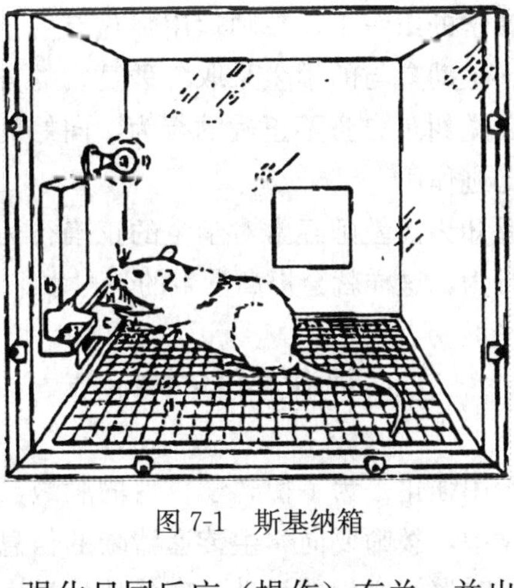

图7-1　斯基纳箱

在操作性条件反射中，强化只同反应（操作）有关，并出现在反应之后。将操作性条件反射的原理应用到教学中，一旦学生出现正确的反应，教师就给予肯定或奖励（即强化）。由于强化出现在学生的反应之后，因此它有很强的导向作用。学生就会在以后的学习中重复那些受到奖励的反应，而中止那些没有受到奖励的反应，这是正强化。正强化包括鼓励、表扬、信任等。同时，教师采用批评、处罚等方式除去某些不利影响，帮助学生作出正确的反应，这是负强化。实践证明，正强化比负强化有效得多，所以在强化方式上尽量多用正强化。

强化技能是教师在教学中经常运用的一种技能。教师要想熟练地运用这种技能，不能单凭模仿，必须对这种技能有深刻的认识。

一、强化的功能

(1) 集中学生学习的注意力。研究表明，在40分钟的一节课中，大多数学生会出现不同程度的“分心”现象，所以，在课堂教学中，集中学生的注意是教学成功的一个重要条件。学生的注意力是集中还是涣散，既有其主观因素，也有外部因素的影响。教师巧妙的运用强化技能，是从外部促使学生集中注意力的有效方法之一。教师对认真听讲的学生给以肯定或表扬、对学生的正确反应给以鼓励或奖赏、对回答正确的学生给以恰当的评价，都能够促使学生将注意力集中到教学活动上，也可以防止或减少非教学因素的刺激所产生的干扰。

(2) 调动学生学习的积极性。启发式教学的特点之一，就是在课堂上增强师生互动，充分发挥学生的主动性。教师不仅向学生呈现教学内容，还要引起学生的思考和反应。教师不仅是知识的传授者，更是学生参与教学、发挥主体作用的调动者和组织者。在课堂上，教师对做出正确反应的学生给予肯定和赞赏，就会调动他们进一步参与教学活动的积极性。此外，尽管有的学生做出的反应不一定完全正确，但教师还是肯定他们参与教学的行动。这样，就会使更多的学生学习和效仿，从而调动全体学生主动参与教学活动。

(3) 引导学生形成良好的行为习惯。实验和研究已经表明，运用强化塑造学生的行为是行之有效的。在课堂教学的组织上，教师运用强化有助于形成良好的学习气氛。教师对遵守纪律、认真听讲、主动参与的学生采取各种赞赏的方式，能使做得好的学生做得更好，做得较差的学生自觉纠正自身不正确的行为，向好的同学学习。这对学生形成并巩固正确的行为能起到促进作用。

(4) 促使学生牢固掌握知识。教师经常对学生的正确行为给予赞赏和表扬，有助于学生巩固已经建立的反应行为，这样就会提高学生的学习水平。

二、强化的基本环节

(1) 提供机会。教师运用强化是为了使教学材料的刺激与所希望的学生反应之间建立稳固的联系。在课堂教学中，教师要向学生传递清晰的信息，认真观察学生的反应和行为，倾听学生的叙述，及时巡视学生的活动，充分估计学生可能出现的情况，以便迅速确定学生行为的正误，给学生提供表现自己、做出反应的机会。这样，教师才能“看到”学生的反应，并对其正确的因素给以强化。在生物教学中，可采用提问、让学生做习题、让学生做实验或对别的同学的反应做出评价等方式给学生提供做出反应的机会。

要给学生一定的思考时间。当学生的表达不太清楚或教师未理解其含义时，可进一步询问学生想要说什么或做什么，让学生把自己的意图表达清楚。

（2）做出判断。学生对老师所给出的问题或任务做出反应时，教师应迅速而准确地对学生的反应做出判断和预测。要善于捕捉学生反应中出现的有价值的因素，做出恰当的判断，调动学生的积极性。如果不能一时做出准确判断，就要避免武断地给出结论。

（3）表明态度。教师对学生的反应行为不能做出一个非常模糊、笼统的肯定。必须让学生明白，教师表彰或肯定的是他的哪些行为。在此基础上，面向全班，对其反应行为给予充分的肯定。

第二节　强化技能的类型

按照强化的方式，可以分为语言强化、动作强化、标志强化和活动强化。按照强化的时机，可以分为即时强化和延时强化。

一、语言强化

教师用语言评论的方式对学生的反应或行为效果表示他的判断或态度，引导学生行为指向正确方向。根据判断语和引导语的直露或含蓄程度，可以分为直接语言强化和间接语言强化。

（1）直接语言强化指教师用语言直截了当地对学生的行为加以肯定。在学生回答问题之后，教师给予恰当的评价，学生会产生满足感，对其他学生可起到引导作用，从而达到强化的目的。在这方面常用的词语有：对、正确、好、很好、太棒了、进步真快、我很满意、概括很全面、有独到见解、指图方法正确等。

（2）间接语言强化指教师运用含蓄的语言和恰当的表达方式对学生的行为加以鼓励。如有些学生积极回答问题，但表达不清或考虑得不细致，这时教师不应批评，反而要鼓励他：“××同学善于思考，反应敏捷。再想想，还有什么没说到的。”

例如，全班学生正在做“可溶性还原糖、脂肪、蛋白质的鉴定实验”。

教师：我发现杨杰和陈娜一组做得特别好，他们很聪明。将试管架移到自己面前，使操作和观察都更加方便。

（学生纷纷效仿，把试管架移到自己面前操作。）

教师：我还发现李媛和张伟一组做得更好，他们面前只有试管架和试管，其他仪器和药品用过后都及时放回原位，桌面显得特别干净利落，真有点专业水平呢！

（学生纷纷把摊在桌面上的仪器、药品放回原处后，继续做实验。）

教师：现在大家都做完了实验，我要检查一下哪组的试管刷得最干净，哪一组桌面整理得最好。第1，6，12，19，21组做得很好，他们的试管刷得干净，并且都倒插在试管架上。他们把试剂瓶排列成行、标签一律朝外、按高矮顺序摆放，其他仪器摆放也很整齐，他们的桌面既整洁又美观。说明他们有一丝不苟的作风。

（学生纷纷效仿，整理桌面。）

点评：这是表扬个别、带动全体的例子。教师用语言把学生的正确行为上升到更高的层次来肯定，从而把教学要求变成学生自觉的行动。在实验课上，从起始课就运用这种强化方式，可大大缩短学生实验规范化的时间。

二、动作强化

教师用非语言的身体动作或面部表情对学生在课堂上的表现表示自己的态度和情感。下列动作可以强化学生的正确行为：微笑，对学生的表现表示赞许；点头，对学生的表现表示肯定；鼓掌，对学生的表现给予强烈的鼓励或赞同；接近，表示对学生的活动的关注和兴趣；接触，用拍拍肩膀、摸摸头等动作对年龄小的学生表示赞赏。

研究表明，在动作强化技能中，面部表情占55%。面部表情在信息传递方面之所以占有很大的比重，主要是因为人对视觉信息的接受比听觉信息的接受更为灵敏。在教学实践中，教师微笑着倾听学生的表述比面无表情地看着学生要好得多，教师以眼神和手势助讲比单调叙述要生动得多。这也表明好的教态是教师的一种基本功。

例如，学生完成实验（加热试管中的液体，停止加热时，用酒精灯帽轻轻熄灭火焰，再拿走灯帽，停留一会后，盖好灯帽、并把酒精灯放回原处）。

（教师在学生旁边注视着他的操作，学生抬起头后，用赞许的目光、微笑、点头，给以肯定。）

学生练习（做课堂练习）。

（教师巡视，有时在学生面前停留。给提前做完的学生当面阅示，并布置新任务，看到解题既快又正确的学生，流露出高兴的情绪。）

动作强化具有直观形象的特点，但是动作和表情必须与教学内容紧密配合，繁简适度，分寸适当，避免过分夸张以致喧宾夺主。为了接近学生，教师可以在课堂上适当走动，以增加课堂上的融洽气氛，但在走动时必须动作轻缓，姿势端正自然，不要做出过多的动作而分散学生的注意力。教师在接近学生时还应注意停留的位置及与学生保持适当的距离。

在课堂教学中，教师的动作强化伴随语言强化同时出现，这往往能获得更好的强化效果，这是由于动作强化与语言强化结合能够使学生更强烈地感受到教师的鼓励和肯定。

三、标志强化

标志强化指教师用各种色彩鲜明的标志符号，对学生的学习成绩和行为进行肯定和鼓励，以强化学生的正确行为。如：对学生在黑板上做的正确答案后面打红色对勾；在学生的作业上写“好!”“优秀!”“有进步!”等简短评语；对学生在黑板上写下的答案，用彩色粉笔绘出点、线、图、框来进行标记；对于初中学生采取加盖“红星”“红旗”图案；对于高中学生，将好的作业或试卷、学生的进步图贴墙，都可以达到强化的效果。

标志强化不仅用于强化学生的正确行为，也用于纠正学生的错误反应，明确指出哪些题目做错了，操作不认真，回答不完整，等等。对学生的错误行为和反应及时加以标志，实际上也是为了引导其走向正确，这二者是相辅相成的。对错误行为的标志一定要适度。有的教师对不及格的作业打丑小鸭的标志，显然会刺伤学生的自尊心，绝不能采用。

例如，实验报告讲评（初中）

教师：（向全班一一展示五份实验报告，上面印有“优秀”字样的红印章）这五份实验报告格式规范、书写认真，分别是张宁、钟强、孟欣、邓杰和刘燕的。下课后请课代表贴在墙上供大家观摩学习。我希望下次大家都能写得这么好。

说明：学生很喜欢上生物实验课，但由于是初学生物，还不大会写实验报告，也不大重视实验报告。因此，一些学生的实验报告往往写得不规范、不认真。采用标志强化的结果是提高了学生的重视程度，第二次的实验报告有一半学生达到了优秀。

四、活动强化

教师指导或调控学生用自主行为和自我活动参与教学过程，以强化学习效果，在教学活动中对善于思考、积极回答问题的学生安排一些特殊的个别活动，以示奖励或激励。比如：让他向全班同学阐述自己的见解；对其他同学的发言发表意见；让他把自己的解答写在黑板上；代替老师进行演示实验；代替老师检查练习；公布其答案并予以表扬；给学有余力的同学布置新的、更高层次的学习任务。

例如，习题解答。

教师：请大家看题，“在生产者中，某种雌雄异株植物有宽叶和窄叶两种类型，宽叶由基因B、窄叶由基因b控制，等位基因位于X染色体上，基因b使雄配子致死。两亲本杂交，后代全为雄株，且宽叶和窄叶各半，则双亲基因为＿＿＿＿＿＿。”下面就开始做。

（学生解题）。

教师：（巡视）我发现韦华的解法跟多数人不一样，但他算得又快又准确。请你把解题过程写到黑板上，再说说你的思路。

（学生板演并说明自己的思路和解题过程）。

（教师站在一旁认真地听，并不停地点头，表示赞许）。

说明：良好的思维品质表现为思维的逻辑性、敏捷性、灵活性、创造性等方面。当学生在学习中表现出了这些品质时，教师及时给予强化，可以促进学生的思维发展。

五、即时强化

教师在学生回答完问题或完成某项活动之后，立即表明态度，明确哪些行为是正确的，哪些行为是错误的，以使学生迅速得到肯定或奖励，从而产生较强的学习效果，这就是即时强化。从学生认识过程看，即时强化对于增强感知、理解和记忆都有很好的效果，能够使学生避免许多易发生的错误。教师在课堂教学过程中所进行的强化大多数属于即时强化。

即时强化仅指强化的时机而言，其强化方式仍为语言强化、动作强化、标志强化和活动强化等几种，或其中某几种强化方式的综合。

六、延时强化

延时强化是教师对学生的反应或某种活动并不立即表明态度，而是在间隔一段时间之后再对以前的学生行为进行强化，以产生一定的教学效果。教师对学生的作业或阶段性测验进行评判，学生只有在拿到作业本或试卷才能看到，这就是延时强化。有时候，教师有意识地将强化的时间滞后，在适当的时候再来针对学生已经发生过的反应和行为表示态度。这种延时强化往往有着即时强化所没有的效果。例如，教师发现一名同学使用了一种很好的解答某类遗传题的方法，本来打算马上表扬，但是下课时间已到，于是教师在下节课设置变式训练，待这名同学完成之后，请这位同学再来示范，就属于延时强化了。这种强化方式可以使该生留下更深的印象。

第三节　强化技能实训

一、实训的要求

1. 强化目的要明确具体

在课堂教学中，教师对学生进行强化的目的要与教学目标一致。教师并不是对学生所有的正确反应都给予强化，应当对与达到教学目标有着密切关系的学生的正确反应给予强化，对有助于学生巩固、理解、记忆和灵活应用的反应和行为给予强化。通过强化必须将学生的动机、兴趣和注意集中到教学主题上来，提高学生参与教学活动的意识，并以正面激励为主，促进学生正确行为的发展。

2. 强化内容要准确适度

教师的强化一定要准确，使强化落实在教师所认定的学生反应和行为上。在这方面应注意：及时发现学生的正确行为并迅速进行正面强化；如果学生的反应和行为不完全正确，也要对其合理的部分进行正面强化；当学生一时不能做出正确的反应和行为时，不能简单地予以否定，而应选择恰当方式，如再让学生完成一个适合其长处的活动以表现自己，从另一个角度对其进行强化。

强化的准确性还在于强化要适度。如果强化过度，反而会分散学生的注意力，如对初中生采取鼓掌强化，会有好的效果，但在高中班级使用鼓掌方式，反而会使作答的学生感到窘迫。又如在动作强化方面，教师频繁地走动或拍学生肩膀反而会分散其注意力甚至引起反感。再如标志过多，色彩太艳，也会使学生眼花缭乱，反而掩盖了应该强化的内容。

3. 强化方式要体现针对性和灵活性

由于学生在年龄、性别、性格等方面的差异，学生个人对强化方式的喜好是不同的。例如，初中学生偏爱教师的直露的赞赏，高中学生则更需要含蓄的鼓励；动作强化中的身体接触对初中生就比较恰当，如频频地抚摸高中学生的头部则是对他们的不尊重和失态；对于内向的学生和开朗的学生必须分别采用个别鼓励和当堂表扬的强化方式。

教师要针对学生的特点，有区别、灵活地采取适合学生个人的强化方式。在一节课内可以交替使用语言强化，动作强化，标志强化和活动强化。即使同一类强化技能，也应考虑灵活多变，避免简单重复同一句话或同一个动作。灵活性应该与针对性结合在一起，根据学生对强化方式的不同需要，灵活地使用适合不同学生个性特点的强化技能。

4. 态度要真诚和热情

在进行强化时，教师的态度必须是真诚、热情和友善的，通过伴随各种语言和动作的情感传递加强对学生的影响。教师的诚恳、期待和热情会深深地打动学生，同样对学生的行为起到强化作用。不恰当的强化，如夸大学生反应的正确程度，教师的语言、态度、表情过分强烈等，将会使学生感到别扭，甚至会被学生认为是虚假的、挖苦人的。

5. 强化时机要注意有效性

把握好强化时机，对提高强化的有效性是很重要的。一般来说，中学生在生物学习过程中需要经过意向、感知、理解、巩固、应用和创造几个心理活动阶段。强化不能只在巩固阶段进行，而应在几个认识活动的阶段都有针对性地进行。由于教学目标层次不同，学生的认识活动阶段不完全一样。中学生物学课堂教学中需要着重在学生的感知、理解和巩固阶段进行强化。如果把强化只放在讲授完全课内容之后，单凭练习或考试来进行，那就是完全错误的了。

对短小、简单的问题或学生作业的完成情况应进行即时强化，这样可给学生留下较深刻的印象；学生对一些比较抽象、复杂的问题或概念、原理的认识，则应等待学生认真思考后再进行强化，以便强化更具有针对性。强化应以即时强化为主，如与学生的反应间隔过长，效果将大为逊色。

6. 外部强化与内部强化相结合

在课堂上，学生的反应或活动既依赖于来自教师的肯定或其他同学的赞赏等外部强化，也有赖于尝试性的预想（或做法）被证实正确、有效而受到激励的内部强化。教师对学生的反应不直接进行评价，而是提供线索帮助和促进学生的预想被证实，实现自我内部强化，这种方式也是必要的。教师在进行强化时，将外部强化和内部强化相结合，往往会取得更好的效果。

7. 与其他技能的结合。

与演示、板书、语言、提问等教学技能相比，强化技能具有更强的综合性和联系性。强化需要与导入、提问、讲解、变化、演示、板书、板图、结束等教学技能紧密结合，需要灵活运用语言和其他教学媒体，需要良好的教态，并成为课堂组织教学技能的重要组成部分。

8. 具备熟练运用各种教学方法和组织各种教学活动的技能和技巧。

强化技能可应用于多种教学方法和教学形式之中。教师在讲解、讨论、复习和组织自学时都可以运用语言、体态、挂图、板图、板书、模型和各种电教媒体进行强化。在条件具备时，还可以在计算机辅助教学时进行强化。强化不仅应用于教师的讲解过程，而且可以应用于学生讨论、阅读和作业练习之中，即伴随各种课堂教学的组织形式。因此，强化绝不仅仅是教师对学生的单向语言信息传递，而是师生之间交互的、学生之间交互的、其他教学媒体与学生之间交互的双向或多向的信息交流。这就需要教师根据不同的教学内容和教学目标，恰当运用各种方法、手段和形式来进行强化。

9. 正确区分相关概念

（1）强化与强调。强化一词的字面意义有增援、支援、加强、加固的含义，但作为心理学中的专用名词则有了特殊的含义，它专指对学生的反应或操作活动中的某些符合教学要求的学生行为进行促进或加强，使其与相应的刺激建立稳固的联系。在强化技能中有一个类型是标志强化。标志强化是教师对学生的成绩采用各种象征性的奖赏物，以表示鼓励和肯定。例如，在学生的作业上加上表扬性的评语，加盖象征奖赏的印章图案等。这是以标志强化物来促进学生的正确行为的一类强化教学行为。

教师在讲解重点和关键地方的板书中加标志（如彩色圆点，彩色曲线），以引起学生注意的做法，以及在演示实验中，在观察重点处加标志，以引起学生注意的做法，符合加强学习活动的一般意义，但不符合强化的心理学含义，应该说是强调而不是强化。

（2）强化与巩固练习。强化技能中的“活动强化”是指以特殊的个别活动作为奖赏物，对认真思考、勇于答疑的学生进行鼓励。例如，部分地代替教师的工作，帮助教师检查学生的练习等，或对学习成绩优秀，反应敏捷的学生安排一些特殊的独立活动，给他们以表现的机会，以激励他们向更高的标准努力。

教师在教学中，让学生做巩固练习、小组讨论、小组实验等活动是加强或巩固对知识技能的掌握程度，加强的是学生参与教学活动的机会，不是强化技能中所指的“强化”，与对学生的正确反应进行鼓励是两回事。

（3）强化与变化。变换不同的信息传递方式或信息形式，对同一教学内容进行形式不同的反复信息刺激。例如，对遗传部分的题目进行变式训练，这些教学活动是变化而不是强化技能概念中的强化行为。因为它加强的是教学材料的刺激信息，而不是对学生的反应活动进行强化。

（4）强化与提问。在形式上，强化技能与提问技能中教师对学生回答的二次行动有相似之处，但实际上是两类不同的教学行为。强化行为的范围比提问技能广泛，包括对所有符合教学要求的行为进行强化。强化行为是肯定、鼓励，提问技能是引导、启发；在功能上，强化是将学生已形成的尝试性正确认识巩固下来，或提供线索对其进行检验，提问则是引导学生得出尝试性的结论。

二、实训的设计

（1）观摩优秀教师课堂教学录像，指出其在教学中所使用的强化技能的类型。

（2）每个人在规定时间内，写出 10 句正强化的词语或句子。从各个方面设计强化语言勉励不同的学生，如品德优秀、学习进步、体育竞技、艺术提高、劳动积极等。从不同的角度来给学生以强化，如学习进步可以从创新意识、才思敏捷、刻苦努力、坚持不懈、知错就改等角度来思考。提前完成的同学，再写 10 句，检查一下自己有没有突破个人思维定势的潜力。

每个人都将自己设计的语言念出来，相互借鉴，把别人的优秀设计记录在自己的纸上。并要求把这张纸贴床头，每天背诵，使其烂熟于心，以便于在自己今后的教学中，欣赏学生的进步时，经常能够脱口而出。学习委员将全班的记录上传到班集体的群上，今后谁有了新的创意，随时加以补充。

每个人写出 10 条最满意自己的优点，其中能力方面 5 条，形体方面 5 条，当众宣读自己的优点。其他同学认真聆听，根据自己的看法，观察其特点，顺势给予强化，要求迅速、贴切，而不重复。

谈谈自己被强化时的心理感受，为学生营造愉悦的学习心境。

（3）设计两个不同类型的强化技能，编制一段教案，注意不同强化技能类型的恰当使用，然后进行角色扮演，最后重放角色扮演录像，进行评价。

（4）参考表 7-1 进行强化技能的评价的实训。

表 7-1　强化技能评价表

评价指标	评价等级				权重	分值
	优	良	中	差		
1. 强化引起学生的注意力					0.2	
2. 教师采用的强化目的明确					0.1	
3. 强化促进了学生参与活动					0.1	
4. 在教学重点关键处运用强化技能					0.1	
5. 教师在运用强化时热情、情感真诚					0.1	
6. 强化恰当、合适、自然					0.2	
7. 采用多种强化类、灵活					0.1	
8. 整个教学进程自然、顺畅和科学					0.1	
总体评价：						

说明：按照百分制给分，评价者在适当评价等级处划“√”。

第八章　教学语言技能

第一节　教学语言技能概述

教学语言是教学信息的载体，是教师完成教学任务的主要工具。苏联教育家苏霍姆林斯基说："教师的语言修养在极大的程度上决定着学生在课堂上的智力劳动效率。"所以说，教师的教学语言技能是提高教育、教学质量的基本教学技能。

教师的语言表达形式是多种多样的，主要有课堂口语，书面语言和身体语言三种。在课堂教学中，口语是主要形式。板书、作业批语等书面语言，示意性动作等身体语言都是辅助形式。教师的教学语言技能就是教师使用正确的语音、恰切的语义，合乎逻辑的、准确的口语，配合合适的书面语言和身体语言，阐述说明教学内容、问题的行为方式。教学语言技能水平对启发学生思维、引导学生学习及最终实现教学目标都有极其重要的作用。

一、教学语言的功能

（1）教育功能。教学语言既有工具性，又有很强的思想性，这就使教学语言作为教学中的重要手段，在安排表述内容和方式时，带有鲜明的教育性。

（2）启发功能。教学语言是为实现教学目的服务的，课堂教学既要传递学科知识，也要启发学生思维，发展学生智力。教师在教学中要善于运用生动的、启发性的语言。

（3）感染功能。教师在教学中要运用感染性的语言，激发学生学习的热情，融洽师生关系，培养学生良好的情感。

（4）交流功能。教师通过教学语言不断传递信息，及时接受反馈信息，调整教学内容。

二、教学语言的特点

（1）教育性。教师的职业决定了其一言一行都在对学生施加着影响和作用。因此，教师必须有意识地注意语言的教育作用。教师语言教育作用的发挥同教师个人的威信有直接的联系，也同社会、家长对教师的态度有密切的关系。对教师来讲要注意以下两个方面。①应具有高尚的道德品质，为人师表。教师必须具有崇高的品质，以身作则，为人师表。我国古代教育家孔子指出："其身正，不令而行。其身不正，虽令不从。"所以教师要培养学生的优良品质，首先自己要做到言行一致、表里如一、兢兢业业、克己奉公、无私无畏、诚实勇敢。②语言表达要辩证，防止绝对化。世界上的事物种类繁多，千变万化，在讲解它们的共性和规律的时候，我们要考虑到许多特殊和例外，不能一概而论。

（2）学科性。教学语言所传递的是某个学科的教学信息，必须运用本学科的专业用语来进行。因为专业术语是一定学科范围内的共同用语，运用它们进行教学，一说就懂，有利于交流。否则，不但语言不严谨，甚至可能出现错误。

（3）科学性。科学的语言是使教学内容科学准确的重要保证。首先，用词必须准确；其次，必须合乎事物自身发展变化的规律，合乎人们认识事物的规律，必须合乎逻辑。

（4）简明性。教师语言的简明性是由教育、教学的特殊任务所决定的。课堂教学时间有限，要充分利用有限的时间达到教学目标，还要留给学生充足的活动时间，这就要求教学语言必须简洁、明了。教学语言是诉诸学生的听觉，转瞬即逝，语言冗长就会导致学生抓不住重点，影响学生的情绪。

（5）启发性。教学语言的启发性，是指教师的语言对学生能起到调动自觉性和积极性的作用。启发学生充分认识学习的目的；启发学生展开联想，进行分析、归纳、对比、演绎；启发学生的情感认识。

（6）可接受性。教学语言是传递教学信息的工具，要能达到预期的效果，所用的语言必须能为学生所接受。①在发音和节奏上，要避免吐字不清楚、声音过高过低、节奏过快过慢；②注意了解并能运用学生的语言，拉近师生之间的距离；③教学中随时关注学生的反应，要紧密联系学生的思维，选择学生易懂的词句进行讲解。

三、教学语言的基本要素

（1）语音和语调。①对语音的基本要求是：使用规范的普通话，发音准确，吐字清晰；在此基础上，力求音色圆润、流畅、悦耳。②语调，即说话的腔调，是指一句话中声调高低抑扬轻重的变化。对语调的要求是：抑扬顿挫，自然适度。

教师发音不准必然导致学生听课出现障碍，长时间用不恰当的语调进行教学也必然降低学生的接受能力。例如，语调低沉平淡，时间长了就会出现课堂气氛沉闷，学生精神不振、注意力不集中的状况。长时间用高亢的语调授课，也会导致学生的烦燥和厌倦。调查显示，用富有变化的语调授课，会使学生精神兴奋、注意力集中、反应敏捷。

（2）语速和节奏。①课堂教学的语速应该适中，以每分钟180～250字为宜。语速过快让学生听不清楚，过慢又会使人昏昏欲睡。②节奏与语速有一定联系。节奏包括语速的快慢与语音的强弱变化。通过字音的长短变化和停顿的长短变化，伴以语音强弱、语句长短、力度大小有规律的变化，语言表达也就有了节奏变化。把握好语言节奏，有助于加强口语的活力，减轻学生的紧张和疲劳，提高听课效率。

（3）词汇和语法。①生物学科具有自己丰富的概念、原理，词汇则是构成概念、原理的基本单位。教师要在具备丰富的生物学词汇量的基础上，力求用词规范、准确、丰富。②教学口语还必须符合相应语法规则，注重思路顺畅，合乎逻辑规律。

第二节 教学语言的设计

苏霍姆林斯基指出：“教师的教学语言，在很大程度上决定着学生在课堂上的脑力劳动的效率。”课堂教学语言要能够达到将深奥化为浅显，将抽象化为具体，能够激发学生的学习兴趣，引起学生求知的欲望。要达到这样的目标，教师就必须对自己的课堂教学语言进行恰当的设计。将课堂教学的每一个部分（导入、讲解、提问、过渡、总结、评价等）都精心设计好教学语言。

一、导入语言的设计

课堂导入要引起学生学习的兴趣，激发学生学习的主动性和积极性，形成对知识的渴求和期望、尽快知道答案的心理。这自然对导入语言提出了相应的要求。导入语言要生动活泼、幽默风趣；确切恰当，画龙点睛；朴实无华，通俗易懂。

（1）导入语言要生动、有趣。有趣的导入可以使教学内容以新鲜活泼的面貌呈现在学生面前，可以使学生在轻松欢快的氛围中学习，可以最大限度地引起学生的兴趣使其主动学习。如果教师经常只是说“下面我们来学习……”，就难以调动学生学习的兴趣，导致课堂气氛沉闷。

（2）激发学生探求知识的愿望。在学习“生物链和生物网”时，教师这样说：“我们常常说‘螳螂捕蝉，黄雀在后’，这句话中有几种生物？它们之间是一种什么关系？你知道这句话反映了一种什么生物学的现象吗？”简短的几句话，引起学生对现象的深思，架设起已知与未知之间的桥梁，引发学生对新知的好奇和渴求。

（3）具有鲜明的感情色彩。在教学中，教师要注重创设融洽的情境，营造和谐的学习氛围，用充满感情和激情的话语拨动学生的心弦，使其产生共鸣，激起强烈的求知欲望。在学习“自然保护”时，教师先满怀激情地朗诵白居易的词《忆江南》：“日出江花红胜火，春来江水绿如蓝”，一下子把学生的思维带到江南初春那春江、红日、绿水的恬静明媚的意境中去了。结束新课时，教师情不自禁地朗诵赵忠祥先生赞美大自然的《精灵》：“还给天空以蔚蓝；还给河流以清澈；还给草地以鲜美；还给阳光以明媚；还春风的和煦，还森林的茂密；让那消逝的再回来，让已有的不再逝去。”这节课，学生的思绪随着教师的思路，经历了由美好抒情到遗憾痛惜，最后上升到美的追求和创造美的情感历程，从而达到以美育人的目的。

二、讲解语言的设计

生物学教学直接涉及生物学事实、概念、原理和规律的教学。对生物学事实的教学常常采用描述性语言，注重科学性、生动性，对于涉及的空间、方位、时间、数量、单位大小和颜色等要阐述准确。概念的讲解要科学、简明、透切、逻辑严密，既要阐释概念的内涵，又要分析概念的外延。

三、提问语言的设计

提问语言要注意四点：目的性、启发性、针对性、难易适当。要有明确的目的，语言要有指向性，问题不能太随意，尽量避免“是不是”之类的问题。提问的语言要有启发性，促进学生思维活动的顺利开展。提问的语言要有针对性，根据问题的难度和学生的认知水平，有针对性地进行个别提问。提问语言要干净利落，避免单调重复、枯燥乏味。关于提问设计的内容，详见第四章：提问技能。

四、过渡语言的设计

课堂教学的环节与环节之间、问题与问题之间，需要使用过渡语言，过渡语言是课堂教学中的衔接、提示、引导语言。对过渡语言的整体要求是衔接自然、恰当、简洁，使整个教学浑然一体，注重艺术性和趣味性。过渡语言的设计离不开教师深入钻研教材，明确各项内容之间的内在联系，对知识之间的联系和系统性了如指掌。过渡语言的设计方法有以下三种。

(1) 直接陈述。前一个问题自然为后一个问题做好了铺垫。如：“我们已经了解了根从土壤中吸收水分用的是渗透的方式。可是，植物根除了从土壤中吸收水分外，植物生活还需要什么物质呢?”用设问的方式引出“植物对矿质元素的吸收和利用”。

(2) 要点提示。通过过渡语提示前后环节或问题之间的关系。如：“到了20世纪20年代，人们认识到构成蛋白质的氨基酸有多种多样的排列顺序，可能蕴含着遗传信息。20世纪30年代，人们又认识到DNA含有四种脱氧核苷酸，许多脱氧核苷酸聚合而形成DNA。那么，DNA和蛋白质究竟谁是真正的遗传物质呢? 许多科学家为此做了许许多多的实验，进行了很多的尝试和探索。下面请同学们想一想，我们如何设计实验来探究谁是真正的遗传物质呢?”

(3) 设置悬念。利用前面问题推导的结果，制造一种悬念，巧妙引出下文。

师：上周我们很多同学都参加了学校的运动会，参加跑步的同学在第二天早上会有什么感觉?

生：肌肉酸痛。

师：再过一些时间酸痛是否又消失了呢?

生：消失了。

师：为什么会出现这些现象呢? 大家学了“细胞呼吸”就清楚了。

五、总结语言的设计

在部分或者全部教学内容结束时，需要教师对相关知识进行归纳、整理、总结，以帮助学生建构知识的体系，深入理解和记忆。

总结性语言要达到：①语言精炼。总结语言要言简意赅，避免拖沓、啰嗦。②表达准确。总结语言要概括出事物的本质特征。明确、不含糊。③方式多样。要根据教学目标和教学情境而变化，避免语言千篇一律，总是说“今天就上到这里，下课”；避免语调平平淡淡，没有给学生留下什么印象。④规划要早。要有比较充足的时间，更多的时候需要与学生一起进行归纳总结，避免仓促结束，起不到总结的作用。

六、评价语言的设计

评价的目的是为了促进学生的发展。通过客观、准确、恰当的评价，保护学生学习的自信心，让学生保持学习的兴趣，不断克服挫折和困难。

评价性语言要达到：①评价语言要具体、实在。如果教师的评价语言总是“好!”“讲得很精彩!”“很棒!”学生并不知道自己哪里好、哪里精彩，这种评价就无法真正发挥点拨和指导作用。心理学指出，年龄阶段不同，对表扬的需求也存在差异，高年级的学生更需要教师具体指明他们的长处和还要努力的方向，过滥地说“好”可能对学生的激励作用也没用了。②评价语言要个性化、人性化。教师要对学生有充分的了解，诸如学生的兴趣爱好、心理特点、个性特点、认知水平等。只有在充分了解的基础上，对学生的评价才可能做到具体、准确，使学生在心理上产生共鸣。③评价语言要多元化。既可以直接表扬，也可以间接表扬。比如，“正如李娜所说，有丝分裂和减数分裂的主要区别在于……”；“大家现在看到的是李娜同学做的装片，我们可以很清楚地看到分生区的细胞”。④批评语言要注意艺术性。一般而言，批评语言要尽量少用，必须进行批评时，需要注意几点：多做调查研究，全面了解事实真相；语言要客观、公正，态度要平等、和气，真情感化；语言要含蓄、委婉，避免威胁、训斥、挖苦、讽刺；注重引导，指出改正的方向，教育更多同学。

第三节　教学语言技能实训

一、实训的要求

(1) 表达准确。教学语言艺术不同于文学语言艺术，它不仅要有形象美，而且要有科学美，这是由教学内容的科学性决定的。因此，教学语言要力求规范、准确、逻辑性强。

(2) 语言简洁。语言大师威廉·莎士比亚说：“简洁是智慧的灵魂，冗长是肤浅的藻饰。”教学语言作为课堂教学的主要手段，以简洁的话语来表达比较丰富的内容，深刻精辟，避免重复。

(3) 生动形象。教师在运用语言描述客观事物或分析问题时，要通过自己的感受、理解、体验，生动地再现客观事物的现象和发展规律，使学生获得深刻的认识和良好的审美体验。

(4) 富有情感。古人云："感人心者，莫先乎情。"语言是表情达意的工具，充满积极炽热情感的语言，无疑能产生像磁性一样的吸引力。

(5) 针对性强。教学对象不同，教学语言也应相应变化。对低年级学生，教学语言尤其应浅显、具体、亲切。对中高年级，教学语言则应深刻、隽永、多变，富于哲理。

二、实训的设计

(1) 组织理论学习。组织参训学员集中学习教学语言技能的基本理论，了解教学语言的类型、功能及应用方式。

(2) 观摩示范录像。组织参训学员认真观摩优秀教师教学的录像片段，认真记录该教师的主要教学语言，指出该教师教学语言的总体特点，具体分析其导入、讲解、提问、过渡、总结、评价语言的优点与不足，并提出改进措施。

(3) 结合一节课的教学实践，按照教学语言技能评价表（表 8-1）中的"评价指标"的要求来进行训练。

表 8-1　教学语言技能评价表

评价指标	评价等级				权重	分值
	优	良	中	差		
1. 普通话讲得标准					0.1	
2. 吐字清晰，声音洪亮，速度节奏恰当					0.1	
3. 语言通顺、连贯，音调有起有伏					0.1	
4. 语言所表达内容规范、条理性好，促进理解					0.2	
5. 语言情感好，有激励作用					0.1	
6. 目的明确，主次分明，表达充分，恰当重复					0.1	
7. 语言有启发性，应变性					0.1	
8. 使用身态语言，目光、表情、动态恰当					0.1	
总体评价：						

说明，按照百分制给分，评价者在适当评价等级处划"√"。

(4) 结合一节课的教学实践，分析教学中态势语的功能和意义，指出其态势语设计的优点与不足，并提出进一步的改进措施。

(5) 练习用态势语表示一定信息：①对学生表示关爱；②安静；③怀疑；④否定；⑤上课；⑥再见；⑦你真棒；⑧你再想想；⑨还是不恰当；⑩高兴；⑪同情；⑫制止；⑬生气；⑭赞赏。

第九章　教学演示技能

第一节　教学演示技能概述

教学演示技能是教师在课堂教学中进行示范操作或运用实验、实物、模型、图片、图表以及电化教学等直观教学手段，充分调动学生的感官，形成表象和联系，指导他们观察、思维和练习的一类教学行为。

从生动的直观到抽象的思维是人类认识发展的基本规律，也是课堂教学所必需的。通过直观教学，学生可以获得具体的、感性的认识，有助于他们的学习。直观教学是知识掌握的开端环节，是领会抽象知识的起点。

中学生物课堂教学离不开教学演示，这是由生物学科的特点决定的。生物学是一门以实验为基础的自然科学，课堂上教师做的教学演示实验是学生获得生物知识的重要途径；为帮助学生认识这些难以直接观察到的事物和理解抽象的知识，还需要运用多种其他直观教学手段才能取得较好的教学效果；学生在学习生物实验的基本操作技能时，更要先观察教师的示范操作。因此，教学演示是中学生物课堂教学必需的活动方式；教学演示技能是中学生物教师必须掌握的重要教学技能。

一、教学演示的功能

直观和理论联系实际是两个重要的教学原则。而教学演示则是课堂教学中的一种直观性手段，是理论联系实际的一种重要方式。教学演示是生物教学中不可或缺的部分，许多生物现象、生物概念、生物功能等都是通过实验获得的。所以，教学演示具有非常重要的功能。

（1）提供直观的感性材料，帮助学生理解和掌握知识。学习常常是从感性认识开始的，学生对生物知识的学习一般是建立在感知的基础上。为此，教师在课堂上要进行实验教学演示，如果没有对生物现象的感性认识，学生学的只是些空洞的条文，谈不上理解，更无法应用。教学演示所提供的模象直观材料还能帮助学生理解和掌握一些比较抽象的知识以及一些难以直接看到的现象和事实。有些单靠讲解不易突破的难点，选择恰当的教学演示就可以得到解决。

（2）提供正确的示范操作，有利于训练学生的实验操作技能。实验技能是中学生物课程标准要求学生掌握的基本技能之一，在学生学习实验操作技能的过程中，教师的示范操作以及在课堂教学中进行教学演示实验时的规范操作都是学生进行动作模仿的原型。

在学生的实验操作技能形成的各个阶段，尤其是初始阶段，需要教师提供正确的示范。通过教师的教学演示，学生可以学到正确的生物实验操作技术和方法。

（3）活跃课堂气氛，激发学生的学习兴趣，提高课堂教学效果。教学演示的趣味性决定了它在激发学生兴趣方面的积极作用。教学演示所展现的新颖、生动的形象，教学演示的成功（主要是实验的成功）和教师操作的熟练、优美，都能唤起学生的注意，激发他们的兴趣和热情。这样，就为取得较好的教学效果奠定了基础。

（4）有利于培养学生良好的观察习惯，提高学生的观察能力。“百闻不如一见”，教师在课堂上对生物现象绘声绘色的描述，也不能代替学生对教学演示的直接观察。教师通过教学演示的事物或现象，引导学生认真仔细观察，让学生对研究的生物现象（如光合作用、蒸腾作用等）获得一个整体的认识。教师可以引导学生通过对比观察，找到现象中的共同点和不同点；通过分步观察，认识复杂现象的变化。

（5）有利于培养学生的思维能力、想象能力。通过教学演示，教师引导学生观察生物现象和事实，从实际出发实事求是地分析具体问题，使学生学会由表及里、由现象到本质、全面辩证地认识问题；同时运用归纳、演绎、逻辑推理等方法研究问题，并启发学生积极思维，理解生物现象的本质和规律。直观教学手段的采用还有助于开发右脑，丰富和发展学生的形象思维。

（6）引导学生在观察中提出问题、分析问题、解决问题。在学生观察现象的基础上，教师引导学生思考、质疑。如在学习“蒸腾作用”时，教师设置实验演示装置，用塑料袋套住植株的地上部分并密闭，观察现象。学生最容易发现袋的内壁附有大量水珠，因而产生了问题：小珠来自哪里？教师再进一步引导学生进行探究解决问题。

二、教学演示的基本环节

1. 设计演示

教师在课堂教学设计时，对于课堂中的演示实验要认真设计，明确教学演示的目的、媒体的选择、演示的顺序，预测演示中可能出现的现象或问题，并对可能出现的意外做好充分准备。教学演示一般是为了解决教学内容所必需的、学生经验所缺乏的、学生直觉经验可能存在一些不足的、抽象结论在应用中造成疑难的问题。选择媒体，要使演示明显客观。安排适当的演示顺序，使演示的呈现便于学生观察、理解、分析。

2. 引导观察

教师结合教学目标和教学内容，指出演示的目的，向学生介绍教学演示的主要程序，提出总的和每一步的观察任务，在教学演示过程中引导学生的注意集中到应观察的现象上，教学演示后让学生确认所看到的现象。这样就能为思考问题打下基础。在教学演示时，教师要对所采取的方法、步骤或呈现出的现象加以说明和解释；还要提出问题，启发学生在感知的基础上进行思考，引导他们运用已有的知识认识新事物，或者为理解概念、原理做好铺垫。在示范操作的教学演示中，教师不仅要介绍操作的方法和程序，还要讲清操作的要领和原理，让学生知道应该做什么、怎么做以及为什么这样做。

3. 控制操作

操作是教师进行教学演示的主要行为。在教学演示时，教师需有意识地控制自己的操作。应做到规范、准确、熟练、快慢适当，便于学生观察和模仿。

（1）教具的放置要考虑明显的直观效果。教具的颜色与背景要有明显区别；高度适宜，让全体学生包括最后排和最旁边的学生都可以看清楚；光照适宜；挂图、屏幕、电视机的位置要合理。

（2）手势和站位要恰当。演示常常需要手势的配合，如用手势指明观察的位置，表示运动的分析和趋势，强调观察的重点。教师的站位不能影响操作，不能遮挡学生的视线。

（3）把握好教学演示的时机，控制好演示的时机和次数，以利于学生对看到的现象进行思考。演示要具有启发性，当学生有了求知的要求但不知道答案是否正确时再演示效果最好。演示不要简单重复，在重点之处可以变换角度、方式进行多次演示。

4. 总结归纳

教师做演示实验，不仅仅是要把生物学现象演示出来，更重要的是要帮助学生深化理解演示内容。为此，演示实验做完后，教师对教学演示呈现的现象或得到的实验数据做必要的记录和整理是不可缺少的，这也是对学生的示范。通过教学演示要初步得出结论并和有关知识建立联系，为进一步讲解或讨论做好准备。教师要注意引导学生从演示实验中总结归纳出带有规律性的东西，达到实验为理论教学铺路架桥的目的。

第二节 教学演示技能的类型

在课堂教学中常见的直观形式有实物直观、模象直观和言语直观。其中实物直观主要是让学生观察实物或教学演示性实验。模象直观是用模拟性的形象提供感性材料。这两种形式的直观教学及电化教学手段的运用，都需要教师运用教学演示技能去实施。

一、模象演示

模象演示使用很多，包括实物、标本的展示，图片、图表、模型的教学演示等。

（1）演示实物、标本。有些实物材料（包括活的生物体、标本、切片等）难以获得，不能分发给全体学生，教师就可以演示实物。具体的方法有：在课桌间巡回演示、学生互相传看、配合其他教具演示、在橱窗中展示、个别观察（实物太小，或演示时间短，或学生比较熟悉）。通过展示实物或标本让学生观察，让学生了解物质的客观存在，认识事物的外部特征。

（2）演示挂图。挂图是生物课堂教学中最基本的教具。演示挂图要注意三点：一是时间恰当。在教学中需要呈现挂图时才展示，不宜过早演示，否则没有了新鲜感，不能引起学生的兴趣；根据具体内容和学生实际决定持续展示的时间。二是教师对视图进行适当指导，可以一边讲解一边准确指示出图像中相应的部位。三是根据需要绘制或使用辅助示意图。例如，学生在观看“突触的结构”示意图时，为了避免学生将该结构与关节的结构相混淆，教师可以手绘两个神经元，并在它们的连接处表示出该结构。

（3）演示模型。模型可以将实物放大或者缩小，为学生建立立体概念。例如，内耳的结构，通过模型不仅可以放大，还便于学生拆分，更加清楚地观看。使用演示模型的时间可以根据需要灵活变化，有时候结合讲课进行；有时候在课后展示，便于学生看清；有时候可以利用模型进行课堂复习。

二、实验演示

课堂演示实验是教师结合课堂教学内容的需要，用演示的方法进行的实验教学，是一种直观教学手段。通过演示实验可以帮助学生形成生物学概念，进一步理解和掌握生物学知识；演示实验还是学生进行观察和获得感性知识的重要源泉，是教师讲解生物学概念、规律的基础，也是培养学生观察力、注意力和思维力的重要途径。

（1）认真做好演示实验前的一切准备工作。①选择仪器装置，熟悉仪器装置的构造、原理和性能；熟练实验技术，做好预演工作。教师要亲自用这些仪器装置做几遍实验，便于熟练掌握操作的技巧，也可发现仪器装置有无故障，若有问题应及时检查修理或校正仪表，并充分估计课堂上可能出现的故障及考虑好应急措施。②估计和掌握实验时间。③认真考虑演示过程如何引导学生进行观察、什么时候要提示什么问题、启发他们积极开展思维活动，教师在备课时都必须做到心中有数。

（2）演示实验讲解须简明扼要、交待清楚、条理分明，要引导学生观察现象的发生和变化过程，使学生对现象的因果关系获得清晰的印象。因此，复杂的演示实验，可以通过示意图配合讲解，能突出实验的重点，便于理解和记忆。示意图要简要明了，重点部位要用彩色粉笔画，比较复杂的装置构造图，可用小黑板事先画好，但关键部位要在课堂上配合讲解画出，这样便于启发学生的思维活动。

（3）避免采取千篇一律的做法，必须根据演示实验的特点和学生的实际情况以及不同的教学目的要求来决定演示实验的方式和方法。

（4）教师注意引导学生仔细观察实验现象并认真记录。为避免学生的观察受到干扰，一方面，教师要把演示桌上面无关的东西收好，并保证操作过程正确；另一方面，教师利用讲解、谈话等方式组织学生进行观察。

（5）如果演示实验没有达到预期的结果，教师要引导学生从各方面分析原因。如果有条件，可以再次重复，或者学生课后操作。

（6）学生可以操作的演示实验尽量由学生来完成，教师在实验过程中注意对学生的引导。

三、电化教学

幻灯、投影、电影、录像及计算机辅助教学等电化教学手段的教学演示是运用了现代科技的模象教学。利用幻灯或投影将要教学演示的形象放大，可以突出展现事物的细部、结构和特征。这种教学演示的优点主要是能够提高效率和有很好的视觉效果，增强了直观性。电影、录像及电脑多媒体软件既可以真实地再现实验、实物和操作的教学演示，又能打破时间、空间及客观条件的限制，生动地展现教学内容，开阔学生的眼界。这种教学演示将画面、音乐、解说、文字结合在一起，有利于引导学生进入特定的教学情境中；此外，这种教学演示具有可以反复播放的特点，有利于学生加深印象、巩固知识。科教影片能向学生传递丰富的信息，集科学性、趣味性、教育性为一体，用它辅助教学可以取得很好的教学效果。

第三节 教学演示技能实训

一、实训的要求

（1）密切联系教学任务。根据教学内容和学生原有的基础决定教学演示的目的，教学演示要有助于突出重点和突破难点。教学演示的内容应该是教学内容所必需的、学生经验所缺乏的、学生的直觉是模糊的或错误的及易造成疑难的抽象知识等；要选样恰当的媒体进行教学演示，教学演示的方法和顺序要有利于学生的观察和思考。

（2）正确选择演示媒体。在设计教学演示时，要充分考虑选择恰当的演示媒体、安排演示的步骤、确定演示的方法、精心制作各种教具。选择演示媒体要符合媒体自身的特点。生物学教师必须熟悉各种演示媒体的特性，充分发挥每种媒体的作用，选择最有效的手段，体现演示的功能和价值。生物教学中所使用的演示媒体的特点归纳如表 9-1 所示。

表 9-1 生物教学中所使用的演示媒体的特点

项目	动感	色彩	声像配合	立体感	真实感	表示空间分布	经济	滞留时间
图片		√			√			
幻灯	√	√			√		√	
录像	√√	√	√√	√	√√	√		√
电脑	√√	√√	√√	√√	√√	√√		√√
模型	√	√		√√	√			
实物	√	√√		√√	√√			
标本		√		√√	√			

注：“√”表示能突出该项特点的程度。

（3）保证操作正确、规范。正确和规范的操作是教学演示成功的基础，也是提高教学演示效果的前提，同时还直接影响到对学生实验技能的培养。教师进行教学演示时，操作要一丝不苟，给学生做出良好的示范。进行实验教学演示时，实验装置要朝向学生。

（4）形象鲜明，直观性强。教学演示所展现的内容要形象鲜明、直观性强，尤其是实验教学演示，要保证成功。在课前要做好充分的准备工作，认真检查所用的设备、仪器、药品等，教学演示的实验一定要预做。

（5）演示与讲解紧密结合。配合讲解使学生有准备、有目的地观察，并引导学生进行积极的思维活动。讲解的语言要简练生动，可根据具体情况采取先讲解后教学演示、先教学演示后讲解或边教学演示边讲解的方法。教学演示只有与讲解紧密结合，才能充分发挥其功能。

（6）实事求是。教师是否有实事求是的科学态度，将直接影响到对学生的科学方法和科学态度的培养。在教学演示时，对出现的意料之外的现象或结果要做科学的分析或解释，一时无法解释的，不要忙于做出结论。对没有成功的教学演示应在以后补做。

（7）确保安全。对易燃、易爆、有腐蚀性的物质在使用时要格外小心，严格按照有关要求和操作规程去做。注意防毒、防火、防爆炸、防触电，确保师生的安全。要有处理意外情况的准备和措施。

二、实训的设计

（1）组织理论学习。组织学员集中学习教学演示技能的基本理论，了解教学演示的类型、功能及实训要求。

（2）观摩示范录像。组织学员认真观摩优秀教师教学的录像片段，并作好记录。指出该教师在课堂演示中做得好的方面以及还需要改进的地方，并进一步提出改进的建议。

（3）准备一段以演示技能为主的技能实训片段，小组内几位同学可以选择同一课题分别准备。在导师的指导下进行角色扮演，小组成员一起观看角色扮演的录像，并分析、讨论、交流，指出好的地方，给出改进意见。经修改后再次进行角色扮演。

（4）结合教学见习中的课堂教学，要求学生分析教学中的演示，分析其功能和意义，并提出进一步的改进措施。

（5）制作一个演示教具，并介绍设计思路及演示方法。有时间的话，进行教学并做演示。

（6）参考表 9-2 进行演示技能评价的实训。

表 9-2　演示技能评价表

评价指标	评价等级				权重	分数
	优	良	中	差		
1. 教学演示的内容符合教学目标和学生的认知水平及需要					0.1	

续表

评价指标	评价等级				权重	分数
	优	良	中	差		
2. 媒体的选择有助于体现教学内容，突出重点或突破难点					0.1	
3. 形象鲜明、直观性强，全体学生都能看到					0.2	
4. 操作规范、熟练，安全可靠					0.2	
5. 善于引导学生观察和思考，得出应有的结论					0.2	
6. 对现象、结果的描述与说明科学、准确、实事求是					0.2	
总体评价：						

说明：按照百分制给分，评价者在适当评价等级处划“√”。

第十章　变化技能

第一节　变化技能概述

变化技能是教师运用变化教学媒体，变化师生相互作用的形式，变化对学生的刺激方式等方法，引起学生的注意和兴趣，把无意注意过渡到有意注意，减轻学生的疲劳，维持正常的学习秩序的一类教学行为。

变化技能是教师必须具备的教学艺术和技巧，它能使教学充满生气，是形成教师教学个性与风格的主要因素。美国斯坦福大学列举的 14 项教学技能中，“变化刺激”的技能排第一位。一个优秀的教师，能够运用变化技能，通过语言的、情感的、教态的、媒体的变化，随时给学生以新的刺激，不断激发学生学习的兴趣，调整和控制学生学习的注意力，这是顺利进行教学，完成教学目标的基础。

一、变化技能的功能

(1) 唤起并保持学生的注意力。教师运用变化技能，可以创造良好的学习氛围，把学生的注意力始终集中到教学上来，使其完全沉浸于教学的意境之中。当讲到重点、难点或关键问题时，或当学生的注意力不太集中时，教师采用一定的方式强调、提醒，可以唤起学生的有意注意，使他们有明确的注意方向。

(2) 引起学生兴趣，激发求知欲。学习兴趣，是学习动机中最基本、最活跃的因素。在教学过程中，不断地变化教学方式，可以引起学生的学习兴趣，使学生总是在高涨激动的情绪中，全神贯注地学习和思考。教师运用变化的技能，可以唤起学生学习热情，活跃教学气氛，培养良好的学习风气。

(3) 兼顾不同认知水平的学生。学生的智力是有差别的，只有承认学生的认知差别，因材施教，才能在不同层次上调动学生学习的积极性和主动性，有利于全面提高教学质量。不同的学生对同一信息的认知水平和接受能力不同。例如，有些学生能够接受语言表达较为抽象的信息，有些学生却需要借助较为直观的教学媒体才能接受这种信息。

(4) 利于学生领会和理解知识。多样化的教学方式和学习活动能够激发学生的学习兴趣，使学生精神振作，不易疲倦。人对客观事物的感知是通过视觉、听觉、触觉、味觉、嗅觉等感官获得信息，并经过大脑对信息加工来完成的。一般地说，在几种感官协同活动下，才能获得对客观事物的全面了解。学生是通过自身的感官来获取信息的。在教学中只有适时、适当地选择和利用各种信息传输通道，或运用变化技能适当地变换信息传输通道，尽可能地调动学生的不同感官，才可以有效地、全面地向学生传递清晰而有意义的教学信息，使学生较好地领会和理解知识。

二、变化技能的基本结构

(1) 做好铺垫。教师要改变教学方式（尤其是有计划地改变教学方式）时，在变化前要做好铺垫，使变化流畅、自然。这样，教学活动的连续性和一致性就不会被割断，也不会分散学生的注意。

(2) 变换方式。根据教学内容和学生听课情况，采用各种变化的方式向学生传递信息。其目的是为了引起学生的注意（停顿、手势、目光接触）；为了充分调动学生的感官，帮助学生领会学习内容（教学媒体的变化）；为了表明教师的态度或情感（声音的变化、动作的变化）；为了活跃课堂气氛、调动学生参与（相互作用形式的变化）等。

(3) 师生交流。不论教师在课堂上采用什么样的变化方式，都必须得到学生的回应。在进行变化时，要注意学生的反应，一定要有（并适当加强）师生间的交流。只有这样，才能使变化发挥应有的作用，达到预期的目的。

第二节 变化技能的类型

生物学教学中的变化大体可以分为五种类型：教学语言的变化、教态的变化、教学媒体的变化、师生交流方式的变化和教学情境的变化。

一、语言的变化

语言的变化包括语调的高低变化、音量的大小变化、语速的快慢变化及语言的节奏变化等。语言的变化对吸引学生的注意力具有非常重要的作用，它可以使教师的讲解具有强烈的吸引力或趣味性，使教学重点更加突出。也可以使不注意听讲或影响别人听讲的学生，尽快扭转视线，安静下来。

为了让学生安静下来，或在重要和关键的问题上抓住学生，有经验和无经验的教师往往在语言变化的处理上是大不相同的。我们在课堂上有时能听到教师这样说："请同学们安静下来！""不要再讲话了！""现在注意听讲！""请同学们不要再动了！"但是，这些话往往不仅不能让教室安静下来，相反还会打乱学生听课的思路，转移注意力，影响学生学习的热情，甚至会降低教师的威信。

有经验的教师则是利用语言的变化吸引学生，例如，利用语调的高低变化，控制音量的大小，调整语速的快慢或突然停顿等，创造一种新的学习气氛，来调动或唤起学生的注意力，使学生同授课教师的思路保持一致。教师在教学时正确运用这些变化，会使语言简洁、流畅、生动而有特色。只有具有特色的语言才具有强烈的感染力。

(1) 语调高低的变化。即声音的高低起伏、抑扬顿挫的变化。这种变化主要是由教学内容来决定的。

（2）音量大小的变化。教学中，要根据数学环境、教学内容、学生状况等的变化而变化音量。当要强调某一概念，或者学生注意力不集中时，可将音量提高，引起学生的有意注意。当描述某一生物学事实，或者学生非常安静而专注时，可适当降低音量。

（3）语速快慢的变化。在正常的情况下，教师讲课的速度应保持在200字/分左右。但在特殊情况下，教师应把讲课的速度放慢或加快，以便引起学生的注意，加深学生的印象。例如，向学生提出某一问题时，教师就应该以较慢的速度把问题说出，让每一名学生都能听清楚教师问的是什么；当教师进一步说出“这是为什么”几个字时，则应更慢。这样可以让每一名学生都进入思考状态。

（4）停顿的变化。讲课要注意节奏的变化，特别是语音的长短变化和语句间的停顿。尤其是在难点比较集中的课上，语句间的停顿非常必要。这种停顿变化的刺激有利于引起学生的注意，并给学生以思考的余地，可使学生在平静的气氛中迸发出思维的火花。

二、教态的变化

教师在讲话时，表情、动作、感官、姿势、位置等都会配合而发生相应的变化，此即教态的变化。教态变化作为有声语言的补充和延伸，能够在教学中传递丰富的信息，促进学生更好地理解和掌握所学内容。

（1）表情的变化。表情的变化主要指教师面部表情的变化。面部表情是情感的流露，而情感是开启学生心灵的钥匙。在教学中师生情感的交流是形成和谐教学气氛的重要因素。因为情感具有动力作用，它是课堂教学得以顺利进行的催化剂。教师利用面部表情的变化传递情感主要表现在喜、怒、哀、乐及其眼神的变化上。例如，教师面带微笑走进教室，学生会从教师的微笑中感受到教师对他们的关心、爱护、理解和友谊。相反，教师带着沮丧的或是满脸怒色的表情出现在学生面前，学生会感到吃惊而不知所措。教师眼神的变化是面部变化的精髓，因为眼睛是心灵的窗口，它是师生感情交流的重要方式。教学中教师应多利用目光的接触与学生增加感情上的交流。一般教师应用眼睛看着学生讲课，这样才能使学生感到亲切。教师的目光与学生目光的接触要求不断变换，从全班到部分学生，从某一名学生转移到另外一名学生，与每一名学生都有目光接触的机会，使学生对教师增加信任感，进一步使学生喜欢教师，喜欢生物学课。教师对学生的目光接触不是随意的，从与学生的目光接触中获得信息反馈，要观察学生是否在注意听讲，对讲解的内容是否感兴趣。在对学生提问时，教师要用目光注视学生，使学生从中得到鼓励，树立回答问题的勇气和信心。在教学中，特别是在讲解或提问中，教师的目光不能游移不定，一会儿看天花板，一会儿看窗外，一会儿又看自己衣服，这对师生之间的交流是十分有害的。

教师在批评学生或鼓励学生时，目光接触也是非常重要的。眼神可以直接表现出批评或表扬，期待或鼓励，疑惑或信任，暗示或警告。教师与学生目光接触运用得好，会收到语言所不能达到的效果。

（2）动作的变化。动作的变化包括头部动作、手势和在教室中的移动等。教师的头部动作是同教师的讲解以及学生回答问题分不开的，它同样是与学生交流情感的一种方式。当教师讲到知识的重要处，头部总要做出相应的动作反应，如头部短暂的静止、侧偏等等，以便唤起学生的注意。当学生回答问题时，头部侧偏，双目注视对方，表现出认真倾听状，使学生感到教师不仅在认真听，而且表现出关注，从而更加乐意回答问题。教师的点头、摇头等动作，可以表示出教师对学生回答问题的各种不同反应，促使学生在回答问题的过程中及时做出调整，或因得到教师的及时鼓励而使问题回答得更顺利。

教师在运用口头语言的同时，以手势助说话，恰当做做手势可以起到强化语义的作用。

教师在教室中移动位置实际上是变换师生之间的空间距离。在教学过程中，教师可以根据教学的需要，通过变换自己在教室中的位置，走近某些学生；在离得近的地方与学生进行语言或非语言的交流，以达到教学的某种目的。

（3）信息传输通道的变化。人对外部世界的感知必须通过各种感官获取，再经相应的信息传输通道传递。从信息传输理论上看，每一种信息传输通道（与人类感官相对应）传递信息的效率不同，不同学习方式的记忆效率不同（表 10-1）。所以，在教学中只有适当地变化信息传输通道，尽可能地使用学生的不同感官，才能有效地、全面地向学生传递教学信息。

表 10-1 感官效率和不同学习方式的记忆效率

感官效率/%		通过各种感官获得信息的记忆效率/%	
味觉	1.0	“读”	10
触觉	1.5	“听”讲	20
嗅觉	3.5	“看”	30
听觉	11.0	“听”“看”结合	50
视觉	83.0	理解后表达	70
动手及描述	90		

听觉通道传递信息的效率虽不如视觉高，但学生不易疲劳，且能为学生展开想象留下余地。在教学中，将一些视觉、听觉媒体与教师的讲解、提问交替使用，可取得更好的收效。

三、教学媒体的变化

实践证明，单一地使用一种媒体，时间长了，必然会导致学生的倦怠，如果教师适时地变换教学媒体，可以使信息的传递更加有效，有利于教学质量的提高。

（1）充分利用课本，教会学生读书。教师指导学生读书可以交替运用重点提示和布置阅读思考题的方法。重点提示是由教师指出阅读段落中的重点、中心或疑难点，由学生边读边想，最后做出回答。提示的关键是指而不明，要有深度和广度，能激起学生的联想，使思路扩展。通过学生阅读思考，从中发现重点、疑难或问题之所在，以达到自我释疑的效果。布置阅读思考题的关键是设计问题。应从各种不同的角度，针对课文的主题提出具有一定难度的综合性问题，以形成学习期待，引起学生的兴趣，激发学生思考，在自学中寻找答案，通过思考问题将课本上的知识，转化成学生的知识，使思维始终保持兴奋状态，从而提高阅读效率。

(2) 充分运用实验，加强直观教学。运用实验，特别是观察实验是生物学教学的特色。学生通过观察实验，不仅可以获得知识，而且能促进实验正规操作的发展。但是，作为老师实验操作一定要规范正确。

(3) 运用电教手段，使生物学教学有声有色。电化教学，是现代科学技术在教学中的运用。就生物学教学来说，是用幻灯、投影、电视、录像、电子计算机等现代化视听工具辅助教师教学。恰当地选择和使用电教手段，可以变换对学生的刺激，唤起学生的注意。每种电教手段各有长处，要充分利用电教媒体动静结合，色彩丰富逼真，立体形象等特点，针对不同的教学内容加以运用。但也要注意不可过于频繁。使用过多，教师不仅容易手忙脚乱，学生也会眼花缭乱。要从教学的实际出发，有目的地进行。

四、师生相互作用的变化

在课堂上，教师、学生和教学内容三者之间存在着相互作用。学生在教师指导下学习教学内容，完成学习任务。教师应采用多种方式与学生交流，了解学生的想法、学习中的问题，以便获得全面的教学信息反馈。这些交流方式有：教师与全体学生、教师与个别学生、学生与学生、学生与教学内容。教学过程中师生的双边活动是十分复杂的。它是在教学当中所发生的多向的连续不断的行为过程，是一系列的行为活动。为了启迪学生思维，教师应在教学过程中注意变换教学方法和学生活动的安排。

教师教学方法的变化。单一的教师讲、学生听的教学方式，会严重抑制学生的学习兴趣和学习的主动性。教师将讲授法、谈话法、讨论法、自学辅导法、练习法、游戏法等有机结合，变换运用得当，会有力地激发学生学习的兴趣，使学生的学习始终处在最佳状态。

学生活动安排的变化。加强学生学习活动的组织指导。比如，在课堂教学中，应根据教学需要安排一定的时间用于学生个别学习、小组讨论等，以激励学生学习生物学的积极性；并注意培养他们的观察力、读图能力、综合分析能力、创造想象能力、自我完善能力等，提高学生学习的自觉性，让学生真正成为学习的主人。

五、教学节奏的变化

课堂教学节奏只有做到快慢结合，张弛有致，才能取得令人满意的效果。教学节奏的变化包括以下几个方面。

(1) 内容详略的变化。课堂教学内容，是教师讲授的宗旨。传授的多寡，要符合学生的认识水平，完整地构建新知识纳入旧知识的阶梯，言简意赅地讲述知识的精华。教师讲课面面俱到，不分详略，不分主次，就像小河中的流水“平平而过”，无波涛起伏，收不到强烈感人的效果。教师要从整体计划、教材的特点和学生实际出发，讲解必须突出重点，突破难点。重点内容要“浓墨重彩”“重锤敲打”，次要内容要“轻描淡写”“轻轻扣击”。难易相间，减小坡度，精心点拨，做到有放有收，详略得当。只有这样，才能把课上得生动活泼，富有节奏感。

(2) 容量大小的变化。课堂教学在容量上应该是有小有大，大小相间。有的课堂小而不大，教师盲目加大课上单位时间的教学量，“马不停蹄”地跑，这个问题还未完，旋即抛出另一问题，甚至提出“连珠炮”式的问题，学生只能“上气不接下气”地赶，绷紧了思维的弦。时间稍长，造成脑力超负荷，产生抑制。也有课堂大而不小，教师慢条斯理，一步一踱，五分钟能解决问题，却费了半节课时间。学生思维化“慢镜头”中已由于刺激集中在大脑皮层的一个区域，就会使大脑进入无兴奋状态，思维停滞。因此，当教学进人最佳状态时，要给学生较重的负荷，较大的坡度和容量，趁学生精神抖擞，或讲或辨，或议或练，或做或演。学练之顶峰持续 20 分钟，将教学大部分内容完成于此，强化于此。

(3) 速度快慢的变化。课堂教学速度，是完成教学任务的动力。快慢要适中，必须根据教字内容和学生思维来适时操作和调整教学的频率，准确掌握教学进程。速度过快，会使学生思维紧张疲劳，“消化不良”；速度过慢，会使学生思维松散，厌倦无聊，“缺乏营养”；速度平稳，会使学生思维呆滞，漫不经心，索然寡味。

在教学过程中，教学要从整体节奏上做到有效控制，使其速度快慢交替，形成有规律的变化。讲到重点或难点内容时，教学速度要缓慢些；讲到非重点和非难点内容时，教学速度要快。如果发现不少同学茫然，或提出问题后，全班学生无一人回答，说明教学速度太快，应舒缓一下，腾出时间让学生去思考或阅读教材，或者是给予适当的铺垫。如果发现不少学生情绪不高，注意力分散，可能是教学速度太慢，或者是教师语言缺乏吸引力，就要适当加快教学速度。因此，教学速度要因课而定，做到抑扬顿挫。有时像飞流直下的瀑布，有时像涓涓而去的溪流。这样才能吸引学生，激发兴趣，开拓思路，促进教学任务的完成。

(4) 思维张弛的变化。“张”是指教学达到高潮，学生处于最兴奋状态，积极动脑进行思维活动的时刻；“弛”就是停顿或休止，是使学生处于轻松的状态，使思维活动放缓或停止。一堂课有了高潮，就能使学生保持一种良好的精神状态，就能达到令人振奋的效果。但是学生长时间紧张的思维活动后，就会导致大脑皮层的疲劳，影响学习效果。这时就要停顿和休止，使大脑“松弛”一下，消除精神紧张。因此教学节奏要有“张”有“弛”，“张”“弛”交替，保持大脑清晰，提高课堂教学效果。

(5) 语调高低的变化。从教学的声调上讲，要做到声情并茂。声音抑扬顿挫，庄重典雅，使声神融汇，相得益彰。语调有变，做到随境而迁，为文而变，因人而异。高低起伏，有波有澜。讲到重点时，缓和语气声调，音词委婉，清晰。阐述成功经验时，语气宜庄重、生动、铿锵有力；解剖失败教训时，语气应严肃沉稳。诚然有理，声调不能太高震天响，震的耳鸣心烦；也不能嘶哑低沉，听者竖耳挺颈。应有高亢激情的鼓励，也有轻声细语，一堂课有时像山间瀑布，飞流直下，有时像村边小溪，涓涓而去。形成高低相间，轻重交替，声情并茂的教学语言，无疑会将知识的甘泉自然和谐地注入学生的心里。

(6) 活动动静的变化。课堂教学要做到“动”“静”结合，以“动”制“静”或以

“静”制“动”。课堂上既要让学生积极参与活动，通过自己动眼、动脑、动手、动口去获得知识，又需要一定的静止状态，进行教学的停顿、休整。一首动人的乐曲，总有休止，教学也是如此。教师讲了一段时间以后，让学生有静心回味的时间，以缓解神经的紧张。教师提问，不要让学生急于回答，要给学生思考的时间。课程进行到一定阶段以后，要给学生自己支配的时间，使课堂既有生动活泼的气氛，又有静心回味的时间，呈现多姿多态，这样才能达到“此时无声胜有声”的效果。

(7) 环节松紧的变化。课堂教学环节，是连接课堂教学结构的纽带，链条的扣节。必须按照教学规律去组织衔接，正确处理“主导”“主体”“主线”的关系，合理设置教学内容和时间。一节课的教学环节，搞单一式的“满堂灌”不行，搞均衡式的“平分秋色”也不行，搞琐碎零乱、无度无序、只求热闹的“花架子”更不行，这样会给学生带来不良感受，从而影响他们的思维效果。教师必须审时度势，将课堂教学按轻重缓急设置好各个教学环节，包括搭桥引路、探究获取、记忆巩固、归纳总结、灵活运用等；又要控制讲、练、测等环节，使做、看、讲、练纵横贯穿，协调搭配。环环相扣，有紧有松，这样才能使课堂教学环节按其特点和规律有节奏地进行，从而达到预期的教学目的。

第三节　变化技能实训

一、实训的要点

(1) 符合教学目标。在课堂教学时，要根据教学的需要和学生出现的情况，针对不同的教学目标运用变化技能。不能脱离教学的主题，单纯追求形式的变化。

(2) 要有针对性。教师在课堂教学中运用变化技能，必须同课堂气氛、教学情境以及学生的具体情况协调一致。运用变化技能要因人、因事、因时而异。教师只有采用不同的、有针对性的变化技能，才能取得理想效果。

(3) 注意教学的连续性。变化技能的运用不能跳动太大，不能太突然。同一变化技能在同一堂课上不能过于频繁使用，不同的变化也不能运用过多，过多的变化会使教学杂乱无章，甚至有可能互相干扰。

(4) 注意控制变化的程度。教师运用变化技能，不仅在方式上要有所选择，在程度上也要有所控制，要做到恰当、适度，因为不同的变化技能具有不同的作用，同一变化技能运用的程度不同，其作用也会有一定的差别。所以，运用变化技能必须把握好分寸，以师生沟通的最佳效果为度。

二、实训的要求

变化技能是教学过程中的辅助手段。它分布于教学过程的各个环节，但不能独立完成一段教学，非语言的表情变化、教态变化也不宜写成微型课教案，因此变化技能应该与其他教学技能结合在一起训练。例如，在训练导入技能的同时训练变化技能，此时技能训练的目标就同时包括导入技能和变化技能两项目标。

三、实训的设计

(1) 参训学员集中学习变化技能的基本理论，了解变化技能的功能、结构、类型及实训要点和要求。使用变化技能时要注意哪些问题？举例说明变化技能在生物学课堂教学中的应用有哪些。

(2) 参训学员认真观摩示范教师的教学录像片段，指出该教师使用了哪些方面的变化技能。结合已学习的理论知识边观摩边分析、交流：示范教师哪些方面做得好？哪些方面还需要改进？如何改进？

(3) 以变化技能应用训练为主，编制一段微格教学教案，以小组为单位进行角色扮演并进行教学录像，讨论、交流、评价（表 10-2）。

表 10-2　变化技能评价表

评价指标	评价等级				权重	分值
	优	良	中	差		
1. 设计的各种变化活动符合实际教学目标的需要和教学内容的特点					0.15	
2. 各种变化手段的应用适合学生的经验水平和兴趣特点					0.15	
3. 具体教学情节下的教学变化行为真实自然有较强的感染力					0.25	
4. 师生间的交流密切、不脱节					0.20	
5. 能够结合应用各种变化手段					0.10	
6. 教学过程中情感的发展有高潮，有平静，并取得积极的情感效果					0.15	
总体评价：						

说明：按照百分制给分，评价者在适当评价等级处划“√”。

(4) 结合教学见习中观摩的一节课堂教学，阐述教学中体现的老师的变化技能，分析其功能和意义，分析其优点与不足之处，并针对不足，提出修改建议。

(5) 观看自己教学的录像，分析自己在变化技能方面哪些做得好，哪些还需要改进，如何改进。

(6) 进行变化技能评价的实训。变化技能与其他技能结合训练时，一般对变化技能只进行定性的评价。表 10-2 可以用于对变化技能进行定量评价或定性评价。

第十一章　板书技能

第一节　板书技能概述

板书是教师通过在黑板或投影片上书写文字、符号或绘图等，向学生呈现教学内容、分析认识过程，使知识概括化和系统化，帮助学生正确理解并增强记忆，提高教学效率的一种教学行为。板书技能就是教师在黑板或屏幕上书写和设计文字及其他符号的技巧和方法。

板书作为生物课堂教学中辅助教师口语表达的文字信息，可以系统、概括地展现讲解的内容，能够长时间、多次向学生传递信息，配合学生听课，调动学生的视觉，是课堂教学不可或缺的有效手段。在课堂教学中，教师用高度概括、条理清晰的板书体现教学内容，便于学生做好课堂笔记。学生边听讲、边看板书并记录，会加深对所学内容的印象。板书呈现的系统化知识，不仅有助于理解，还便于保持和重现，这对学生复习巩固所学的知识也是非常有利的。

板书可以帮助学生建构完整的知识体系，有利于学生掌握和巩固所学内容。心理学研究证明，学生视听并用所接受和保持的信息量要高于只用听觉或只用视觉所接受和保持的信息量。有了板书，能够使学生听得更清楚、更准确，理解得更迅速、更正确，记忆得更牢固、更持久。教师运用板书可以将教学内容的知识结构呈现在学生面前，还可表达教学的思路和认识问题的方法。这样，有助于使知识在学生头脑中形成有系统、有逻辑关系的体系，而不仅仅是一些孤立的知识点。

板书有助于学生正确理解教材内容，明确重点和难点。知识的系统化对理解有很大影响，割裂的材料难以理解，系统化的教材便于理解。教师用板书向学生呈现系统化的知识，并可以用些特殊的符号、线条、色彩等表示知识之间的关系或强调重点及关键内容。板书具有调动视觉、可长时间作用等优势，对帮助学生突破难点、加深理解有很好的作用。板书可以为学生提供示范。比如，书写和运用生物用语的示范，规范解题格式的示范，绘图的示范。

第二节　板书的设计

一、板书设计的原则

1. 紧扣教材，富有目的性

板书、板画是起辅助教学的作用，因此必须符合教学目标的要求。生物学教师在设计板书前，必须认真钻研生物学课程标准和教科书，明确教学目标。在达到预期教学目标的前提下，精心设计板书内容。板书要体现教材的重点、难点以及教学内容各部分之间的关系，要帮助学生构建本部分内容的知识体系。设计时，对板书的位置、顺序要计划周密，何时写板书，何时画板画，要做到胸有成竹。

2. 语言精确，富有科学性

通常在课堂教学中板书语言比口语少，但板书语言是留在黑板上的，因此对其用词的准确性及科学性要求就高了。在板书中出现的生物学名词、概念、图表、公式等必须准确、规范、科学（张迎春和汪忠，2003）。例如，人为地将精子和卵细胞结合称为人工授精，而在自然条件下精子与卵细胞结合称为受精。“授”与“受”，表达的意思是不一样的。有些出现频率较高的错别字，教师还可以指导学生进行一些归纳。

（1）音同别字。学生听讲时只“听说”了某个名词术语，但没动笔写或写得少，因此在答题时写了别字。常见举例（括号内为错别字，以下同）：液（叶）泡、神经（精）系统、无丝（私）分裂、必需（须）氨基酸、异养（氧）型、需氧（养）型、反射弧（狐）、萎糜（靡）不振、心率（律）加快、心律（率）异常、黏（粘）膜、组织胺（氨）、核移（遗）植、测（侧）交、交叉（插）遗传、突触间隙（细）、竞（竟）争、纯合（和）子。

（2）音近别字。学生上课时没有听清老师所讲内容，只记住某个内容的轮廓，课下也没有看书复习，所以在作业和考试中写了别字。常见举例：线（细）粒体、协（likely）同、幼仔（子）、应激（急）性、猫叫综合征（症）。

（3）形似别字。学生的文字功底极差，虽然记住了某个概念，但受到形声字的干扰，极易写出别字，这在错别字中占主要部分。常见举例：拟（似）核、囊（馕）膜、抑（仰）制、单倍（位）体、维管束鞘（梢）细胞、鉴（监）定、凝（疑）集素、赖（懒）氨酸、抗原决定簇（族）、愈（俞）伤组织、孢（狍）子生殖、酪（络）氨酸、嘌呤（吟）、嘧啶（淀）、解旋（旎）、干扰（优）素、色盲（育）、诱（锈）导酶、基因频（濒）率、隐（稳）性、镶（襄）嵌、曝（暴）光、扦（纤）插、内分泌（沁）。

（4）音近形似别字。与上述原因相同。常见举例：蛋白胨（栋）、蔗（遮）糖、抽搐（畜）、肽键（建）、缢（溢）裂、蒸腾（滕腠）、反馈（溃）、生殖（值）、发酵（哮）工程、噬（筮）菌体。

（5）惯性写别字。对知识记忆不清，似是而非而出现的“疑似”错别字。常见举例：蛋白质（蛋白蛋）、球状胚体（胚状球体）、脱水缩合（缩水脱合）。

（6）少数是错字。添加或更改笔画，写成错字；将一些不常见字和难写的字写错。常见举例：携（将提手旁写成单人旁）带、拮（将提手旁写成单人旁）抗、染（将九写成丸）色体、矮（将女写成乃）、囊（加上月字旁）膜、睾（将幸字写成辛字）丸。

3. 神形皆美，富有示范性

板书设计是一门艺术，其质量高低，直接影响课堂教学效果。因此，板书的审美化要求板书设计要站在美学的高度，在充分研究和挖掘教材的基础上，设计出富有艺术美感的板书。书写文字要正确、工整、笔画清晰、笔顺规范、大小适当，要规范使用生物用语。一行字要写平直，书写时身体不要挡住学生的视线。画图时，要注意大小比例恰当，要掌握基本的绘图笔法。不但具有文字书法美、结构精巧美、构图造型美、色彩和谐美等形式美感，还要具有内容严谨有序、语言科学精炼等内容美。从而以“形美＋神美”的板书提高教学效果，培养学生审美能力和创新能力。

4. 设计独到，富有艺术性

板书设计要匠心独运，而又有艺术性。主板书和副板书要布局合理。主板书应写在黑板正中或中间偏左的位置。作为主板书的补充，如对一些问题的说明，对学生的提示等随时写在黑板上的板书是副板书，副板书一般写在黑板的两侧或右侧。对主板书合理地布局能起到便于讲解、利于学生领会知识的作用。布局还包括教师要合理地配置板书与教学挂图、投影屏幕的位置，以利于学生听课、观看和记录。

5. 言简意赅，富有启发性

板书既要言简意赅，又能引发思考，激发学生的求知欲和想象力。

6. 条理清楚，富有系统性

板书要条理清楚，层次分明，反映教学内容的逻辑关系，具有系统性和整体性。为使板书能够科学、系统、概括地反映教材的知识结构，教师应从板书标题的确定、类型的选择、各项内容出现的先后、各部分之间的呼应和联系以及文字的详略、符号的运用等方面组织安排好板书内容。板书内容要相对完整，支离破碎的板书无助于学生的学习。

7. 重点突出，富有条理性

牛物学科的教学内容本身就有其内在的层次性和逻辑性，这种层次性和逻辑性可以通过板书很好地体现。板书是对教材的高度概括和浓缩，要做到重点突出，纲目分明，详略得当，帮助学生在有限的课堂教学时间内了解全貌、抓住要领。

8. 有的放矢，富有针对性

板书要有针对性，易错、常错而又重要的内容可以采用强调性符号，使学生加深印象。不同的教学内容，需要有不同的板书设计；就是相同的内容，板书的内容与形式也应随教师的教学风格和教学侧重点的不同而不同。

9. 掌握时机，富有灵活性

板书的时间必须与讲解统一，与其他教学活动相配合。板书内容的书写、投影片的展示，要把握好时机，力求顺理成章，避免随意性。在一般情况下，全课标题在导入新课后书写，各部分板书则依具体情况而定。具有启发性的板书应写在推导过程之前；具有系统性的板书，应待瓜熟蒂落，写在分析推理之后。绘图应在准确的前提下尽量迅速，以免分散学生的注意力。板书保留时间的长短应符合教学的需要。

二、板书设计的类型

板书有两种，一种是教师在对教学内容进行高度概括的基础上，提纲挈领地反映教学内容的书面语言，这种板书往往写在黑板的正中，称之为正板书。正板书是教师在备课过程中精心设计的，是教案的一个组成部分。另一种是在教学过程中，因为学生听不懂或听不清，或者作为正板书的补充或注脚而随时写在黑板上的文字，此板书往往写在黑板的两侧，称之为副板书。这里主要讨论正板书。

教师从有利于体现教学内容和学生的学习出发，确定板书的编写形式。在生物课上，主要有以下几种形式的板书。

1. 提纲式板书

以教学内容的内在联系为逻辑主线，将知识要点依次排列，把教学内容和讲解顺序，用简明扼要的文字提纲挈领地反映出来的板书称为提纲式板书。提纲式板书是对一节课的内容，经过分析和综合，按顺序归纳出几个要点，提纲挈领地反映在板书里。这是常用的板书形式。其特点是条理清楚、重点突出，便于学生抓住要领。

要注意板书中纲目关系的一致性（条理分明，利于学生从整体上认识问题）；要突出关键字词的作用（根据需要进行筛选、缩略或编拟来突出关键词）；要注意板书学生发言中的相关素材，主要包括：摘要型（摘取其中核心字句为突破口），概括型（简明扼要地揭示本质和规律），显微型（对某主题内涵与外延作逐级解剖），设疑型（纲目以问题形式导入，解决问题时形成提纲）。例如，高中生物“组成生物体的化学元素”的板书设计（图 11-1）。

1. 组成生物体的化学元素

根据含量不同，分为大量元素和微量元素

大量元素：C、H、O、N、P、S、K、Ca、Mg

微量元素：Fe、Mn、Zn、Cu、B、Mo

2. 重要作用：

最基本元素：C

基本元素：C、H、O、N

主要元素：C、H、O、N、P、S

作用：构成原生质、组成化合物、影响生物生命活动

3. 统一性和差异性

图 11-1 “组成生物体的化学元素”的提纲式板书设计

2. 总分式板书

这是把文字或简单图示用线条或框图联系起来的板书。这类板书的特点是能抓住知识的主干，由“主干”分出各个分知识的“树枝”。其特点是概括性强，条理分明，从属关系一目了然，有利于学生整体理解和掌握知识的总体结构，理解比较复杂的内容。例如，高中生物“细胞增殖”的总分式板书设计（图 11-2）。

- 细胞不能无限长大
  - 细胞不能无限长大的原因
  - 细胞大小与物质运输的关系
- 细胞的增殖方式
  - 有丝分裂
    - 细胞周期
      - 分裂间期
      - 分裂期
        - 前期
        - 中期
        - 后期
        - 末期
    - 植物细胞的有丝分裂
    - 动物细胞的有丝分裂
    - 观察根尖分生组织细胞的有丝分裂
  - 无丝分裂
  - 减数分裂

图 11-2　“细胞增殖”的总分式板书设计

3. 表格式板书

表格式板书是根据教学内容可以明显地分项的特点设计的。这种板书是把有关内容分门别类列入表格，通过表格来整合比较各知识点的个性和共性。其优点是类目清楚、对照鲜明，便于学生进行对比和建立联系。表格式板书可以用来训练学生思维的条理性，促使学生记忆的整体化以及记忆力的提高。它较多用于内容复杂的知识组块，通过列表将事物之间的显著差异或相似的关系清晰地揭示出来。表格式板书在生物课上常用于一些基本概念和原理的教学，通过归类、对比，从而认识其异同和联系。例如，“有氧呼吸与无氧呼吸的区别与联系”板书设计（表 11-1）。

表 11-1　“有氧呼吸与无氧呼吸的区别与联系”的表格式板书设计

比较项目		有氧呼吸	无氧呼吸
不同点	场所	细胞质基质和线粒体	始终在细胞质基质
	条件	需分子氧、酶	不需分子氧，需酶
	产物	CO_2、H_2O	酒精和 CO_2 或乳酸
	能量	大量，合成 38ATP	少量，合成 2ATP
相同点	联系	从葡萄糖分解为丙酮酸阶段相同，以后阶段不同	
	实质	分解有机物，释放能量，合成 ATP	
	意义	为生物体和各项生命活动提供能量	

4. 计算式板书

在生物计算教学中，教师既要启发学生的思维，使学生掌握解题的思路和方法，还要让学生用规范的格式解题。因此，生物计算教学中的板书，要体现学科知识间的逻辑关系、数学运算的逻辑关系以及规范的解题格式。

5. 图解式板书

当缺乏直观教具或者实物，用语言难以透彻表述时，借助图解是较好的手段。运用点线、符号文字、数字、线条、关系框图等来表达，将原来比较抽象的概念具体化，引导学生在具体形象的基础上建立起科学概念，并返回到概念的抽象理解上，将复杂的问题简单化。教师一边讲解一边将教学内容所涉及的事物的形态、结构等用线图画出来(包括模式图、示意图、图解和图画等)，直观形象地展示在学生眼前，还可以附加简要的文字说明，引导学生归纳、理解、掌握所学内容。复杂的图示需要教师具有较好的徒手画能力。“图解式”有多种，如“发散式”、“示意图式”、“板画式”等。

例如，学习“内环境”时，可以在讲解过程中绘出“板画”演示（图 11-3）。在学习“细胞周期”时，设计出如图 11-4 的“示意”式板书并设计相关问题，帮助学生深入理解“细胞周期”的内涵和外延。在复习时，可以通过“发散式”板书将与染色体有关的概念综合在一起，将高中生物章、节之间的相关知识点有机地结合起来（图 11-5）。

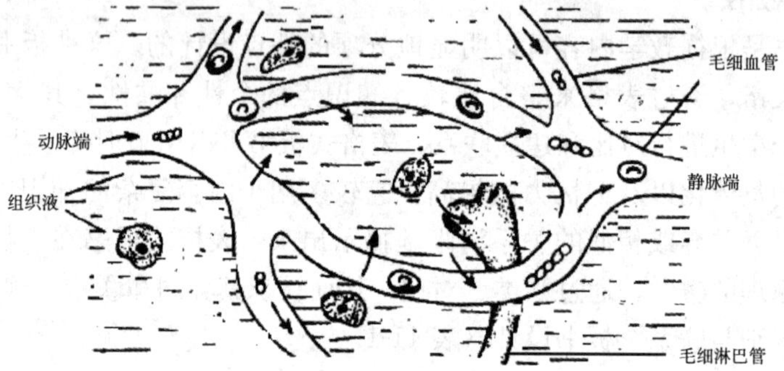

图 11-3 “内环境”的板画式板书

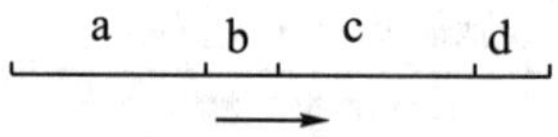

图 11-4 “细胞周期”概念的示意式板书

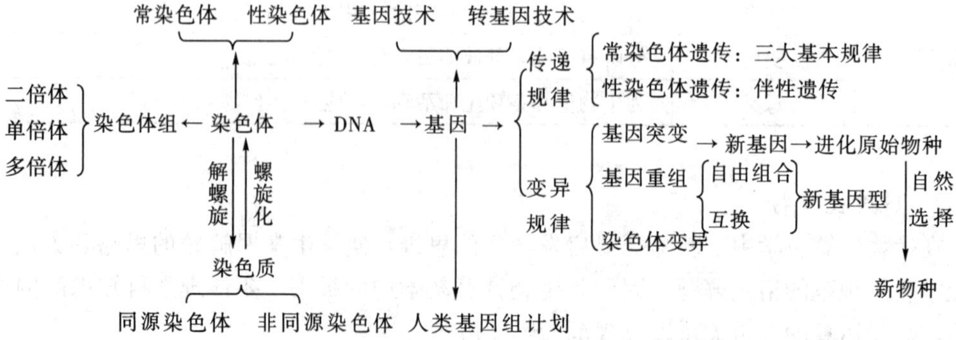

图 11-5 “遗传变异”有关内容的发散式板书

6. 流程式板书（递进式板书）

教材内容在知识上连续性强，一环扣一环，层层深入，脉络清晰，形成一个连续的发展变化过程，一般采用“→”符号来连接板书的各知识点。例如，“人体消化道的组成”和“人的听觉的形成”可以板书如下。

人体消化道的组成：口→咽→食道→胃→小肠→大肠→肛门。

人的听觉的形成：声波→外耳道→鼓膜→听小骨→耳蜗→位听神经传导→听觉中枢→听觉形成。

7. 链接式板书

现代教学普遍使用多媒体，有些板书的内容已经通过多媒体课件展示出来。将知识网络做成超级链接，通过点击链接，层层递进，较好地反映由概括到具体、由主干到分支的知识体系，这是多媒体辅助教学中常用的一种板书技法。其特点是脉络清晰、层层深入，有利于锻炼学生的发散思维能力。例如，高中生物总复习时，以生命的结构层次为例，从低层次到高层次归纳一条主线揭示相关知识点之间的内在联系（图 11-6）。

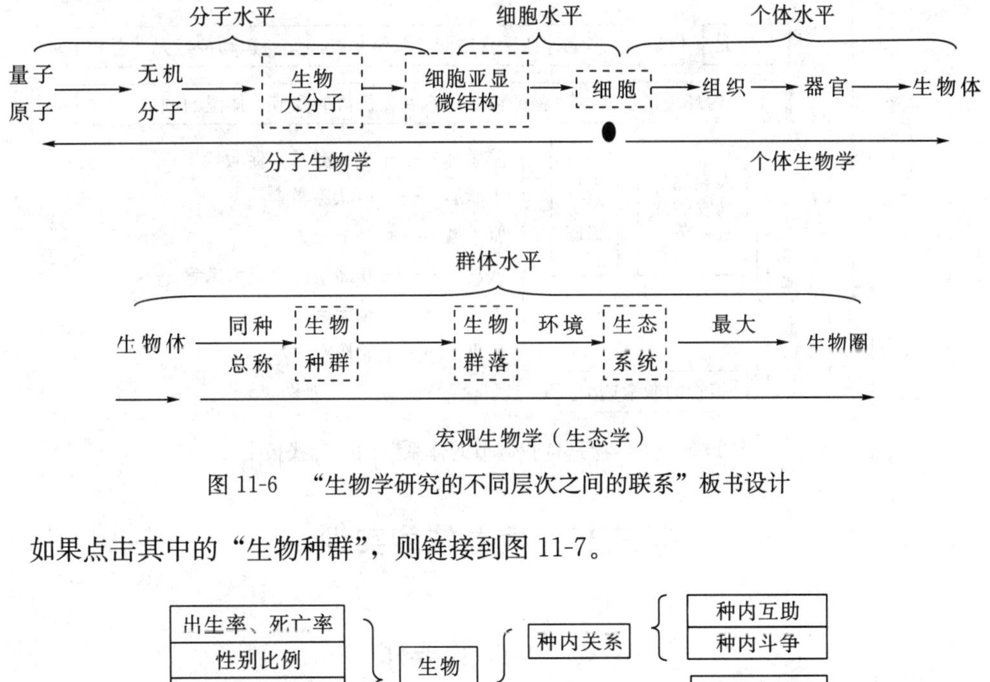

图 11-6 “生物学研究的不同层次之间的联系”板书设计

如果点击其中的“生物种群”，则链接到图 11-7。

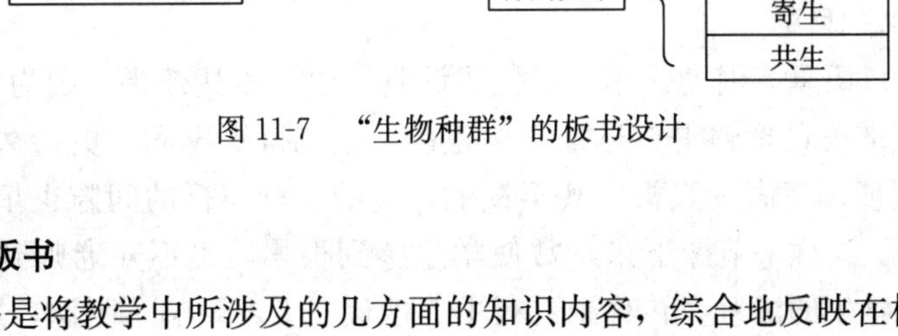

图 11-7 “生物种群”的板书设计

8. 综合式板书

综合式板书是将教学中所涉及的几方面的知识内容，综合地反映在板书里，或将零散的知识“串联”和“并联”起来，形成系统化的知识网络。这种板书比较适用于复习课。例如，“生物是自我调节的体系”的复习（图 11-8），就可以采用这种形式。这种形式的板书，由于将散乱的知识系统化，不仅便于理解和记忆，而且便于知识迁移和培养学生的综合运用能力。

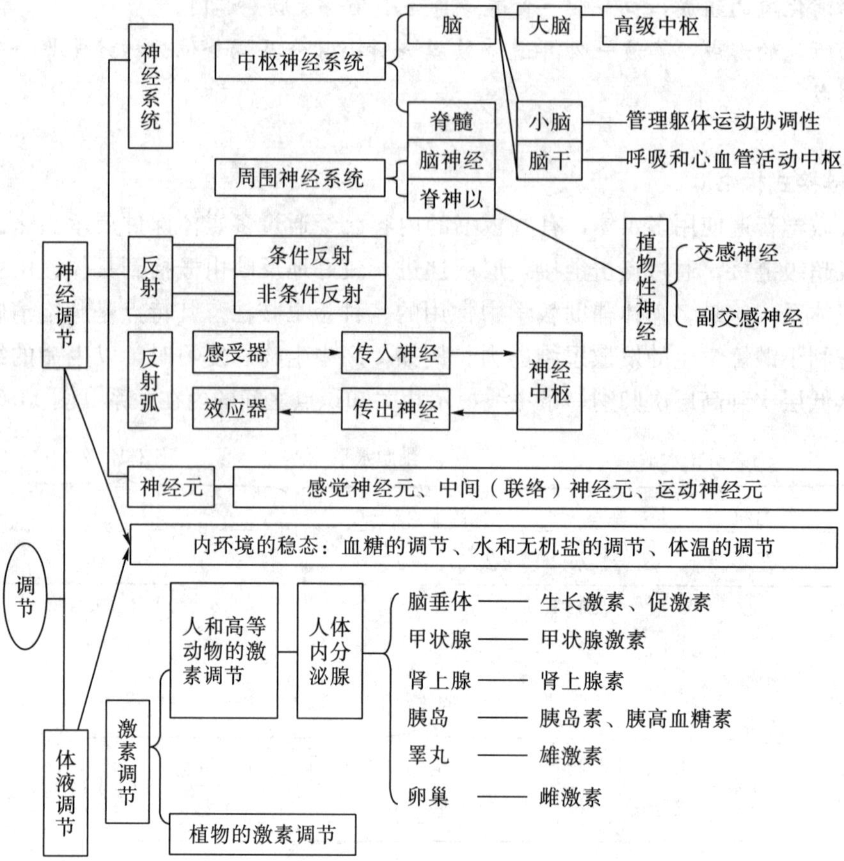

图 11-8 “生物是自我调节的体系”的综合式板书

第三节 板书技能实训

一、实训的要求

1. 明确板书的目的

板书对课堂口语具有辅助作用，强化了课堂口语的表达效果。因为有了板书，学生听得更清楚、更准确，理解得更迅速、更正确，记忆得更牢固、更持久。板书有两忌。一忌板书过于繁琐，写满一黑板，甚至横的、竖的、行与行的间隙也填满；写完一板，擦掉，又是一板。这样一节课下来，常使学生感到很累，也不知老师到底讲了些什么。因为这种板书把学生的注意力转移到看板书、抄板书上，影响了听课，影响了理解和记忆。二忌不以板书辅助讲解，以最后写出一幅完美的板书为目的，因为这是用板书限制学生的思维，尤其是限制求异思维，而不是借助板书促进思维。

2. 注意内容的科学性

板书的内容应体现教材的核心内容和知识结构。应从教学目标出发，选择利于学生接受、利于启发学生思维的板书形式。

板书保留的时间较长、给学生留的印象较深，如果出现错误，对学生产生的不利影响也比较大，有的甚至难以挽回。因此，必须保证板书内容的正确，板书中的每一个字都应该反复推敲，文字、图示、表格等所表达的意义应当准确、不失科学性。

3. 将系统性和概括性紧密结合

教师在备课时，要在深入钻研教材的基础上设计板书。在设计时，既要考虑到如何有条理、系统地反映教学内容，还要对教材加工、提炼，高度概括地表达教学内容。呈现给学生的板书既系统又概括，才能充分发挥板书的作用。有的教师在板书时，板书过于详细，不管所讲的内容有无必要板书，都将黑板写得满满的，令学生分不清主次。同时，板书过多，教师忙于写字，也容易浪费时间，弱化或中断师生之间的联系和反馈，给学生造成死记硬背笔记的情况，加重了学生的负担。反之，如果板书过于简单，就不能发挥板书提纲的作用。

4. 注意工整美观，规范实用

板书提纲应写在黑板上明显的地方，字体大小以坐在最后一排视力正常的学生看清为准，要写得迅速、正确、整齐，字间、行间的距离要均匀，课题、分题及要点应层次分明，使学生一目了然。书写、绘图要在工整的基础上力求美观。还应注意板书的简洁，词语和图示要简炼、直观，在用特殊颜色作强调标记时要注意适度，不要追求色彩斑斓，以免分散学生的注意。板书在书写方法上应当无误，不写倒笔画，不写错别字，更忌边写边擦，一节课后黑板上内容寥寥或一片空白。板书完后要迅速校对，如有误便及时改正，尽可能保持一个完整的板面。作为教师，也要时刻根据同学们的眼光注意自己站立的位置，勿让板书内容被遮挡。板书有时为了突出重点，教师可在重要板书下用横线勾出，当教师背向学生板书时，最好边说边写，这样便于集中注意力和加快转抄的速度。板书提纲还可以和板图有机结合，有些复杂的图像可以用剪贴图来代替，使它们形成一个完整的主要板书。

5. 密切配合讲授，及时书写

在教学过程中，何时写板书，要视具体情况而定。通常有先写后讲、先讲后写、边讲边写等几种基本形式，通常这些形式是交错、配合使用的。

（1）先写后讲：一般在学生需要对某一事物先有一全面了解，然后再逐步细致讲授的情况下采用。例如在讲真核细胞的亚显微结构时，可根据挂图（或模型），先概括地说明真核细胞由细胞膜（细胞壁）、细胞质（基质和细胞器）、细胞核（核膜、染色体、核仁、核液）三大部分构成，同时将这几部分的名称写在黑板上（可用括号式），使学生有一宏观的了解，然后再详细叙述每一部分的位置结构特点及其功能。

（2）先讲后写：通常在教师利用板书帮助学生及时回忆所学过的内容时采用。例如在讲植物的个体发育时，根据学生已经学过的知识，通过观察一盆花或花的模型，教师由表及里地讲述被子植物花的结构。讲完之后，再启发学生共同回忆所讲的内容，同时将“花的结构”流露于板书。

（3）边讲边写：常用在绘图时。因为板图在生物教学中能够起到极为重要的作用，而且是随讲随画的。例如线粒体的结构、叶绿体的结构、细胞膜的结构。教师在教学过程中边讲边画，既教给学生绘图的基本方法、能力，又强化了知识的识记效果。

6. 充分运用板书，启发学生思维

在教学过程中，教师要充分利用板书的辅助，培养学生的思维能力。例如有意识地利用不同颜色的粉笔或不同的字体，书写不同性质的内容，启发学生从这种区别中去找出这些内容之间的关系：在教授植物细胞（成熟）是一个渗透系统的知识点时，按照讲述的顺序，有意识地用三种不同色的粉笔绘出一个植物细胞结构图，用红色勾画出细胞壁，用黄色画出细胞膜和液泡膜；用白色画细胞质及细胞核。然后说明细胞壁是全透性的，细胞膜和液泡膜是选择透过性膜，因此可以将原生质层（包括细胞膜、液泡膜和两者之间的细胞质）看成半透膜。这样就加深了对植物细胞这个特殊的渗透系统的理解。当然，尽管彩笔色泽鲜艳，非常醒目，也切记不可乱用。用好了，会收到理想的效果，起到画龙点睛的作用；反之会弄巧成拙。

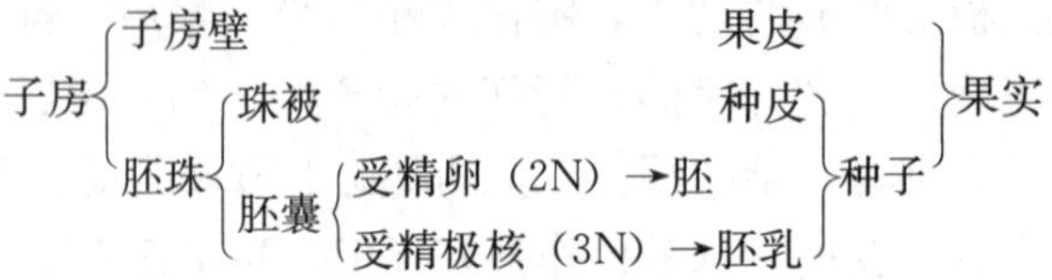

注：多数双子叶植物的胚乳合被胚吸收

图 11-9 “被子植物的受精作用及个体发育”板书

利用板书还可以启发学生寻求教材内容之间的相互联系。在讲授被子植物的受精作用及个体发育知识时，写出板书，然后让学生用箭头将各个词语连接起来。

二、实训的设计

（1）选择一节教学内容并设计板书，在小组内介绍设计思路。

（2）对同一教学内容，设计 2～3 种板书形式，并分别加以评析。

（3）看一段教学视频，分析板书的长处和不足，并自行设计该内容的板书。

（4）配合讲解等其他技能，设计出训练板书技能的实训教案，以小组为单位，进行角色扮演并录像，分析、评价。

（5）就同一教学内容在小组内开展板书比赛，要求内容正确、色彩协调、布局合理、字体规范。参考表 11-2 进行板书技能的评价。

表 11-2 板书技能评价表

评价指标	评价等级				权重	分值
	优	良	中	差		
1. 板书设计与教学内容紧密联系，有效为教学目的服务					0.15	
2. 板书结构布局合理，清晰简洁					0.10	
3. 板书能抓住重点，突出难点，富有概括力					0.15	
4. 板书大小适当，便于观看					0.10	
5. 板书、版画时机适当，速度适宜，配合讲解					0.15	
6. 板画比例适合，美观，能激发学生的思维和兴趣					0.15	
7. 文字书写规范					0.10	
8. 应用了强化手段（如使用彩笔、加强符号），突出醒目					0.10	
总体评价：						

说明：按照百分制给分，评价者在适当评价等级处划“√”。

第十二章　板画技能

第一节　板画技能概述

板画是实物的简化，它通过简单的线条，将学生的注意力统一到被观察实物的主要特征上，从而略去了大量非本质因素，为接下来的分析概括提供较为鲜明突出的表象，是实物直观与抽象思维之间必要的过渡手段。

板画一般分为简笔画和示意图，通常是以简化的示意图表达事物复杂的结构、关系和变化过程，帮助学生想象，促使学生从形象思维向抽象思维过渡，以达到对教学内容的理解。在生物学教学中，板画具有非常重要的功能，概述如下。

（1）丰富教学语言，使学生获得丰富的感性认识，从而加深对问题的理解。板画的特点是语言信息和图像信息同时参与教学过程，学生视听结合，这有助于拓宽学生接受信息的渠道，从而增加学生在课堂上获得的信息量。例如，在初中生物“生态系统”一节中，讲到“生态平衡”时，教师利用板画（图 12-1）进行设问，引导学生思考：①这幅画揭示了什么问题？②产生上述问题的原因是什么？③对我们人类有什么影响？④我们应该如何对待这个问题？学生通过对板画的观察，可以发现画中蕴含的深远意义；通过教师的层层诱导，学生懂得了人和大自然的关系，也理解了如果人类不按生态规律办事，大自然将会对人类进行疯狂报复，从而培养了学生的环境意识和保护环境的责任感。

图 12-1

（2）左右脑并用，增强记忆，提高学习效率。现代心理学研究表明：大脑的左、右半球负责不同的思维，左半球以逻辑思维为主，右半球以形象思维为主。通常情况下，学生在课堂学习中以逻辑思维居多，因此左半球得到较多的锻炼。板画的运用，有利于发展右半球的形象思维能力。通过对学生进行认知测试发现，传达方式与记忆的保持率有密切的关系（表 12-1）。

表 12-1　学生认知测试结果

传达方式	记忆保持率/%	
	3 小时后	三天后
只凭口述	70	10
只看图	72	20
一边看图一边口述	85	65

（3）化解教学难点，变抽象为具体，化复杂为简单。板画是一种形象化教学法，经长期实践证明，运用形象直观教学法进行教学是公认的有效的教学法。例如，初中生物生理卫生部分“血液循环”一节中，关于血液循环的途径和血液的变化是个难点，如果运用心脏结构的板画（图 12-2）来讲解，再配合使用彩色粉笔，学生理解起来就容易多了。高中生物“肺炎双球菌的转化实验”中，教师运用边讲边画的方法讲述其过程，能更好地帮助学生理解（图 12-3）。

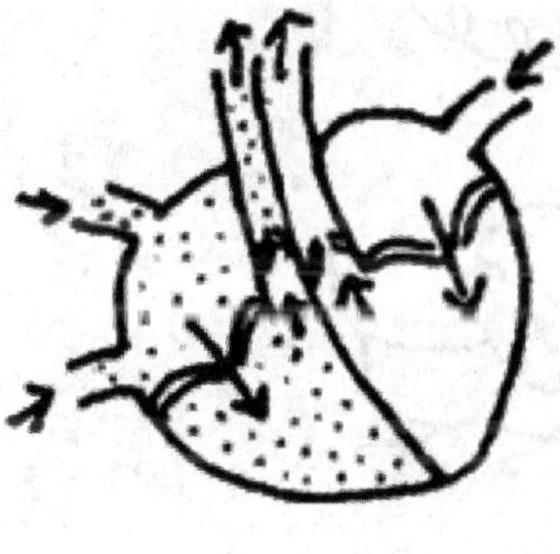

图 12-2　“血液循环”示例

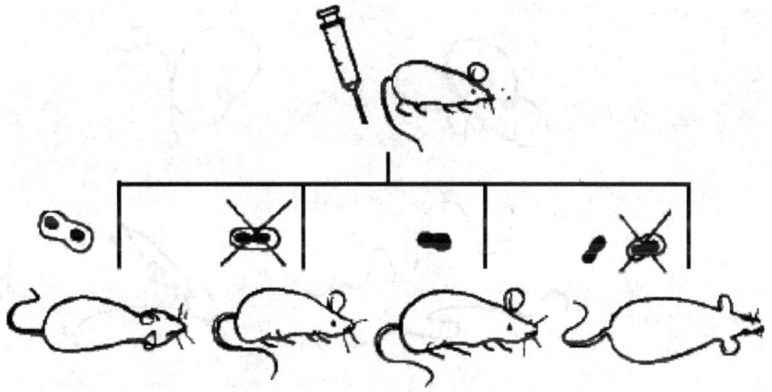

图 12-3　“肺炎双球菌的转化实验”示例

（4）活跃课堂气氛，激发学生学习兴趣和求知欲。心理学家认为：“兴趣是人对事物的一种向往、迷恋或积极探索追求的心理倾向。”学生学习的动机是由学习兴趣引起的。“兴趣是最好的老师。”教师运用经过拟人、夸张、变形塑造出来的板画创设教学情境，就会使学生感到形象、生动，课堂气氛活跃，从而吸引了学生的无意注意，激发了学习的兴趣，学生的积极性也就被调动起来了。在这样一个轻松愉快的环境中，学生很容易产生求知欲。

例如，在初中生物植物部分“根的形态”一节中，讲到“根在土壤中的分布”时，可以借助板画（图 12-4）对学生进行提问：“如果只看到树的地上部分，就能知道它的根在土壤中的大概分布情况，你知道这是为什么吗？”引导学生去发现问题所在，这样学生就会带着好奇心看书并找到答案。然后教师再在图上添上几笔，画出它的根系，根在土壤中的分布就一目了然了。

又如，在初中生物动物部分“鲫鱼”一节中，讲到鲫鱼的身体分布时，可以借用板画（图 12-5），请学生上黑板来划分头、躯干和尾三部分。学生常常错把尾鳍当作尾部，这时教师可以指出错误，引导学生看书并重新划分。这样的板画既简单又形象，学生学习起来轻松，又容易掌握。

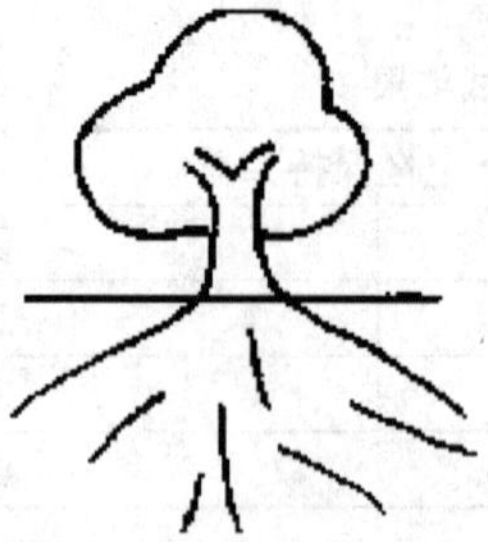

图 12-4　“根的形态”示例

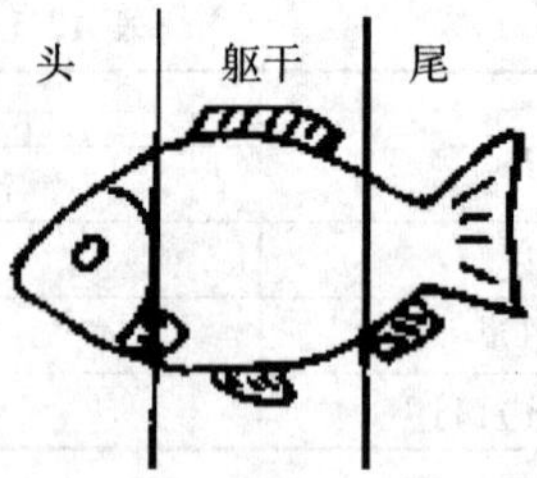

图 12-5　“鲫鱼的身体分布”示例

第二节　板画常用作图技法

（1）连笔法。物体的外型比较简单，经过画者简括提炼，有的一笔画成，有的几笔匀勒，线条流畅，简洁传神（图 12-6）。

图 12-6　“连笔法”示例

（2）夸张法。抓住物体最具有代表性的外形特征，进行大胆夸张，简中显形，形中出神（图 12-7）。

图 12-7　“夸张法”示例

（3）分解法。物体外形比较复杂，可以先对物体进行简化分解，再分步画出（图12-8）。

图 12-8　“分解法”示例

（4）拼合法。画面由多个图形构成，可以按照部位分步作画，再拼合成完整画面（图 12-9）。

图 12-9　“拼合法”示例

（5）剪影法。用色块绘出物体影像，将影像强调突出，使影像类似剪影（图 12-10）。

图 12-10　“剪影法”示例

（6）色彩法。将线条勾勒的轮廓或图形用色彩加以渲染，使板画不但有形可看，而且有色可感，其特征更加明快、突出（图 12-11）。

图 12-11　“色彩法”示例

第三节　板画技能实训

一、实训的要点

1. 简化复杂形体

（1）对细节繁多复杂的自然物象，舍弃或简化物象中无关大局的细节，用简单几何图形，将要画的物体的位置、比例和大小固定下来。保留其最基本的形象和有特征的部分。简化后的形象要以人们能够识别辨认为准；尽可能用简单的几何线条代替复杂的实物形体。概括和简化后仍需保留原有鲜明生动的个性特征。

（2）将绘制过程概括成简捷的运笔程序。用曲线连接各关键点，勾勒出物体的外形。抓住表现主体的轮廓和主要特征，适当地忽略主体的细节和局部；合理安排各部分的比例关系；科学地安排笔序，尽量设计成连笔或一笔。

2. 确定物像个性特征

（1）抓主体特征：有些物体的特征表现在基本形态，就可以用基本形态概括大的轮廓外形与内部结构关系，突出物体的主体特征。

（2）抓细节特征：有些物体的特征在一些小的细节上，这些小细节是该物区别于他物的重要标志。具有特征性的细节，需要夸张和强调，以体现物象的个性。

3. 区别相似类型物象的特征

方形、圆形、三角形都是它们的基本形，也是它们最基本的特征，但它们各自具有细微的特征。抓住特征并注意体现细微处，便能区别相似的物象（图 12-12）。

图 12-12　区分相似物象

4. 运用联想与夸张

(1) 形象比喻法（图 12-13）。

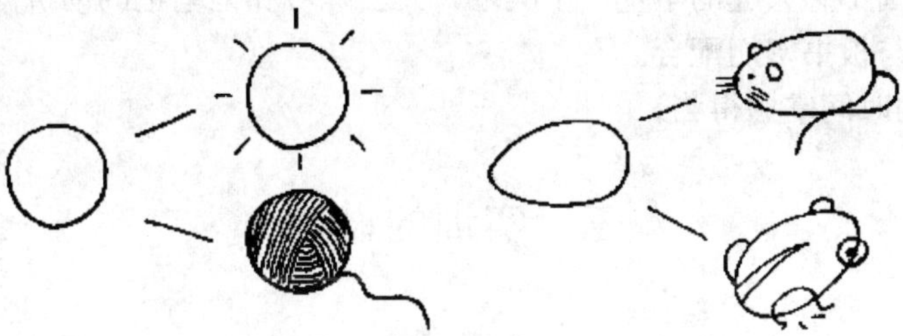

图 12-13　“形象比喻法”示例

(2) 儿何图形比喻法（图 12-14～图 12-16）。

图 12-14　“几何图形比喻法”示例（1）

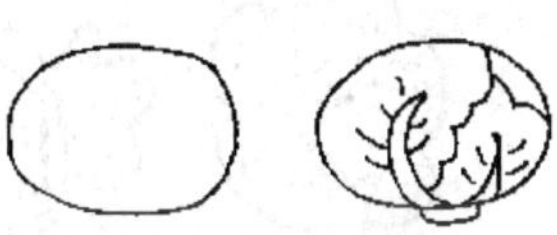

图 12-15　“几何图形比喻法”示例（2）

图 12-16　“几何图形比喻法”示例（3）

二、实训的要求

(1) 按照教学目的和要求，从教材内容出发，考虑学生的思维特点，针对教学的重点和难点精心设计板画的内容和形式，以激发学生的想象，帮助学生构建物理图像和理解物理知识。

(2) 注意生动、形象，能够立即唤起学生的直观感受，从而激起学生的浓厚兴趣和建立深刻的印象。

(3) 视图画法应符合制图的基本要求。在板画中，一个图形中的同一物体不宜采用两种不同画法。有时，即使是不同的两个物体，在同一图中也不宜采用混杂的画法，而应采用相同的画法。

(4) 符合科学性，符合几何学原理，采用相关学科的图形符号。

(5) 注意简明，突出要讨论的对象，运用简笔画的形式，将需要讨论的局部对象放人夸张。

(6) 注意正确地表示空间关系，如果要用立体图，线条应虚实分明。

(7) 下笔之前先看好位置，估计好物象画出后所占的方位、物体长宽比例及各部分关系，做到“意在笔先”，这样就不会出现画不下去或者物象比例失调的现象。下笔要肯定，粉笔线要扎实沉稳，不能轻飘飘的似画非画。注意用笔程序，先画基本形和基本特征，再添加附件，若时间有限可以省略附件，只有基本形和基本特征即可。

（8）教学设计时要考虑黑板画的频度，生物课毕竟不是美术课。使用次数过多，会使一部分对于绘画不感兴趣的学生产生厌倦，失去练习和记笔记的动机。

（9）板画能与板书密切配合。

（10）板画的时间掌握得当。

三、实训的设计

1. 学习和临摹

进行基础训练、人物板画训练、动物板画训练。

1）基础训练

学习板画，可以从画点开始练习，逐步进入到画线，继而过渡到形，即用简练的笔法通过线与线的结合来组成形。

（1）点的练习（图 12-17）。

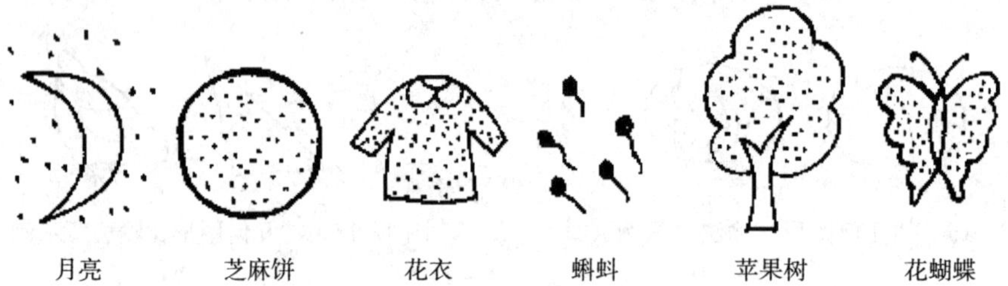

图 12-17 点的练习

（2）线的练习。线的种类有：横线、竖线、斜线、曲线、弧线、波浪线、折线等。板画大多是用简练的线形来表现的，所以开始学习板画时，首先要训练线的画法。线的练习从短横、短竖线练习逐步过渡到长横、长竖线练习，再进入到多种线的综合练习（图 12-18）。

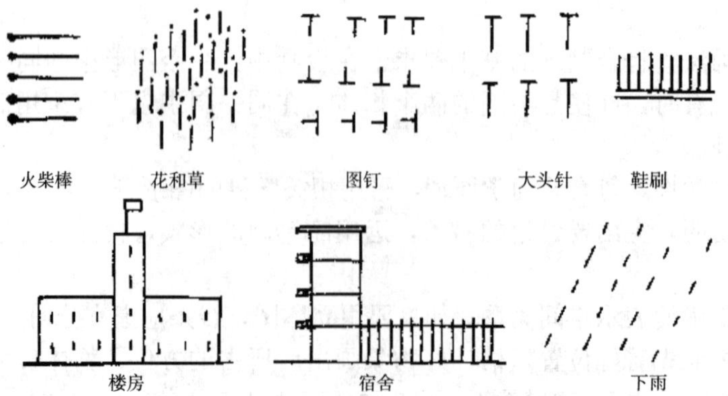

图 12-18 线的练习

练习线时，通常用执笔的方法来练习，掌握钢笔、签字笔、铅笔、粉笔、彩色笔等不同工具笔的性能特点及运动规律，以拓展线的表现力。线有粗细、曲直、疏密等区别。不同的线有不同的特征：直线刚劲正直，曲线活泼优美；粗线古朴强化，细线纤柔秀丽；线疏明朗清新，线密充实丰富。画线条时力求概括简练，同时又要流畅和有弹性。运笔的快慢、轻重、顿挫可使线条富有表现力。用笔用线不同，给人的感觉也不同。加强用笔用线的训练，是提高板画技能的一个重要方面。

掌握板画用线的方法，运用钢笔、铅笔、彩色笔等工具快速而流畅地进行线的练习，以使线条果断、准确、流畅，从而提高线的表现力。

(3) 形的练习。①基本形。自然界中的许多物象，无论它有多么复杂的结构和繁琐的细节，都可归纳为简单的基本形。板画就是运用这一基本原理，创造概括简略的形象。

以线条为基本形的黑板画（图 12-19～图 12-23）。黑板画不追求全面，只要表达出重点内容或核心概念便可以。神经元的结构要绘出轴突、细胞体和树突的关键特点，可以根据教学时间的多少，决定绘图的细致程度。

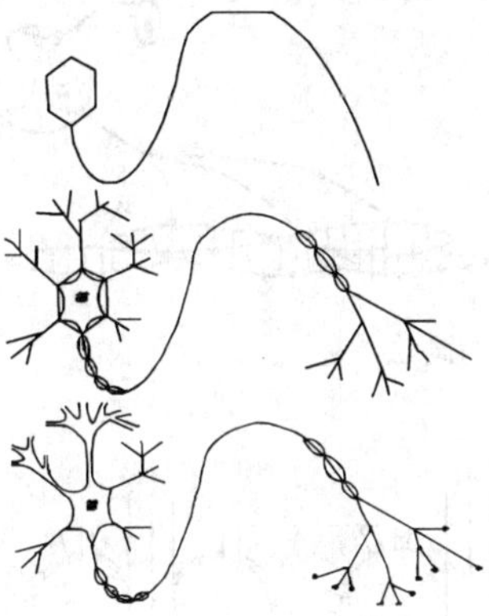

图 12-19　神经元结构的画法

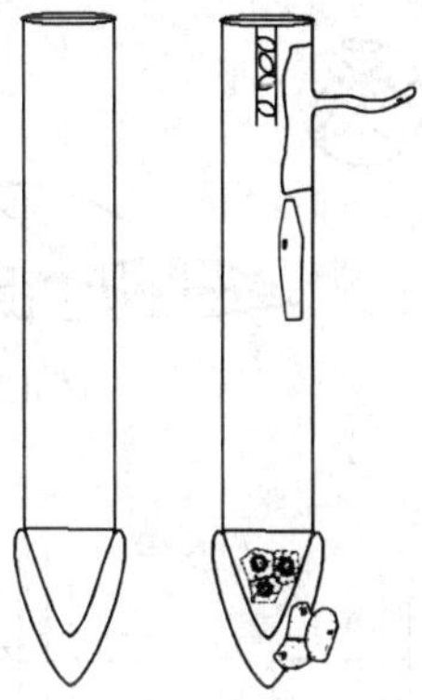

图 12-20　根尖各部位细胞特点的画法

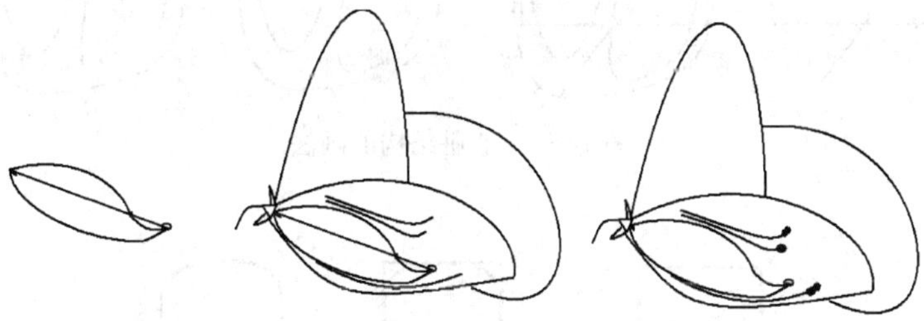

图 12-21　豌豆花的画法

以矩形为基本形的黑板画（图 12-24～图 12-26）。以三角形为基本形的黑板画（图 12-27）。以圆形为基本形的黑板画（图 12-28～图 12-37）。以其他几何图形为基本形的黑板画（图 12-38～图 12-40）。

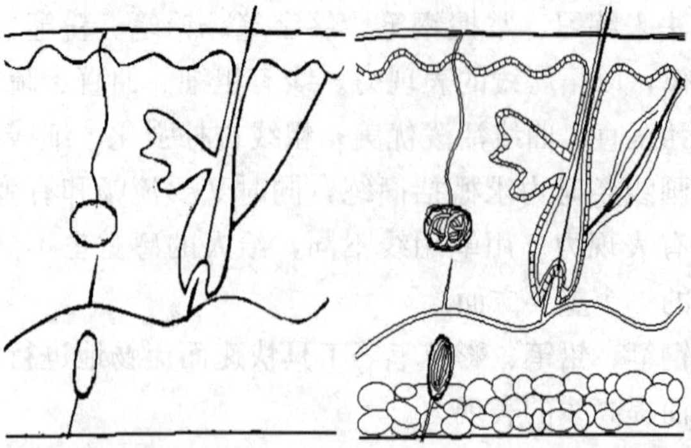

图 12-22 皮肤结构的画法

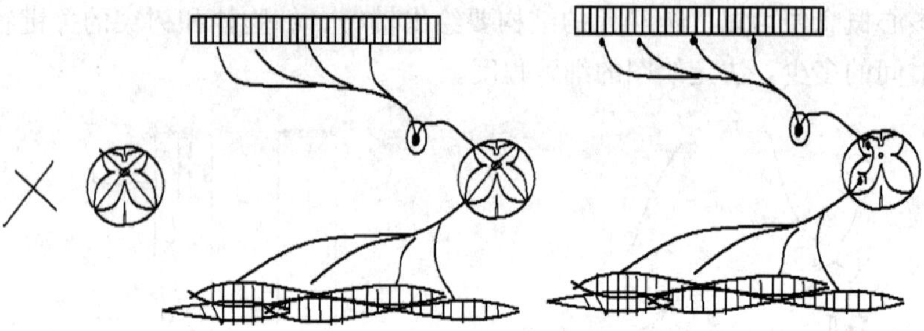

图 12-23 反射弧组成的画法

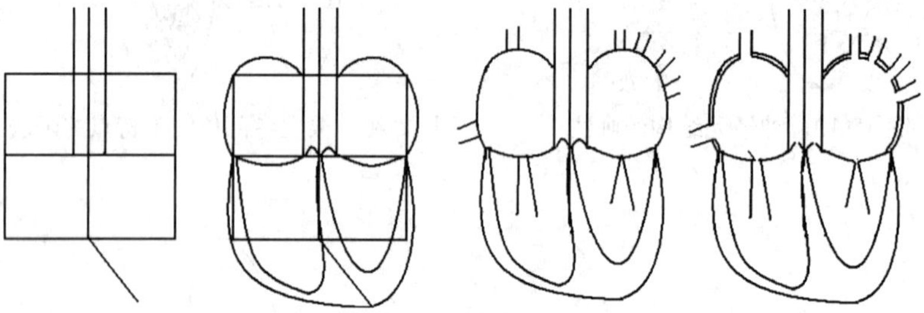

图 12-24 心脏结构的画法

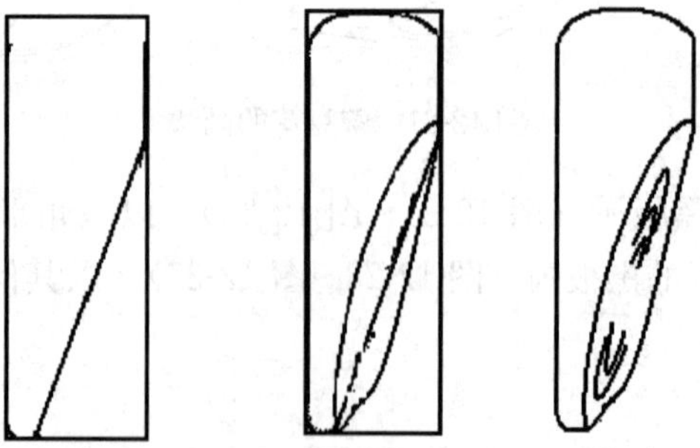

图 12-25 玉米种子结构的画法

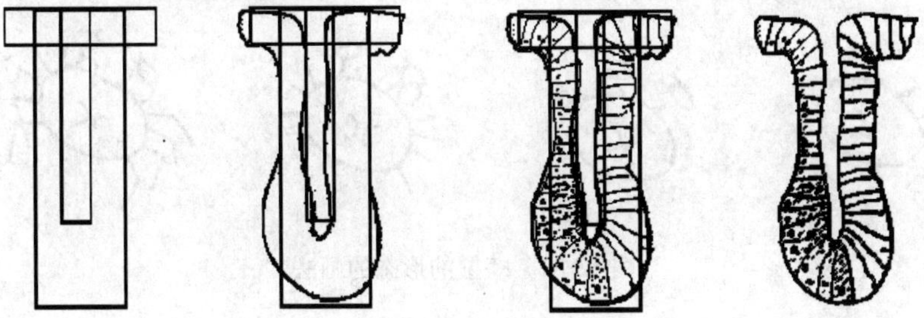

图 12-26　腺体结构的画法

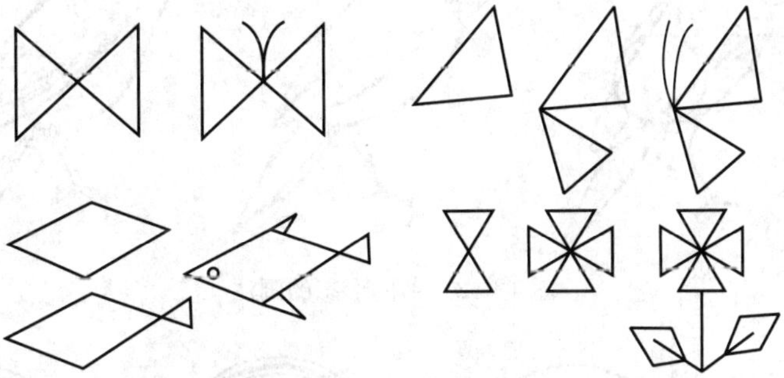

图 12-27　蝴蝶、鱼、花的形态的画法

图 12-38　鱼的形态的画法

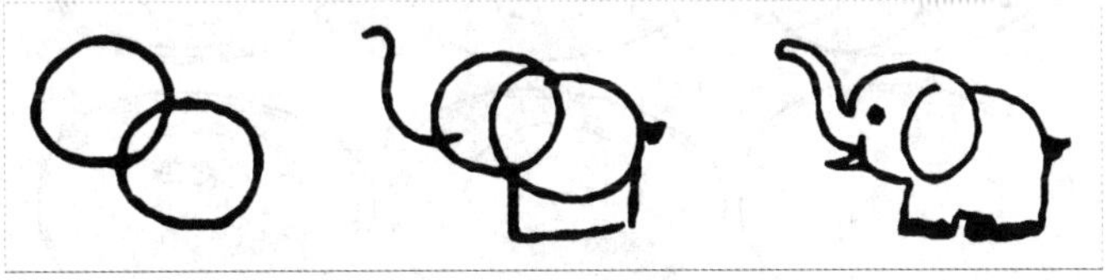

图 12-29　象的形态的画法

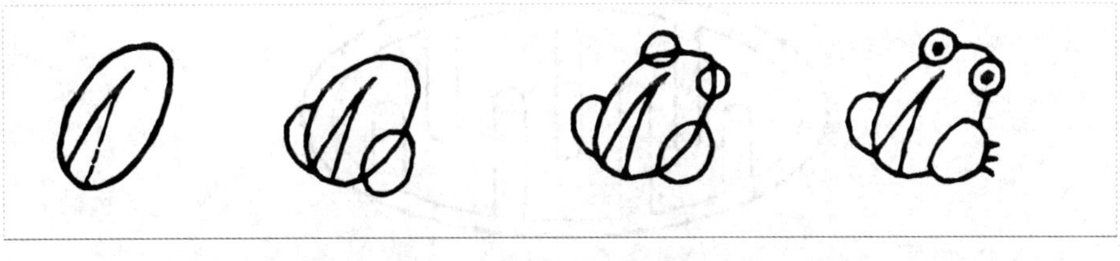

图 12-30　蛙的形态的画法

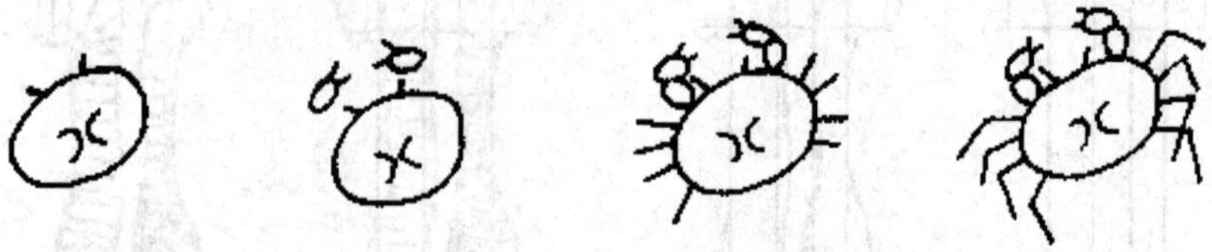
图 12-31　螃蟹的形态的画法

图 12-32　鸟的形态的画法

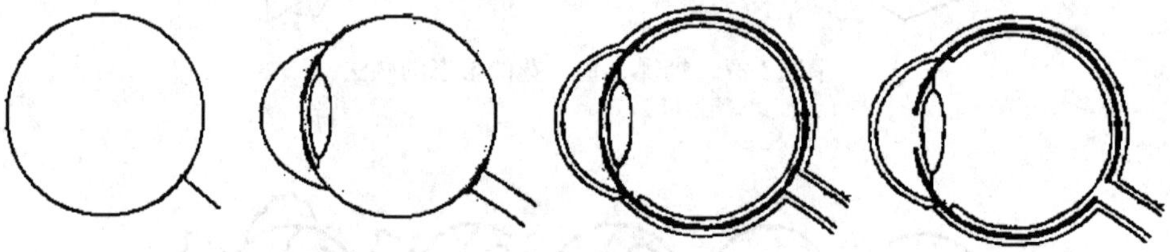
图 12-33　眼球结构的画法

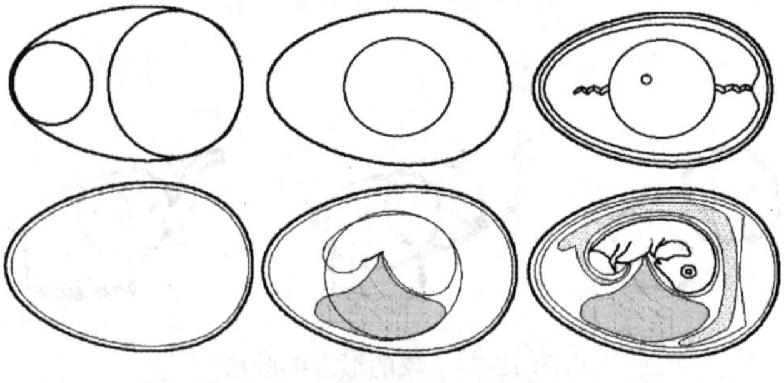
图 12-34　鸡胚发育阶段的画法

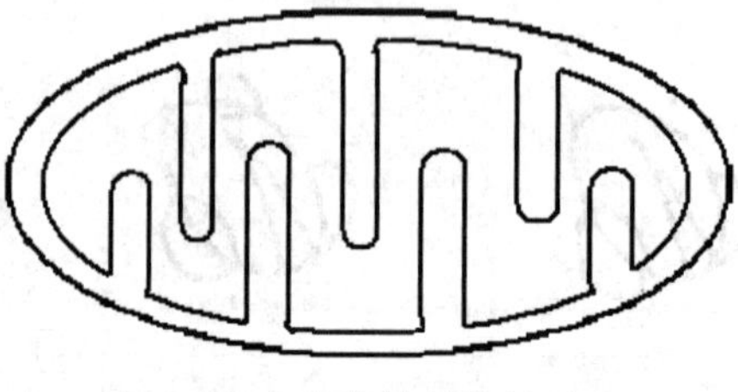
图 12-35　线粒体结构的画法

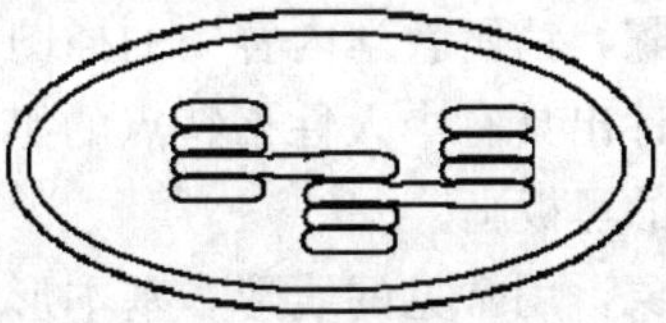

图 12-36　叶绿体结构的画法

图 12-37　几种生物的结构的画法

图 12-38　荷花形态的画法

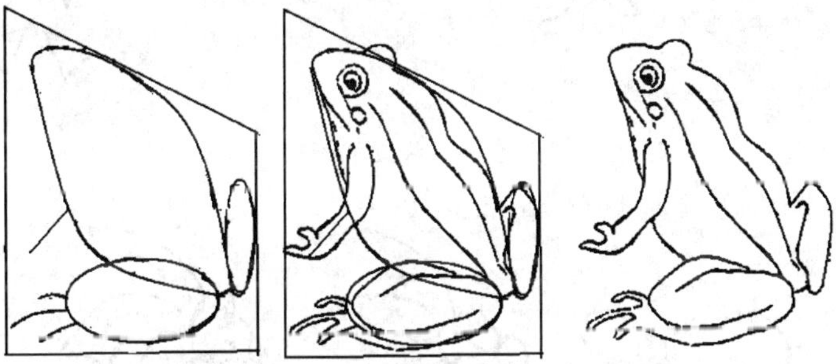

图 12-39　青蛙外部形态的画法（仿杜文志）

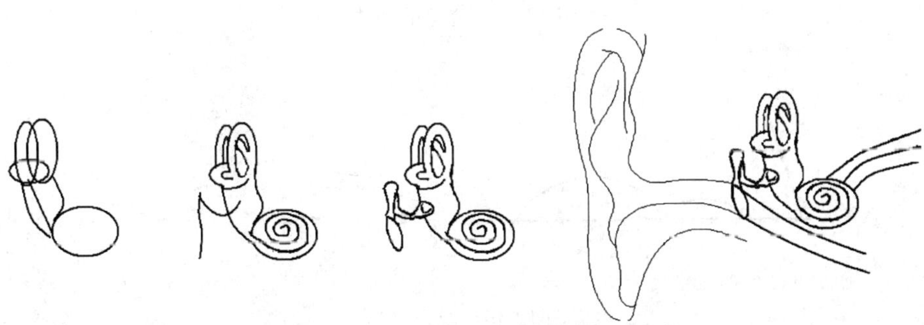

图 12-40　内耳的位听神经的画法

只要根据黑板画的基本步骤，钻研教学内容中的插图，用简单几何图形概括生物体大体结构，每个教师都可以设计出具有个人性格特点的黑板画。也可以在现有的图形上延伸、扩展，形成配合新内容的黑板画。

②用线形、基本形归纳物象：用常见的线形、基本形归纳所描绘的物象。线形：凡是能感知为线形的物体都可以用线条来表现，如树枝、须发等；动物、人物也可以依据其骨骼结构，用单线画出不同的状态。基本形：用方形、三角形、圆形等归纳物象。

对于结构复杂的物象，根据各主要部分的形象特点，由不同基本形组合成完整的形象。形与形的组合可构成各种常见的物体（人物、动物、花鸟、山水、房屋、树、水果、家具等）的主要外形特征，绘成各种简易美丽的画面（图 12-41～图 12-48）。

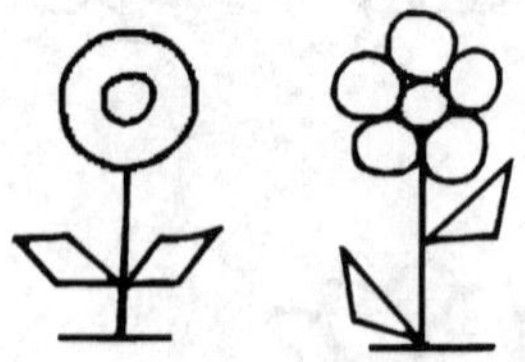

图 12-41　花的画法

图 12-42　鸟的画法

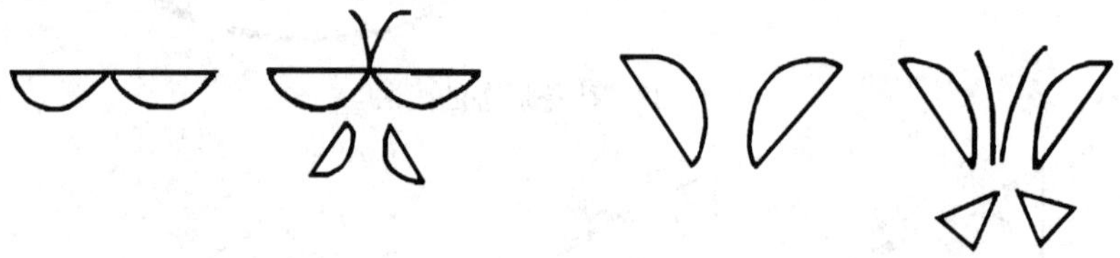

图 12-43　蝴蝶的画法

图 12-44　金鱼的画法

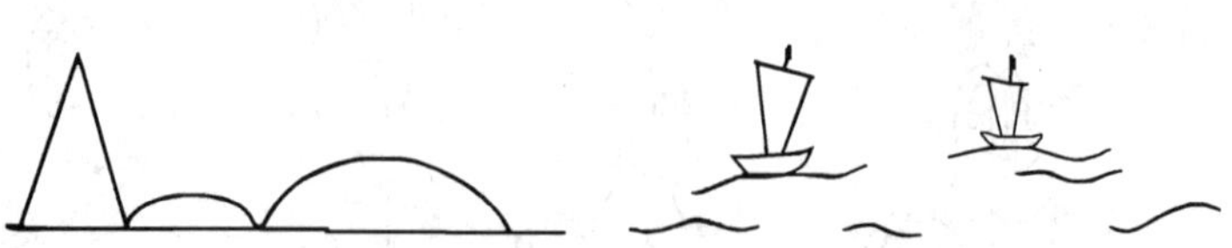

图 12-45　组合（1）

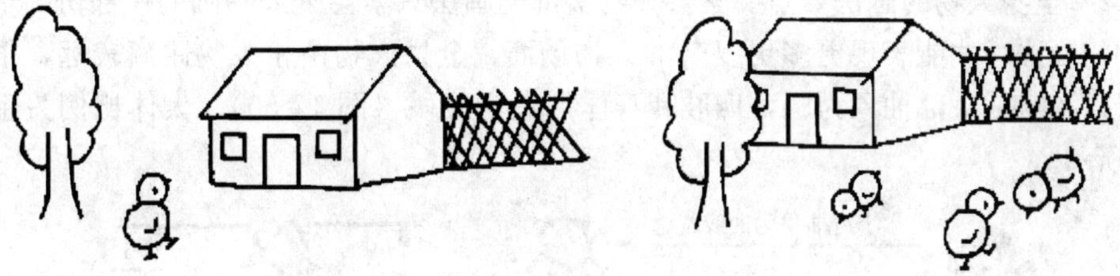

图 12-46　组合（2）

图 12-47　组合（3）

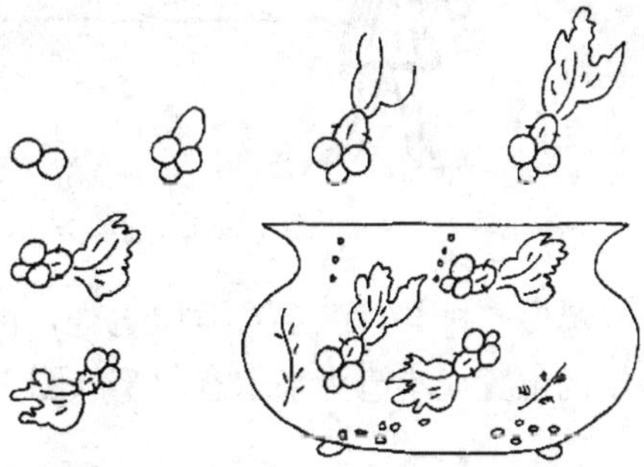

图 12-48　组合（4）

2）人物板画训练

人物板画是板画学习的重要内容，必须通过对人的形体、结构、动态特征等进行学习和了解，同时学会用板画的概括方式对其进行简练概括的描绘，才能在课堂教学中充分利用人物版画。

（1）人物头部的画法要点。①通常可用椭圆形来概括人物头部。②如果要突出人物面部，就要注意脸型的不同特点，如果希望头部更生动并具幽默效果，还可根据需要将脸型画成不同的几何图形，如长方形、正方形、圆形、梯形、三角形等。③五官特征及画法。板画的五官与写实性的素描速写是不同的，因为板画必须快捷，因此细致的描绘是不可能的，也是不必要的，它只有采取概括的形式才能与上述脸部的概括特征相协调。因此将五官符号化是一个必要的手段。教师列举五官符号，介绍不同的眼、鼻、耳、嘴的画法。④不同年龄、性别的画法。⑤不同发型的画法。⑥不同发饰、帽饰的画法。⑦头部的角度变化练习（图 12-49）。

图 12-49　人物头部的画法

（2）全身人物的画法要点。学会人物头部的画法只学会了人物画的一部份，学会全身人物的画法，才能表现更多更复杂的人物场面。全景人物由于人物距离较远，很多细节都可以忽略。头部抽象为圆，四肢和身体抽象为线段（图 12-50），大体比例关系如图 12-51 所示。

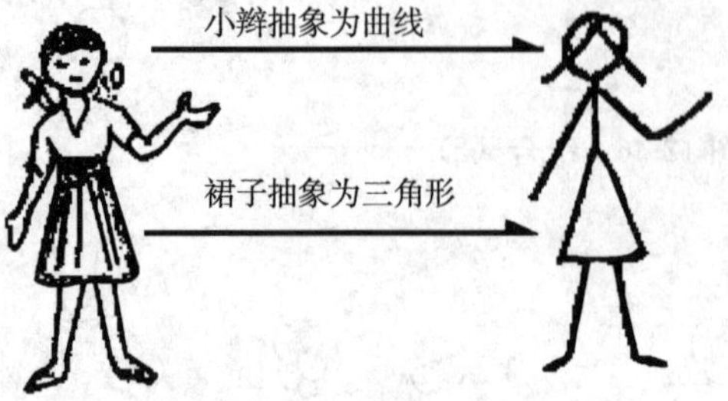

图 12-50　抽象方法

图 12-51　比例关系

笔序安排与写汉字有类似之处，由上至下，由左至右，用数字的顺序表示笔序，用数字的位置或小箭头来示意起笔（图 12-52）。

图 12-52　笔序安排

3）动态人物的画法（图 12-53、图 12-54）。

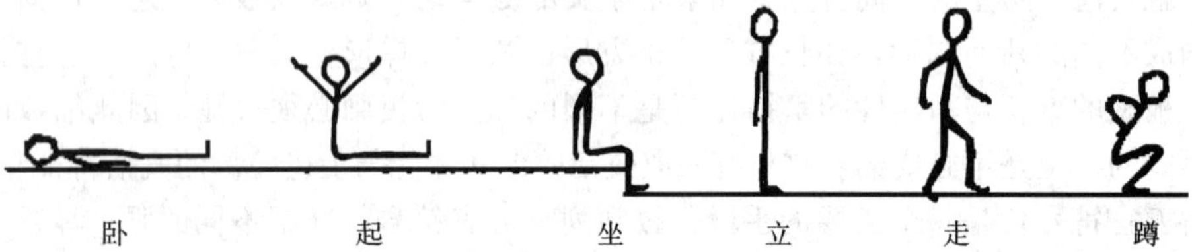

图 12-53　动态人物（1）

图 12-54　动态人物（2）

3）动物板画训练

表现动物时，一般多采用全景景别，即表现动物的全身。不同动物各有特点，绘画时要抓住主要特征进行表现，有的可用几何体概括其形体来表现其动态特点（图 12-55～图 12-64）。例如，禽鸟的外形一般为椭圆形（蛋形），这与鸟出自于蛋有关，在大的椭圆形上根据动态的需要加上不同方位的小圆形就可产生不同的鸟的动态。此外根据不同的鸟类的特征，如嘴、尾的不同，颈的长短、脚的长短等又可画出丰富生动的特征。

图 12-55　小鸟的画法

图 12-56　孔雀的画法

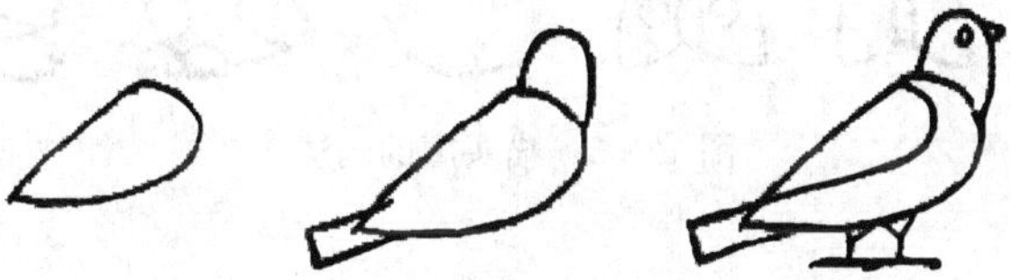

图 12-57　鸽子的画法

图 12-58　丹顶鹤的画法

图 12-59　大象的画法

图 12-60　狗的画法

图 12-61　松鼠的画法（1）

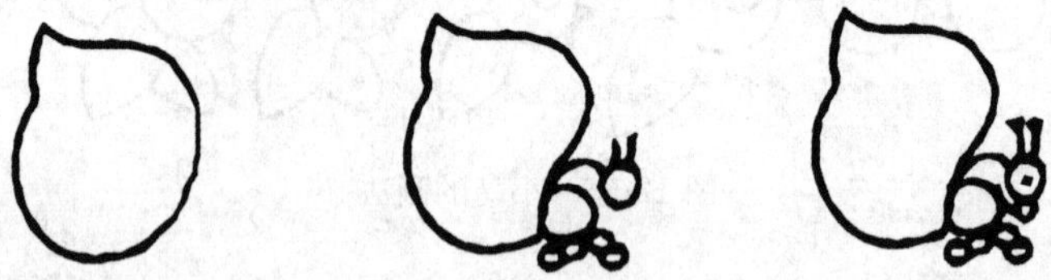

图 12-62　松鼠的画法（2）

图 12-63　猫头鹰的画法

图 12-64　老鼠的画法

2. 设计和组内交流

（1）根据教学内容，设计恰当的板画，在小组内介绍设计思路，并分别加以评析。

（2）看一段教学视频，分析板画的长处和不足，并自行设计该内容的板画。

（3）配合讲解等其他技能，设计出训练板画技能的实训教案，以小组为单位，进行角色扮演并录像，并加以分析、评价。

（4）就同一教学内容在小组内开展板画比赛，要求内容正确、色彩协调、布局合理。

第十三章　组织教学技能

第一节　组织教学技能概述

在课堂教学中，教师不断地集中学生注意力，管理纪律，引导学习，建立和谐的教学环境，帮助学生达到预定课堂目标的行为方式，称为教师的课堂组织教学技能。

在每一节中学生物课中，组织教学的工作都必须贯穿始终。在课堂教学之初，教师向学生提出具体要求，做好学习生物课的充分准备（包括心理准备和物质准备），引起学生的学习兴趣；在课堂教学过程中，教师不断激发学生的学习动机和求知欲望，维持良好的课堂秩序和师生和谐的教学环境，最终实现教学目标和完成教学任务。教师要根据教学环节和教学步骤的承转变化及教学内容和教学媒体的转换，及时对学生的活动和情绪加以组织和引导。

组织教学除了有我们所熟知的组织管理的含义，还有教学方法的设计与运作的问题。不能把组织课堂教学简单地理解为维持课堂纪律，使学生老老实实地听课。只有深刻理解组织课堂教学的含义，才能够科学地调控教学过程，灵活运用各种教学方法和教学手段，合理变换教学形式，使教学信息的传递多样化和多向化，学生始终处于主动的学习状态。

组织教学是课堂教学的“支点”，是课堂教学得以顺利进行的重要保证。它不仅影响到整个课堂教学的效果，而且与学生思想、情感、智力的发展有密切关系。

一、组织教学的功能

（1）引起学生学习兴趣和动机。生物教育学研究表明，教师要引导学生处于最佳的学习状态，就必须培养学生主动学习、积极探究的能力。在教学中，给学生充分表达看法和想法的机会，充分调动学生的思维，这就需要教师具备较强的课堂组织管理、调控能力。在教师的组织和调控之下，学生最大限度地参与自主的教学活动，主动接受来自多种媒体的教学信息，通过各种感官的交替使用保持高昂的情绪和浓厚的兴趣。

（2）集中学生的注意力，帮助学生尽快进入学习的准备状态。学生在上学途中或者课间休息时，所谈论的多半是与学习无关的事情，也可能还沉浸在上节课的回忆之中。此时，学生的注意力主要指向和集中于与本节课无关的内容上，教师要有效地组织教学，就必须将学生的注意吸引到新的教学之中。如果教师忽视了组织教学，登台就讲，不仅最初几分钟的劳动是无效的，而且天长日久，会使学生养成注意力难以迅速转移和集中的不良习惯，直接影响学生良好个性品质的形成。

(3) 加强学生的纪律心理实训，培养学生的良好习惯。人的纪律心理既包括对纪律的认识与态度，又包括在遵守纪律过程中表现出来的意志。只有经过长期的训练，方能让学生将来自外部的纪律要求转化为自身活动的需要，成为一种自觉行为，形成良好的遵守纪律的习惯。在对纪律心理的实训中，有效组织教学就是一条非常重要的途径。

二、组织教学的基本结构

组织课堂教学的技能是一种综合性的技能，除了其他多种技能的构成要素均对其有影响外，还受到提出要求、安排程序、指导引导、鼓励纠正和总结评述等几个要素的直接影响。作为组织课堂教学技能的基本结构，它们的排列顺序、相互协调及作用的程度将关系到组织课堂教学功能的发挥。教师必须深刻领会这些要素的含义和作用，熟练掌握这些要素的组合技巧。

(1) 提出要求。提出要求的作用在于一方面维持课堂秩序，一方面不断集中学生的注意力，使学生了解每个教学环节和教学步骤的意义，推动课堂教学过程顺利发展。因此，提出要求并不是简单地告诉学生该干什么，而是扼要地对学生说明应该进行什么活动，为什么要进行这种活动，怎么进行这种活动，以及在时间和纪律等方面的要求。例如，在学习“内环境与稳态”时，教师提出：“组成人和动物体的细胞数以万计，其中绝大部分细胞没有直接与外界接触，那么这些细胞在体内生活在什么样环境中？它们又是怎样与外界进行物质交换的？请同学们回忆初中学的内环境知识，并看书分析课文 P74 图形，大家可以相互小声讨论，然后我请同学来分析。”

要做好提出要求，除了要在课的起始向学生提出总体说明外，还要在各个教学环节之间或各个知识点的转换处做出交代。

(2) 安排程序。在提出要求以后，有时还需要进一步向学生说明进行某项活动的详细程序，以便使学生大体上遵循相同的步骤去完成同一项任务，在同样的时间内达到一个共同的目标。在组织学生观察、讨论、自学、练习和游戏时，需要教师事先设计好操作程序并对学生加以说明。教师既可以在提出要求后即做出整体说明，或在学生活动过程中逐步进行解释，也可以两种方式结合使用。

(3) 指导和引导。在学生活动过程中，还需要教师在提出要求和安排程序的基础上进一步进行指导和引导。指导，是侧重于对学生操作方法和动作方式的肯定或矫正，可以保证学生及时了解该怎样行动，从而实训基本技能。因此，指导多用于观察、自学、练习等方面。引导，是侧重于对学生思维的启迪和注意力的转移，可以保证学生的思路通畅和教学过程的连续。因此，引导多用于听讲、观察、讨论等方面。

指导的对象包括全体学生和个别学生。例如，在学生练习之前，教师可以对全体学生提出要求和指导完成某项任务的具体方法，并进行示范；在学生练习过程中，教师要加强巡视，对基础薄弱学生进行重点指导。

引导的对象包括全体学生、部分学生和个别学生。例如，结合导入，把全体学生的注意力引向一个共同目标；在讨论过程中，对各个小组的学生进行有针对性的引导；结合提问，对个别学生进行引导等。

(4) 鼓励和纠正。鼓励和纠正是教师对学生活动效果的一种反馈，是对学生期望心理的一种回应。及时的鼓励和纠正，一方面可以强化对课堂教学的组织，另一方面可以维持学生的主动性和积极性。鼓励和纠正的时机非常重要，需要在学生活动产生了一定效果之后进行。过早的鼓励或纠正，容易使学生自满或自悲，反而削弱了积极性和进取心；过晚的鼓励或纠正，又可能使学生的期望值落空，导致注意力的转移。

鼓励和纠正应该密切结合，尽量避免单一的鼓励或纠正。例如，你的地图画得真漂亮，看来是个画图的天才！你花了这么大力气，但是没有答对几个，看来你的记忆力太差！

如果在鼓励的基础上加以纠正，或者在纠正时也给予必要的鼓励，效果就比较好。例如：你的图又快又准确，希望你继续努力。如果再练练写字，字体更美观些就更好了！

鼓励和纠正都要有即时性和迅捷性，而且除了语言以外，以眼和手示意也很有效。

(5) 总结。总结是对学生活动情况所取得效果的全面评述，是对教学信息的进一步强化。通过总结，可以使学生从整体上和更高层次上巩固所学习的内容。因此，总结是组织课堂教学的不可缺少的一个要素。总结除了在全课的结尾进行外，还应在各个知识点的承转处作适当安排。

总结应该简明扼要，内容应包括两方面，一方面是本课内容的结构化综述，另一方面是对学生活动状况，如态度、纪律、成绩与不足等问题的评价。

第二节　组织教学技能的类型

按照功能的不同，将组织教学技能划分为管理性组织、指导性组织、诱导性组织。三者各有侧重，但是经常融合在一起，具有密切的联系。

一、管理性组织课堂教学

管理性组织是指教师为了引导学生遵守课堂纪律，维持课堂秩序，建立和谐的教学环境而采取的行为方式。管理性组织是一般性课堂纪律的管理。在中学生物教学中，依照管理对象和方式的不同，管理性组织课堂教学又分为课堂秩序的组织管理和个别学生的组织管理。

1. 课堂秩序的组织管理

良好的课堂秩序是教学工作顺利开展的基本保障。要构建良好的课堂秩序，一方面需要用规范的制度来约束学生的行为，另一方面又要求教师注意营造温馨、和谐的教学氛围，师生之间建立起良好的信任。

制度的建立与教师的监督可以帮助学生做出相应的改正，增强自身约束力和社会责任感。比如说：教师可以与学生约定课堂制度，当学生达到良好的预定目标时，即可逐渐建立起良好的习惯与态度。课堂纪律的保证可以让学生获得良好的学习氛围，让学生了解到只有良好的课堂纪律，师生互动，他们才能获得更多的知识与经验。教师的组织、学生的积极参与也便于充分有效地利用课堂时间。

教师要非常重视了解和关心学生，真诚、坦卒地与学生进行沟通与交流，给予学生细心、耐心的指导，让学生发自内心地接受老师的教学与管理。

2. 个别学生的组织管理

在个别行为的矫正中，教师还要注意因人因时因事而异，灵活巧妙处理。考虑学生的年龄特点、心理特点，尊重学生。尽量采用暗示的方式，如“好像有个别同学没有听清楚我的话”；或用行动纠正，如走到学生身旁以手或眼示意。对于个别组织纪律性较差的学生，除了与家长密切配合，耐心地做工作以外，还应注意以下方面。

(1) 使不良行为得不到回应而自行终止。如学生的恶作剧引起哄堂大笑，会使学生更为得意。这时教师的斥责恰恰会强化其不良意识，如果不予理睬，反会使其感到没趣而终止恶作剧，也会使其他学生的注意力集中在课堂学习上。

(2) 有意识地安排替换行为并给予鼓励。如指定喜爱交头接耳或做小动作的学生思考一些问题，并作为小组讨论的发言人，并给予表扬或鼓励，使其从替换行为中获得心理满足。

(3) 正面教育与适当惩罚相结合。如学生损害了公物以后，当然要令其按规定赔偿，但同时还要讲明利害关系，引导其养成良好的行为习惯。

课堂是教学活动的主要场所，为了使教学过程顺利进行，必须有相应的纪律保证。但是课堂纪律的好坏，并不以课堂上的绝对安静和学生的“循规蹈矩”为标准，而是既要使学习有序，又要生动活泼，不能让学生感到压抑。

二、指导性组织课堂教学

指导性教学组织指对某些具体活动（阅读、观察、实验、讨论等活动）进行的组织，以指导学生主动投入到学习之中并使课堂教学过程优化。指导性教学组织使学生了解如何通过筛选获取信息，同时锻炼思维能力，让学生在解决问题的过程中学会思考。依据教学方式的不同，可以分为组织学生听讲、组织学生自学、组织学生讨论、组织学生练习、组织学生游戏、组织学生实验等。

1. 组织学生听讲

“认真听讲”决不局限于让学生安安静静地听老师讲解，而是各种感官结合，勤动脑、勤动手，积极地参与到学习中去。在听讲的组织中，有直接指令学生听讲，也有间接引导学生听讲。

直接指令是教师直接宣布听讲要求，要求学生集中注意。例如：“今天的学习内容非常重要，同学们要认真听讲，不要做其他无关的事情”（简单命令）。“今天我们要学习细胞质的结构和功能。细胞质中含有细胞质基质，还有各种细胞器，我们先在细胞的亚显微结构图中找到各种细胞器，我们看看谁最先完成这个任务”（交代任务）。

间接引导是教师灵活巧妙地运用提问、变化、强化、媒体变化等技能，使学生适时交替有意注意和无意注意，不断引起学生的兴趣，保证注意力始终集中在教学主题上。

直接指令比较简单明了，但学生不易产生主动性；间接引导能够全面调动学生心理的智力因素和非智力因素，容易使学生产生主动性。

2. 组织学生自学

这是指导学生阅读教材和自学教学内容。新课标教材普遍增加了学生“阅读”的栏目。例如，人教版普通高中课程标准实验教科书（生物）的“阅读”栏目有以下两种类。

（1）提供趣味性、知识性的辅助材料，同时渗透思想品德教育。如系统安排了“科学前沿”“科学史话”“科学家的故事”“科学·技术·社会”“与生物学有关的职业”“科学家访谈”等。教师在组织学生阅读此类材料时，主要任务是解释学生难懂的名词术语，其余由学生自行理解，也不一定要得出统一结论。

（2）对正文进行提示或预备性说明，插在正文之中。

每节内容之前都有“本节聚焦”，以设问的方式对本节主要内容进行了归纳。文中有“相关信息”，作为承转过渡和通畅思路之用。

在正文中，插入“相关信息”，对正文进行补充和说明。如，在“对分离现象的解释”旁边，插入相关信息“……孟德尔根据实验现象提出的遗传因子在体细胞中成对存在，在配子中单个出现，是超越自己时代的一种非凡的设想。”学生不仅看到了对孟德尔的高度评价，更是激发学生对科学探索的一种神往和对科学家的敬佩之情。

在正文中，插入归纳总结的内容，并提问引发学生思考。如，“……是不是决定子叶颜色的遗传因子对决定种子形状的遗传因子有影响呢？黄色的豌豆一定是饱满的、绿色的豌豆一定是皱缩的吗？”

在正文旁，以设问的方式引导学生进行发散性的思考。如，“假如雌雄配子结合不是随机的，F2 中还会出现 3∶1 的性状比例吗？”

对于此类材料，教师应要求学生认真阅读、思考，并讨论、回答相关的问题。

在学生掌握了学习生物的基本方法之后，教师如果选择恰当的内容让学生自学，对学生智能的发展将有很大帮助。一般的教材不是程序教学的教材，因此，简单按照一般教材的顺序去自学不一定能获得最佳效果，这就需要教师指导。一般地说，教师应在学生自学之前提供一个自学提纲，规定自学的步骤和时间划分，提供相应的思考题和练习。在自学之后，教师还应对自学的效果进行适当的检测和评价。

3. 组织学生讨论

讨论是一种由学生积极参与的教学方式。它可以促使每个学生都有机会投入到活动当中，促进他们积极地思考和相互启发，完成教学信息的多向交流，在教师的帮助和引导下，经过主动探究获得知识。根据学生参加讨论的规模和参与程度，可分为全班讨论、小组讨论和辩论。

全班讨论一般由教师主持，学生各抒己见，教师引导、启发学生思考，待学生充分发表意见后再由教师或学生总结。在小组讨论中，一般是以邻近的座位划分小组，每组

4～6人。各小组就相同的问题进行讨论，教师在教室内巡回指导。经过一段时间讨论之后，请各小组发言人报告本组讨论结果，教师进行总结评议。在辩论中，教师在课前提出辩题，指定正反方，正反方学生查找资料，准备论据，在课堂上提出论述理由，最后由教师总结归纳。

讨论可以调动学生的积极性，给每个学生展示自我的机会，因此是学生乐于参加的活动。但是课堂讨论时间有限，要求教师归纳学生的发言，得出概括的结论，所以需要教师有较高的组织教学技能。全班讨论方便教师调控，在时间上有保证，宜于讨论简捷的有明确结论的问题，如“植物的蒸腾作用有什么重要的意义”。分组讨论能够鼓励每个学生都积极参与，但教师不易辅导，而且有时难以控制时间，适宜讨论综合性较强的问题，如“如何培养噬菌体，才能将其进行同位素标记”。辩论赛能鼓动学生，激发学生的学习热情，但比较费时间，适宜讨论不一定有标准答案的，能启迪学生发散性思维的问题，如“克隆带给人类的祸与福”。

4. 组织学生练习

练习是课堂教学不可缺少的环节。通过练习，可以强化学生记忆、巩固知识，提高解决问题的能力，检测学习效果，获得及时反馈。按照时间的不同，可以将学生练习分为课堂练习和课外作业。按照形式不同，可以分为口头练习、书面练习、演示实验。

课堂练习包括每一部分知识学习完后的即时练习和一节课教学结束时的练习。前者可以通过设计一些简单的训练，书面的、口头的、个别问答的、出示答题卡的都可以，考查学生对知识的掌握情况。后者通常是具有一定综合性、灵活性的训练。课外作业要有明确的要求，进行必要的提示和示范，并及时回收批改。

口头练习适用于答案简明、可迅速判断正误的习题，如各种选择题，但是检测面有一定限制，适用于课堂教学中的插入练习。书面练习检测面较宽，全体学生都可参加，适用于各种类的习题，但较费时间，宜用于课堂综合练习和课外作业。演示实验指学生自己动手进行模拟演示的实验，需要一定设备。教师利用现有设备和理化生实验仪器，组织学生进行生物实验，是很有发展前途的教学方法。

5. 组织学生游戏

游戏是一种娱乐活动。在中学生物教学中，结合课堂练习组织适当的游戏，如猜谜语、角色扮演等，可以活跃课堂气氛，引起学生兴趣，在游戏中巩固和运用知识。有时，经过精心设计的游戏能够促进学生对知识的综合运用。例如，学习消化系统时，模仿小品《五官新说》，分别请一些同学扮演消化道中的各个器官，叙述各自的结构和功能，分析彼此的联系。

6. 组织学生实验

在生物学教学中，实验教学是至关重要的。实验是激发学生学习兴趣、培养学生多种学习能力和严谨科学态度的有效途径之一。在实验课中，由于学生活动的空间大，教学的组织工作难度也增加了。如何才能将实验课组织得井然有序呢？

精心布置实验室环境，创设实验研究的良好氛围。实验室要干净、整洁，而且对学生来说既要充满情趣又有很强的吸引力，增添学生探索生物奥秘的兴趣。例如，在窗台上放置绿色植物、金鱼缸（养几条金鱼）；实验室后面陈列标本柜，里面摆放学生的优秀作品和动植物标本；墙上悬挂生物学家的画像及名言，黑板两侧张贴《中学生守则》和《实验室规章制度》，黑板上方张贴一个大大的“静”字。在这样的环境中，学生能够受到良好的熏陶和感染。

充分发挥合作学习的优势，实现学生的自我约束与管理。合作学习是学生进行自主学习的一种常见形式，也是学生进行自我约束的最好形式。小组成员在进行实验时，既有分工，也有协作；既互相依赖，也互相制约。所以，精心编排实验小组也很重要。在自由组合的基础上，教师注意根据学生自律性强弱和性格互补等进行适当调整。选出临时小组长，实行组长轮换制，加强学生的自我管理。

教师要充分发挥组织者、引导者的作用。①做好准备工作，教师对实验中可能出现的问题及难点要设计好解决措施。②培训实验小助手，至少每个小组有1人，他们可以帮助其他同学并作适当的示范和指导。③指导学生做好实验的预习和准备，对实验原理、目的、方法、过程要心中有数，制定详细的实验方案。④实验中加强对各组实验的巡视和指导，及时点拨和指导遇到困难的小组或同学。⑤在等待实现现象出现的较长些的空档时间里，要提供学生观察、思考、讨论的内容和要求。⑥及时、客观、公正的评价。将学生在实验中的收获、表现、情感体验等记入其成长记录袋，通过评价，进一步增强学生在实验中的愉悦感。

三、诱导性组织课堂教学

诱导性组织是教师用亲切、生动、充满激情和富有启发性的语言进行引导，通过提示、提问和活动，充分调动学生的主观能动性，鼓励学生积极参与整个教学过程，顺利完成设定的学习任务。

俗话说：“亲其师则信其道。”特别是对于胆小拘谨或学习困难的学生，教师要给予他们热情的鼓励，创设温馨、和谐的学习氛围，让他们充满安全感，对老师充分信任。这样他们就可能大胆地参与到回答问题、讨论等课堂活动中来。

善于设疑也是诱导性组织课堂教学所必需的，因此掌握好提问技能并能在课堂教学中熟练运用是至关重要的。通过设疑和恰当的引导，激发学生的求知欲，促使学生积极、主动地学习。这需要合理组织教材，精心设计问题，点拨学生的思路，引导学生发现问题，用科学的思维方法解决问题。

例如，种子中含有水分的实验结论，是以小麦种子加热后在试管壁上出现水珠来证明的。如何使学生从个别（小麦种子）的实验结果，推导出一般的结论——种子中含有水分？有的教师在实验结果出现时，以一连串的问题来引导学生。

教师：在实验中你们观察到了什么现象？

学生：试管壁上出现了水珠。

教师：水是从哪里来的？

学生：是小麦种子受热后散发出来的。

教师：这说明了什么？

学生：说明小麦种子里含有水分。

教师：我们是以小麦种子进行实验的，实验证明小麦种子里含有水分。那么，其他种子是否也含有水分？大量的实验表明，种子里都含有水分。因此，才得出了“水分是组成种子的一种成分”的结论。

在这样的组织教学中，教师不是生硬地灌输知识，也不是代替学生思考，把结论灌注给学生，而是积极启发诱导，使学生科学、正确地得出结论。

第三节　组织教学技能实训

一、实训的要点

1. 建立课堂常规

教学常规是课堂教学得以正常进行的保障。教师根据本校、本班学生实际，在认真调查的基础上，对学生提出明确具体、符合实际的要求。举例如下：

课堂教学常规

遵守课堂纪律，专心听讲，积极思考，认真做笔记，举手发言，大胆提问。上课时不吃东西，不喝水、牛奶和饮料。不做与本堂课无关的事情，不做影响自己和他人学习、老师教学的事情。未经老师同意不看与本课学习无关的书籍。

读书、写字姿势正确，身直、头正、肩平、足安，眼睛与书本保持一尺的距离，胸口离桌沿一拳，手指离笔尖一寸。

保持教室和上课场所的环境卫生，杂物、纸屑要丢进垃圾桶。

老师宣布下课后，让老师先行，然后整理好上节课书本，准备好下节课的学习用品后方可离开座位。

2. 掌握方法技巧

(1) 运用注意规律进行组织教学。心理学根据目的性的有无和意志努力程度的不同，将注意划分为三类：无意注意、有意注意和有意后注意。在课堂教学中要学会交替运用这三种注意。大致步骤可以归纳为：①交代学习的目标、任务，引起学生的有意注意；②联系生产和生活实际，运用生动的事例或者直观化的教学手段，引导和培养学生学习的兴趣，诱导学生的无意注意；③通过多种途径和方法，突出教学重点、突破教学难点，加强学生的有意注意；④采用形象化、直观化的教学材料或教学手段，进一步发展和巩固学生已经建立的兴趣，加强学生的无意注意；⑤通过小结、总结、课堂训练，强调重点、难点，将学生的注意提升到有意后注意。

(2) 运用体态语进行组织教学。体态语是通过人的仪表、动作、姿态、表情等来传递信息，具有形象性、直观性、暗示性、感召性等特点。体态语在组织教学中具有非常重要的作用。以课题教学中的“目光交流”为例，教师通过亲切而严肃的目光与学生进行交流，让学生意识到教师对自己的关注；当教师发现学生在课堂中的异常行为时，通过目光示意，甚至暂停授课，学生通常就会停止其他行为，将注意力集中到课堂学习之中。

（3）运用情感规律进行组织教学。心理学研究表明，情感因素是影响教学质量的一个主要心理因素，积极丰富的情感能促使认识过程、意志过程、个性品质得到全面发展。缺乏情感交流的课堂必然枯燥无味，课堂效率低下。教师要在教学活动中努力培养学生积极、健康、向上的情感，引导学生带着愉悦的心情投入到学习活动之中。

教师给予学生平等的、真诚的关心和爱护，学生就在心理上与教师有了亲近感，就会发自内心的认同、尊重和信任老师，这就为课堂组织教学奠定了良好的基础。教师要重视自己的情感对课堂气氛的影响，随时调节自身的情感，让学生在愉快的氛围中进行学习，让学生乐于学习，善于学习，促进学生智力的发展。教师要表里如一，言行一致，对学生以心感心、以情动情。

（4）运用成功教育进行组织教学。成功教育主要是通过学生在学习过程中的成功体验，激发学生学习的自觉性、积极性，提高学生的自信心。课堂教学中，教师要根据学生的实际，提出学生经过努力后能够达到的目标，让每一个学生都能体验到成功。

二、实训的要求

组织课堂教学是一项比较复杂的教学技能，既要贯穿全课的始终，又要变换多种形式。各个构成要素，包括提出要求、安排程序、指导引导、鼓励纠正和总结等，在一节课内多次重复并间断出现，这都给教师应用本项技能造成了困难。除了在教学中有意识地熟练本项技能外，教师还应注意几个应用要点。

（1）注重方式，把握时机。如前所述，组织课堂教学绝非一次性行为，围绕着不同教学内容和不同教学环节，教师要多次组织课堂教学。因此，在教学设计和编写教案时，应充分考虑组织课堂教学的方式，是正面讲述还是提问启发，是运用语言还是电教媒体，怎样与导入、提问、讲解、变化、强化、演示等有机结合，还应充分考虑组织课堂教学的时机，何时提出要求，何时安排程序，何时指导引导，何时鼓励纠正以及何时总结。这些方面都应有切实的针对性，甚至对各个细节都要预作考虑。在实践中，也要根据学生的反应作变通处理。

（2）注意身教，重视示范。身教在组织课堂教学中有着特殊重要的作用。教师通过自我形象和动作行为所发出的信息，往往比语言指令有更强的引导性。例如，在仪表方面，端庄大方的衣着对学生情绪将起到稳定作用，浓妆艳抹则会干扰学生的注意力；在举止方面，安祥稳重的姿态会使课堂气氛保持和谐，轻佻浮躁的举动会使学生失去对教师的尊重，因而造成混乱；在行为方面，大方得体的行为能促成学生遵守秩序，坐无坐相、站无站相、语言粗俗、乱扔教具等行为会很快地传染给学生，造成课堂秩序混乱。

示范是由教师亲自把正确的行为方式演示给学生，使学生在较短时间内达到操作的规范化。在安排学习任务以后和指导、纠正的过程中，教师要经常对学生进行示范。例如，在学习细胞后，要进行填图，教师可以边示范边说明如何规范地在图上进行标注。

（3）严格要求，耐心说服。中学生是生理和心理迅速发展的时期，各方面的心理因素都存在着易波动的特点。与小学生相比，中学生的自尊心明显增强，对客观事物的自觉性大大提高，需要经过思考以后再对外界事物做出反应。教师应该认识中学生的这种心理变化，不能期望学生仅凭直觉就会产生反应，所以要讲清道理，说明原因，给学生一个自我判断和选择行为方式的机会，这就需要教师具有一定的耐心。

但是，中学生毕竟还没有达到心理成熟阶段，完全凭自觉性来行动是不可能的，时间也不允许。对于一些事关集体荣誉和社会公德的问题，教师要有硬性的规定。课堂教学是一种集体活动，当然也必须有严格的统一要求，这样才能达到全体学生的协调一致。

（4）面向全体学生，适当照顾差异。组织课堂教学是以班级为对象的，是针对全体学生的。组织课堂教学的目的，是优化教学过程，使全体学生都得到发展。因此，教师必须考虑大多数学生的实际。如果只注意优秀生的需要，就可能使大多数学生难以适应，跟不上教师的组织引导，不能按照教师的要求去活动，最终丧失信心。如果过份照顾基础薄弱学生，又可能使课堂教学过于容易和烦琐，使大多数学生感到索然无味，失去学习兴趣。为了满足不同层次学生的学习需要，可以在提出要求时提出不同层次的目标，供学生自己选择将完成何种任务，还可以对他们进行个别指导。

三、实训的设计

（1）组织理论学习。组织参训学员认真学习组织教学技能的基本理论，明确组织教学的功能、结构类型、实习要点及要求。

（2）观摩示范录像。组织学员认真观摩优秀教师教学录像片段，认真记录该教师课堂组织教学环节，并具体分析其组织教学的优点和不足，给出改进建议。

（3）在教学中，出现下列问题时，请设计出你的处理方案：①有个学生迟到了，气喘吁吁地跑进教室坐好了。②有两个学生在课堂上窃窃私语。③有个学生低着头，专心看其他课外书。④有个学生突然说："老师，您讲错了！书上不是这样说的！"⑤有个学生突然高喊："你为什么抢我的东西?"⑥课堂上两个学生打起来了。

（4）思考与讨论：第一次给新班级学生上课，你如何进行课堂组织?

（5）结合教学见习所见到的中学课堂教学，指出课堂组织教学中教师做得好的地方，还有哪些不足之处及如何改进。

（6）自选一节教学内容进行教学并录像，重放录像，进行自评，发现自己进行组织教学的优点和不足。在进行小组评议、指导教师评议的基础上，认真总结，再在小组内重新进行角色扮演。

（7）结合表 13-1，训练对组织教学技能的评价。

表 13-1　组织教学技能评价表

评价指标	评价等级				权重	分值
	优	良	中	差		
1. 使用要求明确、恰当语言组织教学，效果好					0.2	
2. 目光暗示与语言配合，使学生进入教学状态					0.15	
3. 及时运用反馈、调整、控制教学好					0.2	
4. 不断变换方式，使学生始终处于积极状态					0.15	
5. 运用恰当方法，使不同层次的学生积极投稿					0.1	
6. 懂得少数和多数，个别和一般策略，方法恰当					0.1	
7. 教学进程自然，活跃、师生相互使用好					0.1	
总体评价：						

说明：按照百分制给分，评价者在适当评价等级处划“√”。

第十四章　说课技能

第一节　说课技能概述

一、说课的含义

说课，就是在备课的基础上，面对同行或评委，在10～15分钟，教师依据教育理论、课程标准、教材内容、学生情况、教学条件等，分析教学任务，陈述教学目标，讲说教学方案，然后让听者评说，达到共同提高之目的的教学研究形式。它是教师将教材理解、教法及学法设计转化为“教学活动”的一种课前预演，也是督促教师业务文化学习、进行课堂教学研究和提高业务水平的重要途径，还是评估教学水平的有效手段。由于操作简便易行，目前已作为用人单位在招聘面试中的一种重要手段。要认识说课，就必须正确区分说课与讲课、说课稿与讲课教案。

1. 区分说课与讲课

说课与讲课在听课对象、教学目的、评价标准、形式与内容等方面都有很大差异。例如，讲课是面向学生；说课是面向同行、专家或评委。讲课的目的是切实组织起学生的学习活动，引领学生达成教学目标；说课的目的在于对教师进行全面了解和综合评价，在广大教师积极参与的过程中，促进教师素质的提高，进而大面积提高教学质量。要防止把说课变成“试教”或“压缩式讲课”。

2. 区分说课稿与讲课教案

（1）内容不同。讲课教案是对教学过程中教师、学生具体活动的设计，反映的是教师组织教学活动的实施技术，只需说明如何“做”，不需要也不能说明“为什么”。说课稿是对教学过程的介绍，要有针对性的阐述理论依据，要重点说明“为什么要这样教”，说课稿是教案的深化、扩展和延伸。

（2）详略不同。教案为了适应课堂教学中师生活动顺利进行的需要，内容具体、详细；说课主要为满足同行交流的需要，只需要对教学方案作纲目式、摘要式、理论性的述说，课堂上对学生展示说明的问题可少说或不说。

二、说课的特点

(1) 将教师的隐性思维变成了显性思维。备课过程中，教师对课程标准的把握、对教材的理解与挖掘和对学生学习能力的评估与预测等一系列活动，都是隐性的思维活动过程。说课将备课的思维过程表达出来，让更多的人直接感知你的思维过程。如果我们能够把备课的过程以说课形式表达出来，最起码你的备课是有条理而精炼的，思路是明确而清晰的。

(2) 将教师的个体行为变成了群体行为。在很多情况下，教师的备课是作为个体行为活动来考查的，既然是个体活动，那么备课的质量和水准就必然受个体主观因素的影响；而说课是需要多人参与的，有说课就有评说课，两种活动交织在一起，就必然存在思维的互补和学术性的交流。对同一问题进行多角度地推敲，就利于每个参与者取长补短。说课具有简便、明快、高效、省时、易于安排和控制的特点，虽不能代替教研活动，但它完全可以纳入到教研活动的范畴。在个人支配时间相对少的环境中，它是丰富教师个人知识储备的有效方式，能促动教师投入其中并对自己的教学活动进行回想和反思。同时，在这个把备课时的隐性思维转化为说课时的显性思维，把静态的个人行为转化为动态的群体学术性讨论的过程中，它也提高了教研的学术层次。

(3) 使备课环节既重视操作又重视理论研究。在备课时，教师不仅要考虑“怎么教”，还要考虑“为什么要这样教”。必须以相关的教育学、心理学理论为指导，对教学内容、教学方法、学习方法、教学过程等进行系统的分析和设计。对课堂教学行为和有关理论均给予高度重视。

三、说课的类型

说课的类型很多，根据说课的目的和要求的不同，可分为以下三种类型。

(1) 示范性说课。由教学能手、学科带头人等优秀教师进行示范说课、上课，为其他教师提供教学观摩、学习、提高的机会。

(2) 研究性说课。通过集体备课，由一位教师备课并进行说课，其他教师听课并参与评议。研究性说课主要为突破某一教学难点或解决某一关键问题而寻求解决方案，常与授课相结合。

(3) 评价性说课。为考查教师运用教育教学理论的能力、理解课程标准和教学内容的水平、进行教学设计的能力等。常用于各类竞赛活动。通过评价性说课，可以发现优秀教师，促进教师队伍建设。

四、说课的模式

说课的模式有多种，例如，“六说”“五说”“三说”“二说”模式等。下面阐述其主要结构。

(1)“六说”模式，包括“说教材、说学情、说教法、说学法、说教学程序、说板书设计”。①说教材：教材的地位、目标、重点、难点、教具。②说学情：分析学生的学习特征。③说教法：介绍点拨引导，问题系列设计。④说学法：学生解决问题的方法、手段。⑤说教学程序：导入呈现，巩固总结作业。⑥说板书：板书设计。

(2)“五说”模式，包括“说教材、说教法、说学法、说教学程序、说板书设计”。

(3)“三说”模式，包括“说教材”“说教学方法、教学手段及教学指导”“说教学程序”三部分。

(4)“二说”模式，包括“说教材”“说教学、说学法、说教学程序”。

虽然不同的说课模式所包含的环节有一定差异，但由于教法、学法与教学程序具有紧密的联系，所以无论哪种模式都包含这三者。在说课中选择哪种模式，则要根据说课的具体要求和实际内容灵活确定。

第二节 说课的设计

一、说 教 材

主要说明“教什么”和“为什么教”，即在个人钻研教材及有关资料的基础上，说出课程标准的要求，教材编写的意图，本节课的基本教学内容，在教材中的地位、作用和前后联系，教材的重、难点及关键点，学习类型的分析，已有知识与新知的联系以及教材处理的指导思想和方法等。

1. 介绍教学内容的地位、作用和意义

说课中教者首先要阐述所备的生物课在一节、一章乃至整个中学生物全套教材中的地位、作用和意义，而不是孤立地看待某课时教学内容。这是由生物教材具有严密的逻辑性和序列性所决定的。同时，根据教学对象的不同，作教材内容处理和安排的说明。

例如，《输血与血型》的教学内容分析：“本节是七年级下册第四章第四节内容。本章分为四节，教材通过前三节的介绍让学生对血液循环系统形成一个完整、清晰的认识，在此基础上，特意把与现实生活关系密切的《输血与血型》单独安排一节，这是对新课程目标中情感态度与价值观培养目标的全方位体现，因此，本节内容在全章占有十分重要的地位。本节文字量不多，知识量也较少，但是却与人类生活有十分密切的关系。这些内容学生也很感兴趣，渴望获得相关知识的欲望也很强烈。基于此，正好鼓励、支持学生课前通过上网等多种途径查阅、收集和了解有关血型与输血的知识，展开调查，并课上交流。通过学生丰富的感性体验与深刻的感悟，来实现情感态度与价值观培养目标”(岳开建，2007)。

《生物对环境的适应和影响》的教学内容分析：本节是生物学七年级上册第二章第三节内容。本章站在生物圈的高度，论述了生物与环境是相互影响、相互依存和不可分割的一个整体，这是一个最基本的生物学观点，也是理解“人与生物圈应该和谐发展”的理论基础。所以该节在本书中乃至在本学科中都占有重要的地位。在前一节“环境对生物的影响”的基础上考虑“生物对环境的适应和影响”，其实是从一个问题的两个方面辩证地分析生物与环境的整体性，也为下一节“生态系统”的学习作好预设。

2. 确定教学目标

教学目标是备课中所规划的课时结束时要实现的教学结果。课时目标要求明确、具体，可以测量或检查是否达成，不应模糊、笼统。其行为主体是学生而非教师。知识目标可以从了解、理解和应用三个层次分析，技能目标可以从模仿和独立操作两个层次分析，情感目标可以从经历（感受）、反应（认同）和领悟（内化）三个层次分析。说课时要列出切实可行又可检测的教学目标，同时阐明目标间的相互渗透以及德育与智育、知识与能力的结合点。

例如，《叶片的结构》的教学目标。

“根据课程标准对知识传授、能力培养、思想教育三者做到统一的要求以及对教材的分解和对学生的了解，我将本节课的教学目标确定为：

知识目标：识别叶片的结构，说出叶片与光合作用相适应的结构特点；获得栅栏组织、叶肉、叶脉及气孔等基本概念。

能力目标：尝试制作叶的徒手切片，用显微镜观察叶片的结构。在观察活动中，学生的基本技能、实践能力和思维能力等方面应得到一定的发展。

情感目标：参与制作徒手切片，体验实验活动过程，养成严谨认真的科学品质，并强化安全意识；进一步领会科学探究的一般方法”（岳开建，2007）。

3. 确立重点、难点

一般每节生物课的训练重点也是本节课的教学重点。难点是学生接受较为困难的知识和方法。难点的形成主要有教材本身的因素，也有学生原有的知识水平等因素。

例如，初中生物《人体内的气体交换》教学的重、难点。

教学重点：气体交换的原理与过程。

分析：呼吸运动解决的是人体外环境与肺泡进行气体交换的问题，而本节要解决的是肺泡与血液之间和血液与组织细胞之间的气体如何交换问题，无论从知识的完整性来看，还是从能力的培养来看，气体交换的原理与过程应作为本节的重点。

教学难点：扩散作用及气体交换的过程。

分析：气体交换的原理是扩散作用，而扩散作用这个物理概念要从生物学的角度教给学生是有一定困难的，加上肺泡里、血液里、组织细胞里的气体都是肉眼看不见摸不着的，让学生理解体内气体交换的微观过程也是有一定困难的。

二、说教学方法

说出根据教材内容、教学目标、学生实际、教学条件等选择的教学方法，具体怎样运用这些方法、选择这些方法的理论依据和实践依据是什么，以及要使用的教具、学具或电教手段是什么。主要说明“怎样教”和“为什么这样教”。

1. 选用什么样的教学方法

这是指教师引导学生学习生物所采用的主要方式，是改进生物课堂教学的主要方面。比如，教学思路和策略上，可以选择目标教学的方法、尝试教学的方法、发现教学的方法、阅读自学的方法或小组讨论交流的方法；教学信息和感知材料的呈现上，选用题组呈现或一题多变的方法、多媒体教学法或教具模型演示的方法；在思维活动的组织上，采取从个别到一般的概括方法、由此及彼的类比推理方法或比较对照的方法。

教学方法的选用陈说不能太笼统。如果只说一个概念“启发式”，而没有“如何启发”的说明，则只是停留在表面，而无实质的方法。

2. 准备什么样的教具和学具

教具和学具的设计、运用和演示是极其重要的。如感知新知时，以观察法、演示法、实验法为主；理解新知时，以谈话法、引导发现法、探究研讨法、讲解法为主；形成技能时，以练习法为主。

3. 选择教学方法的理论依据

一堂课上有时可以运用几种教学方法，介绍选择教法的理论依据。

例 1：《心脏》一节教法设计

“配合现代化多媒体教学手段，运用启发、观察、对比和综合的方法，采用展开式网络知识结构教学法进行教学。利用电脑多媒体教学，把电、声、光结合起来，实现声、像、图、文相统一，真实、形象、生动地展示生物体，把抽象的内容形象化、具体化，吸引学生的注意力，使学生获得生动的感性认识，激发学生的学习兴趣。而网络式知识结构层次清楚、科学、简洁，符合生物学逻辑体系和学生的认识规律，有利于学生各方面能力的培养”（岳开建，2007）。

例 2：《呼吸运动》一节的教法设计

自学导思法——老师引导下的学生自主探究；直观教学法——主要利用多媒体现代教学手段。自学导思的方式有利于学生主动学习，激发学生独立思考和创新意识，充分发挥学生的主体作用，同时培养学生之间的团结协作精神。教材中的肋骨运动的演示实验是平面的，不够形象，很难形成知识的迁移；而媒体动画是立体的、直观的、动静结合的，通过教师的层层引导，启发学生积极思维，逐步将学生感性的认识引导到理性认识，培养和发展学生的抽象思维能力。

例 3：《根尖的结构》教法设计

本课沿着“引导观察—归纳整合—检测达标”的思路构建课堂。教学活动以观察、讨论为主，使学生通过观察获得感性认识，再通过讨论、分析、归纳得出结论。在学习每个知识点之前，教师都提出问题，引导学生带着问题观察；同时不断收集信息，课中用板书检测，课末用目标检测，及时反馈矫正，控制整个课堂节奏，始终处于“导”的位置，而学生作为课堂中的主体始终处于动手、动口、动脑的参与状态。

三、说学习方法

学习方法是学生完成学习任务的手段或途径，是学生在获得知识、形成能力过程中所采取的基本活动方式和基本思想方法。“说学习方法”主要说明学生要“怎样学”和“为什么这样学”，即说明根据学生的年龄特征和心理特点，运用哪些学习规律指导学生怎样进行学习。例如，指导学生读书的方法，指导学生观察的方法，指导学生分析的方法等。

在学习方法的选择上，要充分考虑学生的自身因素与情境因素，分析学生的认知基础、心理特征及对学习该内容的可接受性，分析学生思维方式与学习习惯对该内容的适应性；要分析如何引导学生学会学习，即从学科和教材特点出发，结合学生实际，说出如何根据教学内容、围绕教学目标指导学生学习；要说出教给学生什么样的学习方法，培养学生哪些能力，如何调动学生积极思维，怎样激发学生学习兴趣。

说学习方法的基本内容包括：①指导学生用什么样的方法学习。对学生的学心过程进行适当的指导，如：课前预习—认真听课—及时复习—练习巩固—系统小结；培养学生掌握适合自己的方法，如预习、听课、阅读、总结等。②培养学生哪方面的能力。根据教学内容，可从注意力、观察力、记忆力、想象力、思维能力等方面选择一至两个作为重点进行培养。③如何激发学生的学习兴趣。④学法指导的理论依据。学法的指导有其教育科学的根据，要针对学生、课堂的实际，寻求理论的支撑，以教学规律、理论依据来支持学法的指导。⑤如何进行细节处理。主要指学生学习过程中所出现的问题怎样处理。要转变角色，换位思考，尽可能从学生思维及生活、知识、经验的角度去作出预先的思考。

《人体的呼吸系统》学法设计：“①指导观察模型、图片和动画的方法，培养观察能力。②随着老师的设问，学生自学教材，主动思考，小组讨论，培养分析和解决问题的能力。③指导学生发现并掌握知识内在的联系，总结出生物学的“统一”原理，并学会运用这种原理指导以后的学习”（丘开建，2007）。

《生物对环境的适应和影响》学法设计：“通过观察、讨论、分析去发现知识，逐渐培养自主学习的习惯和能力，通过课前的探究活动和课上的交流，体验知识获得的过程，感悟科学探究的方法，体会同学间合作的魅力，尝到探究性学习的乐趣；同时也提高了分析问题的能力、语言表达能力，进一步掌握科学探究的一般方法”（殷天富，2010）。

四、说教学过程

“说教学过程”是说课的重点，主要说明“教什么”“如何教”。通过对教学过程设计的阐述，可以看到教师的教学安排是否合理、科学，是否具有艺术性。

“说教学过程”主要包括：①说明教学过程设计的总体指导思想；②说明教与学两种活动的有机结合的设计及其理论依据；③说明具体教学活动由哪些环节构成，每个环节的任务、所采取的教学策略及其依据是什么，典型教学环节的价值取向及其理论依据以及各教学环节之间的逻辑关系和衔接；④说明教学程序的设计及其合理性；⑤说明教学媒体的选择及如何对学生进行学法指导。

教学过程通常可以包括六个步骤：①引入课题（创设情境，导入新课）。一看选择的内容能否让学生进入新的课堂情景，二看提出的问题是否服务于课堂重点，能否牵动全体学生的心。②讲解新课（根据教学目标、重点，难点，形成授课的结构思路）。③课堂练习（根据教材知识点的示例，形成变式实训）。④内容小结（强化知识重点、概念）。⑤布置作业。⑥板书设计。每一个步骤又可以有具体的教学设计，并考虑可能出现的情况及调控措施。

例 1：《植物的呼吸作用》一节的复习导入设计

这一环节应注重新旧知识的衔接，旨在为新授课铺路搭桥。

首先，用课件展示：一只小白鼠生活在密闭的玻璃钟罩里（A 装置），另一只小白鼠生活在有绿色植物的密闭玻璃钟罩内（B 装置）。然后，提出问题：这两只小白鼠哪一只先死去？能用学过的知识分析一下原因吗？

在学生回答之后，进一步用课件展示小白鼠生活的环境，将 B 装置用黑布罩起来。讲述：一个科学家做过这样一个实验，如图中装置，结果，他发现 B 装置中的小白鼠不久就死了，而且寿命比 A 装置中的还短。全班同学讨论并分析其原因。

引导学生归纳：不仅动物的呼吸作用需要氧气，植物的呼吸作用也需要氧气。

引出本节课题：植物的呼吸作用。

由此导入：配以形象画面，提出问题，启发思考，从而调动学生的学习热情，我也从中导入下一阶段的教学。

例 2：《输血与血型》中难点的突破

无偿献血教育是本节的一个重要的情感态度价值观目标，也是本节的难点。我是这样设计展开的：

第一步，讨论“有人认为献血会伤元气，而且会造成贫血，你同意这种看法吗?”引导学生认识献血对人体的健康是没有影响的，而且适量献血还可提高造血功能，预防心脏病。从心理上消除对献血的顾虑和误解。

第二步，引入真实的故事情景：一天放学后，隔壁学校学生刘昌背上书包走在楼下，两个正在打闹的学生把放楼上阳台上的花盆弄掉下来，不幸正打中刘昌的头，真是祸从天降，当时刘昌就晕了过去，满头鲜血，周围的同学和老师赶紧把他送到医院，医生检查后说是颅内出血，必须立即手术，否则有生命危险，可验完血后发现，医院里他这种血型的血正告急，在这生死攸关的时刻，周围的同学和老师都站出来愿意用自己的鲜血来挽救他的生命。你可能不会遇到相同的情况，但在医院里每天都有有许多人在生与死的边缘徘徊，如果你或你的亲人在需要用血时，而血库里没有血，你的心情又会是怎样？通过感人的实例来调动学生的情感，激起学生产生成年后自愿献血的强烈愿望。

第三步：利用多媒体展示无偿献血场面的图片，插入学生收集来的图片影像资料，并出示老师的无偿献血证，再一次激发学生成年后参与无偿献血的决心和愿望，并从心底认同我国的无偿献血制度。

以上三步曲设置了三种不同的情景，让学生通过自己的情感体验来获得情感态度价值观的提升。多给学生机会去体验、感悟，这是新课程倡导的教学方式。

例 3：《花的结构》中的实验探究培养技能

根据我们本地的实际，用野棉花做实验材料，让学生取一朵野棉花，对照课本上的图Ⅲ-15，观察它的花托、萼片、花瓣、雌蕊和雄蕊，让学生有真实的体验。学生通过对野棉花的解剖学习花的基本结构，通过分组实验和讨论，让学生自己动手探究，并讨论、归纳结果，发挥学生的主体地位，培养学生的实验能力和分析能力以及探究精神和合作精神，体现新课标的教学理念，落实技能目标。

例 4：《心脏》中的难点突破：形象模拟，化解难点

“在学生掌握心脏的结构及其相连血管知识的基础上，讲授心脏瓣膜的位置及其开启关闭与心脏内血流方向的关系，这部分内容是本节课的难点，可利用电脑多媒体手段循序渐进地进行教学。首先，指导学生阅读课文 P32 第二自然段，通过指导读书，培养学生的自学能力。然后，播放猪心解剖录像，使学生看到活生生的心脏，增强真实感，在看录像的同时，要求学生判定心脏的各个方位；学会识别心脏的四个腔；认识心脏瓣膜位置、形态、结构和开启方向，进一步促进学生牢固地掌握人体心脏的知识，同时又让学生学习到了人体器官的解剖方法和观察方法，培养了学生的观察能力。为了帮助学生进一步理解心脏瓣膜控制血流方向的作用，把“血液在心脏内流动的多媒体动画课件”播放到银幕上，显示血液在心脏内和与其相连的血管间的流动与心脏瓣膜开闭的关系。在学生观看时，教师可设问：“同学们在银幕上看到的血液如何流动？心脏的瓣膜有何作用？”让学生思考，从而归纳出瓣膜的开闭与血液流动的关系及瓣膜的作用。这样，通过多层次、多方位的反复观察和教学，难点被逐一突破。既提高学生的学习兴趣，发挥学生的学习主动性，又能让学生对所学知识牢固地、长久地保留在记忆中”（岳开建，2007）。

例 5：《生物对环境的适应和影响》结束语

实践证明，在教学中，充分利用新教材的优势，创设一个民主、和谐的课堂氛围，引导学生开展探究性学习，利用多媒体的现代教育手段支撑整个教学过程，使学生在一个生动、有趣、多姿多彩的生物课堂中，愉快地享受学习。

五、说　评　价

说出教学评价、反馈与调节的措施及构想。这一点，是以反馈调控为手段，力求反馈全面（兼顾优、中、差等生）及时，并且要有多种应变的调控措施。

六、说作业和板书

说课要谈如何安排练习作业，比如从内容上围绕重点，巩固新知；从层次上逐层深化、拾级而上；从数量上适度适量，紧凑而可以完成。板书是教学内容的浓缩和集中反映，板书要醒目突出，具有内在合理性，要让人体察到教学的“序”，这就有必要在说课中予以陈述。有些生物课的板书并不都显得十分重要和突出，也可不必说。

第三节　说课技能实训

一、实训的原则

（1）突出教学理念。从说课内涵看，教学理念是整个说课的灵魂所在。没有教学理念，说课便没了分量。

（2）诠释教学思想。说课既不是教案的复述，也不是上课的预演。要突出教师对教学任务和学情的了解、掌握，对教学过程的组织、教学策略的运用。能够运用教育学、心理学的原理来解决课堂教学过程中的问题。

（3）体现教学能力。说课的过程也就体现了教师教学的基本功，展示了教师运用各项技能的能力。

（4）展现教学境界。教学具有创造性体现在说课者对教学准确而独到的见解，对教学环节独具一格的安排以及对教学策略独具匠心的理解和独特的运用技巧。

（5）展示演讲才华。说课具有演讲的特点，它集中体现在说者的心口相应的协调和面对同行演说的技巧。让听者明白你所要进行的课的内容、目的、组织策略及其效果的评价，明白你的教学思想及行为所引起的效应。说得好的课具有说服力和吸引力。

二、实训的要求

（1）具有科学性。教材分析正确、透彻；学情分析客观、准确；教学目标符合课标要求、教材内容和学生实际；教法设计紧扣教学目标，符合学科特点，有利于发展学生智能，可操作性强。

（2）体现创新。创新可以是细微的，如一个例题、一个环节、一个观点、一种别致的设计。在教学过程的设计上，新课导入要新，教学过程要实，教学结尾要巧。对于教学的重难点可以设法组织教学高潮，形成教学特色。

（3）准备充分。要在认真钻研教材的基础上，写成说课稿。准备好说课所需的教具。说课前要准备好本次说课所用的尺、挂图、小黑板、卡片、幻灯片、录音录像等教学用具，以及表演和板书需要的饰品和图形。说课时根据需要做必要的介绍和演示。

（4）联系实际。说课要有科学理论的指导，要展示先进的和现代的教育思想，力求言之成理、言之有据。说课的三个方面的理论（即教育学、心理学的相关理论，学科教学的专业理论和体现各级各类学校的特色理论）要随说课的步骤有机提出，使“教例”与“教理”有机地融为一体。

（5）语言恰当。说课的时间一般为20～25分钟，在有时间限定的情况下，语言要精练，不必追求面面俱到。说课要配合板书，避免泛泛而谈，口头空讲。注意语气、语量、语调、语速、语感。绝对不能背说课稿。

（6）重点突出。围绕教学目标的确定、教材中重点难点分析、重要知识点的教法设计、巩固训练等主要内容来进行。

三、实训的设计

（1）组织理论学习。组织学生认真学习说课技能及有关的辅助技能的理论，说出说课的含义、特点、类型、模式，概述说课教案设计的主要内容。

（2）观摩示范录像。指导教师组织学生认真观摩示范录像（可观摩成功的说课示范、较好的说课教案示范），结合学习的理论知识，师生边观摩边分析，进一步明确说课的主要程序和内容。

（3）确定授课内容。学生可以选择第二章和第三章所提供的初、高中生物供选篇目进行说课技能的实训。

（4）设计说课教案、交流备课情况。说课者设计一个 15～25 分钟的说课教案。指导教师指导学员交流备课情况，取人之长，补己之短；并根据交流，各自修改或重写教案。

（5）说课者的教学实践。说课者用修改之后的说课教案进行说课，其他学员（学生扮演者）认真听讲，并随时认真记录试讲学员教学中的优点和不足之处。指导教师一边听课，一边对教学全过程进行录像，特别对学生表现出色和较差的地方拍一些特写。

（6）反馈评价。①重放录像。为了使说课者及时获得反馈信息，要重放录像。教师角色、学生角色、评价人员和指导教师一起观看，以便进一步观察说课者达到培训目的的程度。②自我分析。看完录像后，说课者可以对照表 14-1 进行自我分析，检查实践过程是否达到自己设定的目标，是否掌握培训的说课技能，是否还有其他方面教学行为的问题，明确改进的方向。③讨论评价。其他学员和指导教师也可以对照表 14-1 来评价说课过程，讨论存在的问题，指出努力的方向。

表 14-1　说课评价表

课题			
项目	内容	评分要点	分值
教学设计	教学目标	1. 教学目标要明确，符合《课标》和学生实际	4
		2. 目标全面而有层次，既有发展领域目标，又有认知领域目标	4
		3. 让学生了解教学目标，经过努力能够达到目标	2
	教学过程	1. 教学设计的内容科学、表述准确、术语规范	3
		2. 教学步骤清楚，教学环节完整，时间分配合理	3
		3. 教学策略合理，教学方法、手段选用得当；有明确的学生活动设计	3
		4. 问题或任务设计有利于实现教学目标，有利于教学情境营造和教学活动组织，作业练习设计合理，符合减负要求	3
		5. 有反思环节，教学评价合理、有效，能促进学生学习	3
	创新性	1. 教学设计立意新颖、构思独特、设计巧妙	3
		2. 有助于支持自主学习、合作学习或探究学习，有助于师生、生生有效互动	2

续表

课题			
说课	说教材	1. 说明教材前后联系；说清本节内容在教材体系中的地位和作用	5
		2. 准确、全面表述教学目标，符合课程标准要求和学生实际水平	5
		3. 说教学重点、难点及确定依据	5
		4. 说教材的处理	5
	说教法学法	1. 本课时的教法选择及理论依据解说清晰，科学严密、逻辑完整	3
		2. 注重互动，充分调动学生学习的主动性、积极性	2
		3. 重视学习兴趣和道德情感培养	2
		4. 重视学习方法的指导、学习习惯的培养和学习能力的提高	3
	说教学程序	1. 整体设计结构合理，层次清楚，衔接紧凑	5
		2. 容量适当，时间分配合理	5
		3. 突出重点，抓住关键，突破难点	5
		4. 说明各环节安排的道理	5
	教师素养	1. 普通话标准，语言规范流畅，逻辑性强	5
		2. 教态自然大方，仪表端庄，举止得体	3
		3. 媒体演示操作熟练；板书图示工整规范	2
	答辩	回答评委提问，反应敏捷，观点正确，理由充分	10

综合评分______________

(7) 修改教案。说课者根据讨论评价中提出的问题，积极、主动、认真地修改说课教案。

(8) 再循环训练。根据修改之后的教案重新进行说课训练，循环前边的（5）～(7)环节。对问题较多者再次进行循环训练。

四、实训教案示例

《DNA是主要的遗传物质》说课稿

一、教材分析

1. 内容与地位

“DNA是主要的遗传物质”一节是人教版（新课标）教材必修2《遗传与进化》第3章第1节的内容。相当长的时间里，人们把蛋白质作为遗传物质，那么，遗传物质是蛋白质还是DNA呢？教材通过两个经典实验证明了DNA是遗传物质。最后通过列举少数生物只有RNA而没有DNA的事实，得出“DNA是主要的遗传物质”

这一结论。

本节内容通过对科学史的再现与研究，体现了人们对科学方法的认识过程，是进行探究式教学的好材料。同时，本节教学内容涉及的实验，在现有的实验室条件下不可能完成，只有尝试采用引导探究式的教学方法，通过创设自主合作的学习情景、平等融洽的人际环境，激发学生学习积极性，让学生不是被动地接受知识，而是积极主动地走进探究历程，在观察和思考中愉快地学习，处于主体地位，才能增加学生活动空间，把知识传递过程优化为科学探究过程，让课堂充满吸引力，让新课程理念得到落实，让学生在探究中体会科学研究的方法。

本节内容既对前两章基因的有关知识作本质性阐述，也下启后三节DNA分子的结构、复制和遗传效应等，具有承上启下的作用。

2. 教学重点及解决办法

肺炎链球菌转化实验的原理、过程和噬菌体侵染细菌实验的原理、过程是本课的重点。因为根据高中生物课程标准要求，本节课以“自主探究科学发现过程来学习科学研究方法”为设计理念，学生只有在探究中才能体会到科学研究的方法。

解决办法：①通过学生分析格里菲思的肺炎链球菌转化实验过程，使学生确信S型死细菌细胞中含有某种转化因子；再通过艾弗里的体外转化实验，即从S型活细菌中提取DNA、蛋白质和多糖等分别加入到培养R型细菌的培养基中，引导学生明确只有DNA具有转化作用。②通过学生分析赫尔希的噬菌体侵染细菌的实验过程，用同位素标记法，明确只有噬菌体的DNA注入到细菌体内，而蛋白质外壳留在外面，经分析得出，子代噬菌体DNA和蛋白质，都是在注入到细菌体内的噬菌体DNA指导下完成的，说明DNA是连续的。

3. 教学难点及解决办法

肺炎链球菌转化实验的原理和过程，噬菌体侵染细菌实验的过程和原理，如何理解DNA是主要的遗传物质，RNA也是遗传物质是本节课的难点。因为，本节内容里面的实验应用了科学的实验设计程序，内容涉及微观领域，学生刚接触到这方面的知识，属于他们的薄弱环节。

解决办法：①从科学研究方法入手，对每一个实验步骤进行分析，尤其要重视格里菲斯实验的第3步和第4步。何谓加热杀“死”？杀“死”后的S型细菌还含有某种转化因子吗？这需要从两方面说明，一方面加热的温度一般为60℃左右，不能太高；另一方面说明转化因子的结构相当稳定。通过设问“肺炎链球菌的转化实验中，证明DNA是遗传物质的实验设计中最关键的思路是什么？”引导学生思考、回答，最后指出关键是“DNA和蛋白质分开，单独、直接地去观察DNA和蛋白质的作用。”②对噬菌体侵染细菌实验的过程和原理，通过问题启发、理论分析、过程展示、推理探究等引导学生分析、理解。③通过分析烟草花叶病的实例，并设计实验，认识DNA是主要的遗传物质。

二、学情分析

（1）学生初中生物“生物的遗传和变异”中已经学过有关基因和DNA的知识，对遗传的基本知识有了一定的了解；通过对人教版高中生物必修1和必修2第2章的学习，已经具备有丝分裂、减数分裂和受精作用等细胞学基础，掌握了染色体的化学组成、核酸和蛋白质的的元素组成、生物的生殖过程等相关知识，为新知识的学习奠定了认知基础。

(2) 高中学生对探究性学习比较熟悉，相关能力得到了培养，观察、实验能力已初步形成，但是实验探究能力还不够强，实验思维还不够严密，还需要训练他们的科学思维能力。

三、教学目标

根据对教材内容的系列分析，对新课程标准中具体内容标准的学习，考虑到本节内容知识层面较简单，但能力层面要求高。因此，本节课在知识传授同时，要让学生在体会到科学史的探究过程并尝试自己进行科学探究活动，体会科学研究基本方法。具体教学目标及分析如下：通过运用科学探究的基本思路和方法，分析肺炎链球菌转化实验并得出相应结论，分析噬菌体侵染细菌实验，能解释实验中同位素标记技术使用^{35}S和^{32}P的原理，得出相应实验结论，能设计实验探索烟草花叶病毒TMV和车前草病毒HRV两种病毒的遗传物质，发展科学探究能力。

四、教学方法设计

本节内容以实验为依托，以此培养学生的观察能力，引导学生学会设计实验和探究实验尤为重要。据此，我准备大力创设教学情境，让学生积极主动参与到教学活动中来，首先采用直观演示：利用动画、课件等手段进行直观演示，激发兴趣；同时以自主、探究、合作为课堂学生学习的三个基本方法，侧重科学方法培养，提高学生生物科学素养；本节课还将采用“合作讨论—分组探究”的教学模式，辅以多媒体教学手段，教师通过对资料、图片的展示，引导学生合作讨论科学的研究方法，并分组探究自己的一些想法，以造成多种不同认识交流和争论的局面，充分利用在课堂中动态生成的资源，在此基础上进行分析、归纳与总结，让学生自己形成相关的概念图。基本程序为：联系生活，情境引入—问题引导，小组讨论—设计实验，合作探究—归纳总结，构建系统—反馈运用，知识升华—课后探究，能力提升。

学法和教法是相互依赖和相互促进的。现代教学思想特别强调注意学生的主体作用，重视学生的学习方法，因为教学的目的不仅要让学生学会，而且要让学生由学会变为会学。因此，本节课准备引导学生掌握和运用合作讨论—分组探究的学习方法，引导学生通过对有关资料、图片的观察与讨论，造成各种不同认识交流和争论的局面，以激发学生的思维火花，在学习过程的交锋中取长补短，相互矫正。

五、教学过程概述

1. 创设情境，设疑引入

(1) 课件展示商品条形码，请学生根据生活经验，说说在哪里可以见到这些条形码，其作用是什么？

通过这个情境创设，激发学生求知欲，启发学生思考：在生物体内，有没有类似商品条形码这样隐含生命信息的“条形码”呢？它在哪里？是如何传递的？引导学生自觉进入本章本节内容的学习。

(2) 媒体展示由氨基酸形成蛋白质的结构图，启发学生思考：氨基酸多种多样的排列顺序，是否蕴含着遗传信息？从而让学生沿着科学史的发展轨迹分析问题，顺利进入“肺炎链球菌的转化实验”的学习和探究。

2. 问题引导，实验探究

媒体展示格里菲思的肺炎链球菌转化实验（共 4 组，见教材 43 页）；并提出问题，要求学生讨论、观察并描述实验过程，得出结论。藉此培养学生语言组织能力、观察能力和分析问题的能力。问题如下：

①实验第一、二组目的是什么？可否直接进行第四组？

②对比分析第二、三组说明什么？第三、四组又说明什么？

③该实验说明什么？如果让你进一步证明什么是遗传物质的话，你将如何设计并实施实验？

学生结合肺炎链球菌转化实验分组讨论，在完成下表的基础上设计实验方案，进行实验探究；然后汇报交流实验方案和实验现象、分析原因，接受质询。

实验步骤	现象	结论	设计意图分析
将无毒性的 R 型活细菌注射到小白鼠体内			
将有毒性的 S 型活细菌注射到小白鼠体内			
将加热杀死后的 S 型注射到小白鼠体内			
将无毒性的 R 型细菌与加热杀死后的 S 型细菌混合，注封到小白鼠体内			

在学生设计好实验的基础上，投影学生的设计方案、肺炎链球菌转化实验的艾弗里实验，进行比较分析，进一步巩固实验的设计思路和相关的结论。

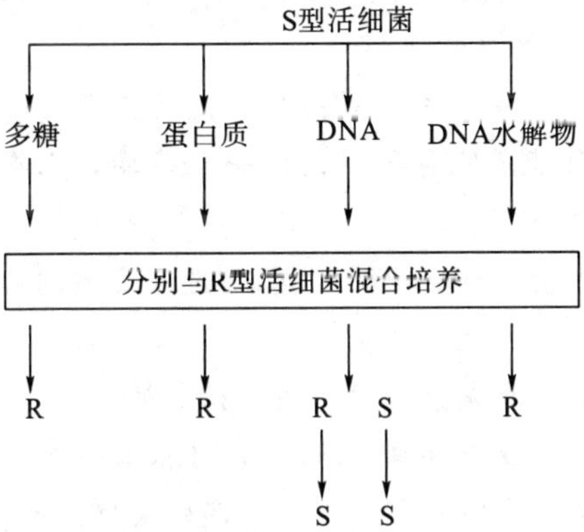

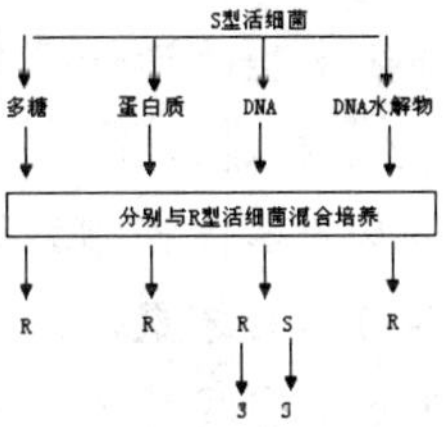

这样将格里菲思的实验和艾弗里的实验分开，前者呈现出来，让学生根据实验分析问题得出结论，后者要求学生自己去讨论、探究，在合作的前提下拿出实验设计的方案或者是想法，让学生在这个讨论并探究的过程中体会实验的设计思路，再对照艾弗里和他的同事们的实验，学生就会发现，自己也可以做科学家。进一步培养了学生探究问题与设计实验的能力及创新意识。

事实上，如果让你在实验室中去完成你自己设计的实验，你认为你的最大困难是什么？学生大多会想到：我不能把各种物质分别提纯出来，因为我们的实验室不具备这种条件。实际在当时的情况下，很多科学家也并不同意艾弗里的结论：DNA

是使型细菌产生稳定遗传变化的物质。这又是为什么呢？让学生进一步领悟最关键的设计思路是将DNA与多糖、脂质、蛋白质、RNA分开，分别与R型活细菌混合培养，直接、单独地观察它们的作用。最后，也顺利引入了下一个实验：噬菌体侵染细菌的实验.

3. 问题引导，小组讨论

课件展示赫尔希和蔡斯所做的噬菌体侵染细菌的实验。让学生分组观察、讨论并用语言描述实验过程。提出问题供学生讨论，学生观察、分析、讨论问题过程中，教师深入小组成员中参与讨论。讨论之前可先结合投影阐明T2噬菌体的结构特点、寄生方式，以及同位素示踪技术，再引导学生结合投影对实验结果进行比较分析，从而进一步而确认DNA是遗传物质。

问题如下：

①该实验用了什么方法？在什么探究中还用过此方法？

②用^{35}S、^{32}P标记物质的理论基础是什么？能否用^{14}C和^{18}O进行标记？

③如果实验用上述方法进行，测试的结果如何？表明了什么？

④噬菌体在细菌体内的增殖是在哪种物质的作用下完成的？子代噬菌体的蛋白质和DNA分别是怎样形成的？

⑤此实验的指导思想是什么？

⑥此实验证明DNA具备遗传物质的哪些特性？实验的结论是什么？

这样，教师通过多媒体逐一展现讨论题，留给学生足够的思考空间，造成不同知识交流和争论的局面，引导课堂动态生成资源的形成，最后在小组合作讨论并探究的前提下，充分利用这些课堂动态生成资源，教师和学生共同得出结论。

4. 设计实验，合作探究

投影正常烟草和感染了烟草花叶病毒的烟草图片，提问：烟草花叶病毒中不含有DNA，只有RNA和蛋白质，你能不能再简单设计一个实验，来探讨烟草花叶病毒的遗传物质是什么呢？

学生简要阐述实验的设计思路和过程，理解：DNA是“主要的”遗传物质。

5. 归纳总结，构建系统

学生总览课本内容，将相关知识形成概念图，实物投影展示。

通过对课本内容的总览，让学生更加系统地对本节内容做一个梳理，并尝试用概念图的形式对本节内容特别是这几个实验之间形成一定的关联.

6. 反馈运用，知识升华

提供一道经典题目，通过这道题目的训练，学生可对DNA是主要的遗传物质作进一步的理解和记忆。

例题：烟草花叶病毒TMV和车前草病毒HRV都能感染烟草叶，但两者致病病斑不同，如下图，结合下图中（a)，(b)、(c）三个实验结果，各说明什么问题？整个实验说明什么？

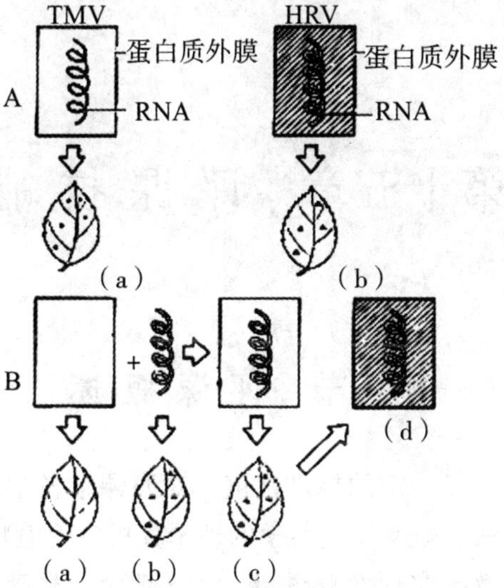

7. 课后探究，能力提升

教师提供关于疯牛病及其病原体——朊病毒的相关资料，请学生在课后尝试设计实验方案去确定朊病毒的遗传物质是什么。

通过课后探究，学生能更加体会到生物科学是在不断发展的，也能对科学家的实验研究有更为深刻的理解。

六、说板书设计

第三章　基因的本质

第一节　DNA是主要的遗传物质

一、肺炎链球菌转化实验

1. 格里菲斯实验（体内）

结论：

2. 艾弗里实验（体外）

结论：

二、噬菌体侵染细菌试验

结论：

三、烟草花叶病毒实验：

结论：

总结：DNA是主要的遗传物质

简明扼要，提纲挈领的板书易于学生整体把握。

七、说教学反思

会学比学会更重要，好学比学好更重要，方法比知识更重要。通过演示和问题探究为学生搭建了一个自主学习、发现探究的平台，激发了学生兴趣，让学生积极参与讨论探究。但是因学生能力参差不齐，上课时间不好把握。同时由于学生毕竟才高一，他们的实验探究能力有限，实验探究思想有限，实验探究的思维还有待进一步提升，因此实验探究过程需要更具有梯度化地启发引导。

（四川省成都市石室天府中学　金兵）

第十五章　评 课 技 能

第一节　评 课 概 述

评课，就是听课分析，以一定的标准尺度，对照课堂教学目标，对教师和学生在课堂教学的内容、结构、方法、效率作出科学的理论分析与价值判断。

评课的目的在于帮助教师实现教育思想、教学理念、教学目标、教学内容、教学方法与手段、教学过程和训练设计的优化与创新，实现教学管理和教师教学基本功的优化，使参与活动的全体教师从对课堂教学实例的剖析中吸取长处，学习教学方法，改进不足，以达到共同提高教学水平的目的。

评课是对授课教师的课堂教学得失、成败进行评议的一项活动，也是学校教学、教研活动中常见的一种基本形式。通过评课，听课者与授课者可以取长补短，有利于促进教师之间互相学习、共同研讨的良好风气的形成；有助于学校领导更好地检查教学质量；有助于教育教学专家了解教学动态，发展教学理论。通过评课诊断教师在课堂教学中存在的问题和不足，帮助和指导教师不断总结教学经验，促进教师改进教学实践，提高教育教学水平，不断提升教师的教育教学素养，使教师在教学过程中逐渐形成自己独特的教学风格。

一、评课的功能

（1）导向功能。导向功能的实质在于使教学活动既以教学目标和规范标准为起点，又以教学目标和规范标准的最终实现为归宿。以新课程所倡导的课堂教学思想、理念为价值取向而制定的中小学课堂教学评价标准，客观上为教师的教学指明了方向，给教师提供了一个可参照的奋斗目标。同时，评价过程中被评价者实现的教学状况与评价标准之间存在的差异程度，可以为行政部门加强管理提供决策依据，可以让教师了解自己教学存在的问题与不足，并且通过改进和完善，使教学活动不断地向价值目标靠近。

（2）激励功能。根据美国心理学家马斯洛的需要层次理论，每个人都有实现自我价值的需要。教师在教学中，都有获得较高评价的教学追求，因此，教学评价具有激发人的作用。肯定的评价使教师看到成绩，增强自信，产生积极向上的动力和行为；否定的评价能够使教师看到自己的差距与不足，在一定程度上刺激教师的竞争意识，有利于调动教师奋发向上的积极性，使其更加符合新课程所倡导的教学理念和课堂教学的具体要求。

（3）改进功能。评价的目的不是为了证明，而是为了改进。教学评价结果必然有高下之分，上课者通过评课可以看到自己的成绩与不足，找到成功与失败的原因，从而在教学中不断发扬优点、改正缺点、弥补不足。

（4）鉴定功能。通过评价可以了解教师目前的教学现状和存在的问题，比较全面地掌握被评价者的实际教学水平，区别被评价者的优劣程度，判断其是否达到新课程所倡导的课堂教学要求，从而为评选等工作服务。

（5）教研功能。评价是教学研究和教学实践的工具，通过评价不断地明确为达到一定教学目标所应选择的方法和程序，为教学研究和教学实践提供必要的信息，同时也为教师专业成长拓展了一条有效途径。

二、评课的原则

评课在整个教育教学评价系统中占有十分重要的地位，旨在帮助教师提高课堂教学水平。因而，在肯定教师的劳动、总结教师的教学经验、尊重教师的教学特色的同时，更要通过评课鼓励教师们勇于创新，潜心教改。根据新课程改革的精神，教师在评课时应遵循以下一些原则①。

（1）及时反馈原则。通过评课及时获得有关教与学的反馈信息，判断教学过程是否有效，从而提高教学水平，这是评课利用反馈原理而起到的改进作用。因此听课结束后要“趁热打铁”，及时反馈。特别是需要使用评价表评分的评课，评课者的评分应当及时，如果评课时间拖延较长，就会产生对授课印象淡化，这样也会造成评分误差，因此，评课最好当堂打分，或课后 30 分钟以内。如果需要集体讨论后才能给予反馈，或者采用录像滞后评价方法，也必须抓紧时间，否则，不仅会使接受评价的教师感到不安，也会因为长时间没有回音，连教师也忘了你是针对他哪一节课、哪一个问题来说的，从而丧失了评课的意义。

（2）重点突出原则。评课要体现主次分明、重点突出，切忌面面俱到、主次不分，应该根据听课的目的、课型和要解决的主要问题，选择比较有意义的、有典型性的方面进行评论。比如，这节课的目的是探讨如何在课堂教学中培养学生分析问题和解决问题的能力，评课时就应该把重点放在培养学生分析问题和解决问题能力的成功经验和存在的问题上，其它方面只作次要问题略提即可，切不可冲淡中心。

（3）客观公正原则。评课的主要事实依据是授课教师的课堂教学行为，因此评课者应该充分了解授课的具体内容，明确教学内容的重难点；了解授课教师和学生的基本情况；学习评课要求，统一认识，统一思想，统一标准。测评数据必须是真实可靠的，不能有任何情感因素和虚假成分。评课结论必须真实反映授课教师现有的教学业务水平，不能人为拔高或随意贬低。评课者必须具备一定的教学理论、实践功底和评课经验，才能够科学、客观、公正地分析评议他人的课堂教学。为了更好地保证客观性，还可以借助录像设备，将定性描述与定量评价相结合。

① 引自：现代教学技能. http://broadcast.chsnenu.edu.cn/old/oldweb/edu/chapter/ch06__4.asp。

(4) 理论联系实际原则。评课要坚持理论联系实际的原则。评课既不是生硬的、泛泛的理论说教，也不是简单的、细琐的教学行为描述，而是一项理论性很强的实践活动。评课要注意理论联系实际，将教育教学理论与课堂教学环节紧密结合，围绕着“如何教”来阐明观点，切忌平铺直叙。评课不仅要有教育教学理论的铺垫，而且要有教学例子的有力论证，做到夹叙夹议，这样的评课才具有说服力和感染力。

(5) 因人而异原则。评课的对象不同，评课的侧重点以及方式也应有所不同。例如对新教师，评课的侧重点宜放在备课、上课等教学基本功是否扎实方面，评课的目的重在鼓励和引导他们尽快入门；而对教学能力较强的教师，评课的目的则是在充分挖掘、总结优秀教学经验的同时，全面深入地提出教学中仍存在的问题，使教学精益求精。另外，对不同性格的教师也应区别对待，如对性格内向、自尊心强的教师，评课者宜采用委婉含蓄的语言指出问题所在，或者保留部分问题在私下交谈时再提出。

(6) 因课制宜原则。课的性质不同，评课的目的不同，评课的侧重点也不同。针对常规性的课，可抓住课堂评价的基本标准展开评课；对于专题研讨课，则应把评课的侧重点放在所进行的专题研究方面；对于观摩课，则应把评价的侧重点定在发现与总结教学优点方面。

(7) 民主性原则。评课要营造民主的氛围，调动每一个参与者的积极性，尊重每一个人的问题与建议，做到畅所欲言。评课不能把授课教师排除在外，也不能仅仅由专家评，应该让所有参与听课的人都来评价，包括听课的学生。针对听课中出现的问题，评课者与授课教师通过充分的沟通与交流，民主讨论，可以使评课在不同层次、不同角度得到升华，让参与教师能取长补短。

(8) 艺术性原则。评课要讲究语言技巧，掌握谈话的方法与策略，调动教师开展教学研究的积极性。评课的语言要做到简明、易懂，语气要平和谦虚，避免说教的口吻。评课还要注意人的心理变化，掌握评议的尺度。评课者提出问题宜委婉含蓄；提出教学建议时，尽量使用商量的语气。评课者要以帮助者、促进者的身份，站在授课教师的角度来考虑、分析问题，用诚恳的态度提出中肯的意见，这样的评课才能使授课者乐于接受。

(9) 形式多样原则。由于任务、要求、范围等不同，评课也应该采用对应的形式。有的可由授课者与听课者个别交换意见，例如，指导帮助、评估检查、经验总结类听课。这种评课就非常灵活，私密性强，可以解决一些不宜公开处理的问题。而对于学习观摩、示范推广类听课，宜采取集体公开听课并评课的方式。通过集体讨论和评议，可达到共同提高、经验推广的目的。

三、评课的类型

评课的类型很多，按照评价的目的不同，可以将评课分为四种类型：评价型评课、研究型评课、观摩型评课、提高型评课。其中，评价型评课与另外三者之间具有较大的差异，见表15-1。

表 15-1　评课的类型

	评价型评课	研究型评课、观摩型评课、提高型评课
评价对象	指向教师：关注教师怎样施教	指向课堂：关注课堂中的所有教学现象
评价标准	允许失误：基于对课堂教学的一种现实性的承认	力求完美：基于对课堂教学的一种理想化的追求
评价主体	主管领导：是一种自上而下的评价	教师：是教师之间的横向评价
评价目的	对教师的教学质量进行衡量和评定	研究课堂教学，切磋教学技艺，提高教学水平

（1）评价型评课旨在衡量课堂教学水平，评价授课教师的教学素质。一般由上级教育部门或学校相关领导组成评课者，随机听取教师授课，并对课堂教学行为与教学效果进行定量测评或给出定性评价。评价型评课对于促进课堂教学的规范化、科学化，提高教师的教学水平同样具有非常重要的作用。

（2）研究型评课要带着研究问题或课题去听课、评课，通常以课题组或者学科组为组织单位，采取组内集体备课的形式，组内成员共同探讨、相互切磋，再由几位教师分别进行授课，课后进行集体评议。评课时加强教师之间的交流，充分发挥课题组、学科组的优势，围绕主题、畅所欲言、取长补短、共同提高。研究型评课可以在集体智慧的基础上，全方位、多角度地探讨、解决教育教学中存在的难题，参与者可以在这种头脑风暴式的理性的思辨中得到一种实实在在的提升，达到共同提高的目的。研究型评课是对教育教学最佳状态的一种追求。

（3）观摩型评课。由具有丰富教学经验的优秀教师上教学示范课，并与听课的其他教师和专家进行交流，分享自己教育教学的经验和体会，让参与听课、评课的年轻教师从中受益。

（4）提高型评课。提高型评课一般以年级组或教研组为单位，骨干教师与青年教师共同参与。在随堂听课的基础上，可先由授课教师自我评课，再由青年教师充分评课，最后由骨干教师进行有针对性的总结评课。提高型评课旨在诊断课堂教学存在的问题和不足，提高授课教师和青年教师的授课水平。

四、评课的组织形式

（1）个别交谈式。在听课人数较少时，听课者可以利用课外时间，就授课者的教学设计、课堂教学内容的处理、课堂教学效果等各方面进行个别交流。这种方式有助于双方更好地进行双向沟通，问题的探讨比较深入，同时保护了授课者的自尊心。

（2）小组评议式。听课人数较多时，评课可以分为几步：首先，授课者对自己的教学设计及其依据、教学效果做一个简单的说课；接着，由评课者结合教、学两个方面的情况，依据课堂教学评价的标准发表自己的看法，授课者也可以随时参与到交流和互动之中，进行充分的讨论；最后，由领导、教研员、教研组长等对大家的意见和建议进行总结、归纳，肯定值得学习和借鉴的地方，同时对需要改进的地方提出建议。

(3) 书面材料式。在时间不足、当面评价可能不全面的情况下，可以通过书面形式将听课情况回忆、整理，可以比较全面地运用教育教学理论来进行评课，并可能总结出有价值的内容。

(4) 调查问卷式。主要设计问卷调查表对授课者、听课者、学生进行调查，相应的调查表分为：授课教师自评表，课堂教学情况调查表，学生学习状况、学习效果调查表。

(5) 陈述答辩式。授课教师在上课结束之后，先进行说课，然后由评课者提问，授课者直接进行答辩，双方进行讨论、交流，最后由相关专家进行点评、总结。

(6) 点名评议式。在听课人数很多或者有非本专业教师参与听课的情况下，由评课组织者或负责人采取点名的方式请评课者进行现场点评。

(7) 师生评议式。授课教师对学生学习态度、学习效果、学习方式、合作情况和技能掌握等情况进行评价，多肯定积极因素，少批评。学生对授课教师的教学态度、自己学习的效果、是否还有不懂的地方等进行评价。

(8) 专家会诊式。为了解决授课中存在的问题，帮助教师扬长避短，尽快成长，邀请专家对授课者所上的课进行会诊、点拨。由于专家对教学中的问题看得比较准确，比较深入，因此专家会诊更有说服力。

(9) 自我剖析式。在听取了别人的评议后，授课者及时进行反省性地修改、优化，再次进行教学设计。关键是要找到自己的不足，分析原因并认真修正，逐步提高自身的教学水平。

第二节　评课的设计

一、评教学理念

教师的教学理念指导着教学行为。教学方案的制定、教学内容的确定、教学方法的选择、教学手段的运用、教学过程的实施，通常都是由教学理念所决定的。

评课时，要看教师是否摒弃了陈旧的教学理念，树立了正确的教学理念。陈旧的观念表现为“四个偏重”和“四个忽视”，即偏重少数尖子学生，忽视大多数学生；偏重知识灌输，忽视学生全面发展；偏重考试分数，忽视学生能力培养与学生特长发挥；偏重教师主导作用，忽视学生主体地位。正确的教学理念就是要根据素质教育的要求，充分确立学生在课堂教学活动中的主体地位；努力创设宽松、民主的课堂教学氛围；面向全体学生，对每一个学生负责；使学生全面发展、和谐发展。

二、评教学态度

(1) 教师在教学设计时，是否对教材、课标等相关资料及学情进行了深入的、细致的研究。

(2) 教学准备是否充分，教具准备是否恰当、齐全，演示实验是否做过预实验，课堂表现是否慌乱，是否遗漏教学内容。

(3) 教师对课堂教学的活动组织和开展是否具有激情。

(4) 教师对学生的关注是否体现了希望和关爱之心。

(5) 教师是否重视学生在学习中表现出的探究过程以及对学生的情感教育。

(6) 教师对自己的角色定位是否是学生的朋友和帮促者。

三、评教学目标

通过教师的教案和教师在教学中对目标的陈述，看教学目标的制定是否全面、准确、具体、适宜。全面，即要有明确的知识、能力、情感三维目标；准确，即理解和把握教材内容和特点，目标与教材内容和特点相适合；具体，即将一般目标和具体目标相结合、集体目标和个人目标相结合，各项目标要有明确要求，用可以衡量的行为动词来表述，便于检测；适宜，即以新课标为指导，体现教材特色，符合学生心理特点和认知规律，难易适度。

通过观察教学过程，看设定的三维目标是否明确地体现在教学环节之中，教学手段、教学措施是否都紧密围绕目标，为实现目标服务；三维学习目标是否贯穿于教学过程的始终，教学结束时教学目标达成的程度如何；看课堂上是否尽快接触重点内容，重点内容的教学时间是否得到保证，重点知识和技能是否得到巩固和强化。

四、评教材处理

教师对教材的理解是否正确、深刻：是否正确理解所教内容的地位和作用，是否理解教材编写的思路，是否理解知识间的内在联系，是否能够准确把握教材的重点、难点，教师对知识的讲授是否准确科学。

教师对教材的处理是否合理、恰当：是否根据教学目标、学生的基础、教学实际条件，对教材进行合理的调整、充实，科学安排教学程序；是否能选择合理的教学方法，使教材系统转化为教学系统；是否能结合教学内容的特点，恰当安排讨论、探究、训练，使学生活学活用；是否突出了教学重点、突破了教学难点；是否能够准确、科学地将理论与实际相联系。

五、评教学方法

教学方法是教师在教学中为达成教学目标而采取的活动方式的总称，是教法与学法的统一，主要包括四方面内容。

(1) 教学方法的适切性。教学方法的选择是否量体裁衣，灵活运用。根据教学内容和学生的实际，选择适当的教学方法面向全体学生，因材施教。教学方法必须随教学内容、教师自身特点和学生特点而发生相应的变化。

(2) 教学方法的多样化。教学活动的复杂性决定了教学方法的多样性。综合运用多种教学方法，导学方法合理，重视对学生智力开发和基本功训练，促进学生的全面发展，完成能力目标。

（3）现代教学手段的运用。生物课堂教学中，直观性是一个很重要的教学原则，教师应充分利用现有教学资源，充分发挥直观教具（如实物、标本模型、挂图等）及现代教学措施（如各种电教媒体）的作用。注重适时、适度地使用现代教育手段。

（4）教学方法的改革和创新。在教学上有改革创新精神，体现新课程教学的基本理念，注重学生的思维训练与拓展，培养学生的创新能力，引导学生自主学习、合作学习、主动探究，充分发挥学生的主体作用，形成教师教学的个性特点。

六、评学法指导

“教学”不仅关注教师教会学生什么，更要关注学生是否会学、学会什么。评学法指导要评价课堂教学中是否渗透了学科思想方法的传授；是否对学生进行了有针对性的学法指导；学生是否掌握了解决疑难问题的一般思路与方法；教师的学法指导是否科学合理，是否面向全体，注重差异；是否针对学生的年龄特点、个性差异、学习基础、学习能力、思维特点有针对性地进行学法指导；学生能否积极地提出问题，并主动地探求解决问题的方法。

七、评教学过程

教师设定的教学目标是否能达到，关键看教学过程的设计和运作。教学过程的评价包括以下内容。

（1）总体设计。教学过程设计是否符合教学内容实际，是否符合学生实际；是否有独创性、新颖性；是否层次清楚，脉络清晰；教学思路是否清晰。

（2）组织安排。教学组织安排是否抓住知识主线，层次分明，思路清晰，重点突出，有讲有练，组织严密；衔接过渡是否自然、合理；是否根据学生实际及时调整教学设计。

（3）时间分配。教学时间分配是否合理包括：教师活动与学生活动时间分配是否合理；讲与练的时间安排是否合理；学生个人活动、小组活动、全班活动的时间分配是否适当；有无浪费课堂教学时间的现象。

（4）教学理念。教学活动是否体现了情感意识，树立了以学生为本的理念，师生关系和课堂气氛是否融洽和谐；是否注重了对学生创新能力和学习动机、兴趣、习惯、信心等非智力因素的培养；是否突出了学生的主体地位，教学是否面向全体学生，突出个性，体现差异性。

（5）活动设计。是否能引导学生独立自主地学习，体现知识的形成过程；是否注重了精讲精练，体现以思维训练为教学重点；师生的双边活动是否有步骤有条理地进行；是否实现了教学信息多向交流，反馈及时，矫正奏效。

八、评教学效果

基础教育改革的基本理念是以学论教，以学生的学习成效来评价教师的教学效果。对学生学习成效的评价主要包括学生的学习效果和态度、兴趣等非认知因素的考察。因而，评价教学效果自然就要考察在教学活动中是否调动了学生的学习积极性；是否注重了学生创新意识和实践能力的培养；学生是否能正确理解教学内容，学生的综合能力是否得到提高；授课教师是否按时、按量、按质完成了教学任务和目标；课堂渗透德育是否自然有实效；整个课堂教学是否有特色。

九、评教师素质

教师教学的基本素质是由教学语言、教态、板书、教案、学科专业知识、教学调控能力、教学媒体的使用和作业布置等几部分组成。

(1) 教学语言主要看：运用普通话是否标准、流利；语速是否适中，声音是否洪亮；语言是否准确、简明、生动，过渡是否自然，有无口误；是否使用学科专业术语。

(2) 教态主要看：仪表是否端庄、整洁；教态是否自然、亲切、大方；有无爱护、信任学生的表情。

(3) 板书主要看“三笔字”功底怎样（特别是粉笔字）；板书格式是否规范、清晰；板书设计是否层次分明，条理清晰；有无笔误和错别字。

(4) 教案主要看书写是否规范，项目是否完整，内容是否适宜。

(5) 学科专业知识主要看：教师学科知识功底是否深厚；讲解是否准确，有无知识性错误。是否具备扎实的学科专业知识和教学技能，教学中能否体现学科教学特点。

(6) 教学调控能力主要看：是否具备较强的课堂应变和教学调控能力。

(7) 教学媒体的使用主要看：能否熟练合理的运用现代化的教学媒体手段。

(8) 作业布置是否难易适度、分量适中，具有启发性、开放性。

第三节 评课技能实训

一、实训的要求

评课不是一个单一的环节，它与听课紧密联系。要训练评课技能，就要认真准备听课，做好听课记录，课后调研整理。

1. 认真准备听课

1）熟悉课标，掌握教材

在听课前熟悉课标要求，认真阅读教材，了解这一课的教学目的，教学重点、难点、练习内容等，同时自己设想一下，假如让我教这样的课，准备怎样教，以便听课时有个对比。如果听课不做准备，匆忙走进教室，不理解授课者的教学意图，不熟悉教材，就不会有较大的收获。只有做到评课前有准备，才能在听课中看到教师的闪光点和不足之处，才能在评课中提出中肯的建议。

2）确定重点，把握方向

评价的重点应选被评价教师比较薄弱的地方，以便为其提供更加详尽、科学、合理的反馈和建议，有助于其教学水平的提高。对授课教师的了解，可以直接询问其本人或领导、同事，也可以通过观察了解。例如，评价者了解到被评价教师课堂提问存在问题，就可将提问技能作为重点进行观察与分析。在听课时，可以如实地详细记录教师所提的问题和学生的回答。在课后的讨论中，重点与教师探讨关于课堂提问的相关内容。

3）确定量标，设计量表

（1）设计课堂记录表。听课前如果能够根据听课重点设计一份记录表，会提醒自己观察的方向、注意的要点，并能防止记录不全或记录混杂（表 15-2）。

表 15-2　听课记录表

学校	班级	执教者	时间
教学科目	章节	课题	课型
课堂教学实录（板书、投影、教学过程）			评析

课堂教学实录一般包括教学环节、教学内容和教学方法，各个教学环节的时间安排，学生活动情况，教学效果等。但是，一堂课教学设计的内容很丰富，要非常详细地记录每一细节是很难的，因此，应该有选择地做好记录。在设计记录表时，不妨采用分类法，根据听课重点设置几个栏目。例如对于新手教师或实习生，在教学时间的分配以及提问和过渡语上通常存在较大问题，这时可以将课堂教学实录栏细分出三栏：第一栏记录教学环节和时间，第二栏记录主要提问和过渡语，第三栏记录板书和投影。如果听课重点是看“学生怎么学”，那么就有必要专门列出一栏记录学生的提问、回答和活动。通过分栏，可以对授课者的表现进行有类别的记录，听课更有方向，评课更能重点突出。课堂记录也可以根据个人习惯，不采用表格的方式，而采用综合描述或对话记录的方式。

“评析”一栏主要记录听课时产生的随感和评价，包括对教学方法选用、教学环节的优化、教学语言的特点、教学思想的体现等的思考和评价。一般来讲，引起听课者思考的多为如下几方面：①授课者的成功之处，比如一种好的教学方法，一个巧妙的教学设计，一种新的思维方式，对某一问题的独特的处理技巧，一个意外事件的巧妙处理，一个巧妙的引入过渡承转，独具匠心的留白，甚至是一句实用的话，一个贴切的词语。②授课者不足之处。听课者可以此为鉴，避免自己在以后的教学中出现类似问题，通过重新思考，对教学设计进行改进和提高。③学生的困惑和独特见解。这些可以使听课者了解学生的思维，对教学设计的疏漏进行补充和完善。④听课者受启发闪现出来的灵感，马上记录下来可供评价、交流、探讨。

（2）设计课堂观察量表。科学编制的课堂观察量表（表 15-3）不仅可以指引观察重点、节省记录时间，还可以为分析教学行为和策略提供较为客观准确的评价依据。例如利用学生回答问题数量情况统计表，观察课堂上回答问题的学生的数量与分布情况，看教师是否关注每个学生，从中也可看出学生的座位编排是否合理；而对教师提问以及学生回答情况的记录，可以反映问题的难度和数量是否适当、学生回答问题的质量以及学生主动提问的情况，也可以反映整个课堂的开放与封闭、预设与生成情况等。

表 15-3　课堂观察维度

学生学习

视角	观察点举例
准备	课前准备了什么？有多少学生做了准备 怎样准备的（指导/独立/合作）？学优生/学困生的准备习惯怎样 任务完成得如何（数量/深度/正确率）
倾听	有多少学生倾听老师的讲课？倾听多少时间 有多少学生倾听同学的发言？能复述或用自己的话表达同学的发言吗 倾听时，学生有哪些辅助行为（记笔记/查阅/回应）？有多少人发生这些行为
互动	有哪些互动/合作行为？有哪些行为直接针对目标的达成 参与提问/回答的人数/时间/对象/过程/结果怎样 参与小组讨论的人数/时间/对象/过程/结果怎样 参与课堂活动（小组/全班）的人数/时间/对象/过程/结果怎样 互动/合作习惯怎样？出现了怎样的情感行为
自主	自主学习的时间有多少？有多少人参与？学困生的参与情况怎样 自主学习形式（探究/记笔记/阅读/思考/练习）有哪些？各有多少人 自主学习有序吗？学优生/学困生情况怎样
达成	学生清楚这节课的学习目标吗？多少人清楚 课中有哪些证据（观点/作业/表情/板演/演示）证明目标的达成 课后抽测有多少人达成目标？发现了哪些问题

教师教学

视角	观察点举例
环节	教学环节怎样构成（依据/逻辑关系/时间分配）的 教学环节怎样围绕教学目标展开的？怎样促进学生学习的 有哪些证据（活动/衔接/步骤/创意）证明该教学设计是有特色的
呈示	讲解效度（清晰/结构/契合主题/简洁/语速/音量/节奏）怎样？有哪些辅助行为 板书呈现了什么？怎样促进学生学习的 媒体体现了什么？怎样呈现的？是否适当 动作（实验/制作/示范动作）呈现了什么？怎样呈现的？体现了哪些规范

续表

视角	观察点举例
对话	提问的时机/对象/次数和问题的类型/结构/认知难度怎样 候答时间是多少？理答方式/内容怎样？有哪些辅助方式 有哪些话题？话题与学习目标的关系怎样
指导	怎样指导学生自主学习（读图/读文/作业/活动）？结果怎样 怎样指导学生合作学习（分工/讨论/作业/活动）？结果怎样 怎样指导学生探究学习（实验/课题研究/作业/活动）？结果怎样
机智	教学设计有哪些调整？结果怎样 如何处理来自学生或情境的突发事件？结果怎样 呈现哪些非言语行为（表情/移动/体态语/沉默）？结果怎样

课程性质

视角	观察点举例
目标	预设的学习目标是怎样呈现的？目标陈述体现了哪些规范 目标是根据什么（课程标准/学生/教材）预设的？适合该班学生的水平吗 课堂有无生成新的学习目标？怎样处理新生成的目标的
内容	怎样处理教材的？采用了哪些策略（增/删/换/合/立） 怎样凸显本学科的特点/思想/核心技能以及逻辑关系 容量适合该班学生吗？如何满足不同学生的需求 课堂中生成了哪些内容？怎样处理的
实施	预设哪些方法（讲授/讨论/活动/探究/互动）？与学习目标适合度 怎样体现本学科特点？是否关注学习方法的指导 创设什么样的情境？结果如何
评价	检测学习目标所采用的主要评价方式有哪些 如何获取教/学过程中的评价信息（回答/作业/表情） 如何利用所获得的评价信息（解释/反馈/改进建议）
资源	预设哪些资源（师生/文本/实物与模型/实验/多媒体）？怎样利用 生成哪些资源（错误/回答/作业/作品）？怎样利用向学生推荐哪些课外资源？可得到程度如何

课堂文化

视角	观察点举例
思考	学习目标怎样体现高级认知技能（解释/解决/迁移/综合/评价） 怎样以问题驱动教学？怎样指导学生独立思考？怎样对待学生思考中的错误 学生思考的习惯（时间/回答/提问/作业/笔记/人数）怎样 课堂/班级规则中有哪些条目支持或体现学生的思考行为
民主	课堂话语（数量/时间/对象/措辞/插话）是怎样的？怎样处理不同意见 学生课堂参与情况（人数/时间/结构/程度/感受）如何 师生行为（情境设置/叫答机会/座位安排）怎样？师生/学生间的关系如何 课堂/班级规则中有哪些条目支持或体现学生的民主行为

续表

视角	观察点举例
创新	教学设计/情境创设与资源利用怎样体现创新的 课堂有哪些奇思妙想？学生如何表达和对待？教师如何激发和保持 课堂环境布置（空间安排/座位安排/板报/功能区）怎样体现创新的 课堂/班级规则中有哪些条目支持或体现学生的创新行为
关爱	学习目标怎样面向全体学生？怎样关注不同学生的需求 怎样关注特殊（学习困难/残障/疾病）学生的学习需求 课堂话语（数量/时间/对象/措辞/插话）、行为（叫答机会/座位安排）如何 课堂/班级规则中有哪些条目支持或体现学生的关爱行为
特质	在哪些方面（环节安排/教材处理/导入/教学策略/学习指导/对话）体现特色 教师体现了哪些优势（语言/学识/技能/思维/敏感性/幽默/机智/情感/表演） 师生/学生关系（对话/话语/行为/结构）体现了哪些特征（平等/和谐/民主）

参考：张晨子（2010）。

虽然课堂观察量表具有很多优点，但是编制较为困难；又因为课堂教学是生成性和情境性的，量化的过程中往往会丢失宝贵的信息，并难以概括课堂的全貌，因此在听课记录中较少采用。

（3）设计课堂教学评价表。对于一些考核性的评课，听课前往往还会为评课者准备一份课堂教学评价表。这些评价表是在评价指标和评价标准的基础之上设计的表格或问卷，听课者可根据其中所列项目确定观察要点，以便将观察到的表现与表中选项对应打钩（表 15-4）。

表 15-4　课堂教学评价表

课题：　　　　　　　　　授课人：　　　　　　　　　评课人：

项目	评课要点	满分
教学设计	教学目标符合课程标准、教材要求，符合学生的实际认知基础，表现为目标准确、合理	5
	知识准确、容量恰当、难度适宜	10
	知识结构层次分明，重点突出，难点处理好，符合知识的逻辑顺序，符合学生的认知结构	10
	注重对问题的分析、探究，注重对学生思维能力合技能的培养、训练	10
	能结合教学内容渗透学科思想方法的教育以及思想品格的教育	5
教学方法	教学情景创设精彩，问题分析深透，阐述精辟，能深深地吸引学生的注意力，能激发学生强烈的兴趣和求知欲，充分调动学生的学习主动性和积极性	10
	由浅入深、由表及里，循序渐进，启发、引导得法，学生获取新知识的同时，他们的学习能力尤其是思维能力、创新意识得到了培养	10
	面向全体学生，注意对学困生的点拨与帮助	5
教学活动	教学活动安排合理，节奏适度，过渡自然，反馈、调控及时，小结精当	5
	教师讲授时间、内容把握有度	5
	学生独立思考，合作学习，质疑、探究、交流时间充分	5
	学生课堂思维活跃，全体学生都得到发展	5

续表

项目	评课要点	满分
教学基本功	仪表端庄，教态亲切	2
	能用普通话进行教学，语言表达准确、生动、形象、规范、有条理	3
	板书工整、规范，提纲挈领，要点突出	3
	教具、挂图、实验、多媒体等选择合理，操作熟练	2
	有较强的组织教学和驾驭课堂的能力，学生精力集中、主动学习，课堂教学次序正常	3
特色	教学中有特色，有创意	2
教学建议		

2. 做好听课记录

为了尽可能减少对授课教师的干扰，评价者要提前进入教室，坐在教室后面或角落，避免影响授课教师正常的教学。

根据评价的重点，注意观察并有目的、有选择地进行记录。例如，记录授课教师的导入、过渡，通过分析导入是否能够吸引学生的注意力以及过渡是否衔接自然，分析教师的教学设计、教学方法、教学效果；记录教师的设问以及对答问或完成情况的反馈，通过分析可以看出教师是否准备充分，是否能够对课堂生成做出及时的调整和反馈，是否具有较强的应变能力，是否更加关注学生的学，是否能够对学生进行正确的评价；记录学生的问题、典型的错误、学生听课中的表现、学生在小组活动中的表现情况，通过分析可以了解学生的学习效果；记录各项教学活动所用的时间，例如：教学各个环节的时间分配，教师活动与学生活动的时间分配，学生的学生集体活动时间与个人活动时间分配，不同层次学生活动时间的分配，非教学时间有多少等，通过分析可以了解教师对教学重难点的把握、整个教学结构的安排、是否突出了学生在学习中的主体地位、时间分配是否合理，有多少时间浪费；记录教师和学生比较独到的见解，通过分析了解师生的创新意识和创新能力。

3. 课后调研整理

课后需要及时对听课内容进行整理，主要包括：①再次梳理课堂教学的过程和思路，以便分析和评价授课教师的教学设计和结构安排；②整理、分类、补充完整教学中的重要内容和细节。例如，为了对授课教师提问所涉及的学习水平进行分析，可将记录下来的教师提问进行分类：识记和再认问题，归纳和推理性问题、创造性问题等，并统计各类提问的多少，从而看出教师提问存在的问题，做出合理的令人信服的评价。

搜集不同层次的学生对课堂学习的反映和评价，了解他们的体验和感受，特别是对于诊断性评价或研究性评价，以保障评课的客观性和科学性。①让学生在课后填写调查问卷，或通过其他测试手段，测试学生知识的掌握情况，经过统计分析，评价课堂进行的效果。②抽查不同层次的学生进行交谈，了解学生掌握所学教学内容的情况，对教学提出的意见和建议。通过变换提问的方式，或者设置反例让学生辨析，检查学生是否真正掌握了所学内容。

确定教学评价的重点，拟定评价提纲。例如，本节课主要的特点、存在的优点、还需要改进的地方、进行探讨的问题、教学建议，等等。

二、实训的设计

（1）认真学习评课的相关理论，说出评课的含义、功能、原则和类型，说出评课的主要内容。

（2）观摩优秀教师课堂教学片段及其课堂评价的录像，结合有关评课的理论知识，边观摩边分析，评课要从哪些方面开展？重点在哪里？小组全体同学结合课堂教学录像中所体现的教师的主要教学技能，进行教学技能的评价；再从教学理念、教学态度、教学目标、教材处理、教学方法、学法指导、教学过程、教学效果、教师素质等方面重点选择 2～4 项，进行评课。

（3）播放学员的教学录像，师生共同评价该学员的技能目标和教学目标达成情况。要求所有学员说出其 2 项优点，指出 2 项不足之处并给出改进建议。

（4）评课技能的实训实际要落实到每项技能的训练之中，评课之后，根据情况确定是否还需再次进行角色扮演（试教）。

参考文献

曹广忠，2011．让古诗词为生物学教学“增彩”[J]．中学生物教学，7：23－24．

陈定军，2008．初中科学课堂提问存在的问题与改进策略[J]．考试周刊，18：2．

李充壁，2003．大学生物学科的教学方法探讨[J]．肇庆学院学报，5：82－84，96．

刘甲爱，魏会玲，2001．如何开展生物学课堂讨论法教学[J]．生物学教学，26（3）：2．

沈毅，崔永漷，2008．课堂观察，走向专业的听评课[M]．上海：华东师范大学出版社．

孙凤琴，2009．艺术性导入——生物课堂教学的先锋[J]．中国教育技术装备，19：130－131．

殷天富，2010，白珍明．《生物对环境的适应和影响》教学设计[J]．东西南北·教育观察，2：2．

岳开建，2007．生物课程标准下教师的说课[J]．成功（教育版），6：2．

张晨子，2010．高中语文课教学：问题与对策——运用课堂观方法走进高中语文课堂[D]．沈阳：沈阳师范大学．

张迎春，汪忠，2003．生物学教学论[M]．西安：陕西师范大学出版社．